Zu diesem Buch

Der literarische Salon gehört zu den faszinierendsten Phänomenen der europäischen Kulturgeschichte. Seit seinen Vorformen in der italienischen Renaissance bis zu seinem Aussterben zu Beginn des 20. Jahrhunderts bildete er einen Freiraum weiblicher Kultur und erlesener Lebensart, eine verlockende Facette des Matriarchats. Geistreiche Gedankenflüge, intellektueller Glanz, schwebende Erotik und kühne politische Revolte zeichneten diese Konversationsgeselligkeit aus, deren Mittelpunkt stets eine Dame war. Die europäische Ausstrahlung dieser Enklave des Geistes und des Charmes war unermeßlich. Italien, Frankreich, England, Deutschland, Österreich und Rußland waren fünf Jahrhunderte lang von ihr bestimmt.

Zum ersten Mal stellt dieses Buch die vielschichtige Tradition und die kosmopolitischen Verflechtungen dieses Kulturuniversums dar und beleuchtet die bestechendsten Frauengestalten des europäischen Salonlebens. Originell waren die Salonièren allesamt, die als »Lebedamen des Geistes« bezeichnet wurden. Ihr Spürsinn für kulturell Überliefertes und zu Entdeckendes, ihre Begabung für geselligen Umgang und nicht zuletzt ihre kontrastreichen, oft exzentrischen Persönlichkeiten fesselten ihre Zeitgenossen. Diese versunkene weibliche Kultur bleibt aber auch für uns ein explosives Entdeckungsfeld. Ziel dieses Buches ist, diesem »verlorenen Paradies« nachzugehen, es neu zu entdecken und seinen historischen Glanz mit all seinen zukunftsweisenden Fermenten zu genießen.

Die Autorin:

Verena von der Heyden-Rynsch, Studium der Musik, Philosophie und Romanistik, Dr. phil., ist als Verlagsagentin, Übersetzerin und Herausgeberin tätig. Sie lebt in Paris und München.

Verena von der Heyden-Rynsch

Europäische Salons

Höhepunkte einer
versunkenen weiblichen Kultur

Rowohlt

Veröffentlicht im Rowohlt Taschenbuch Verlag GmbH,
Reinbek bei Hamburg, Juli 1995
Copyright © 1992 by Artemis & Winkler Verlags GmbH, München
Alle Rechte, einschließlich derjenigen des auszugsweisen Abdrucks
und der photomechanischen Wiedergabe, vorbehalten
Umschlaggestaltung Walter Hellmann
(Kolorierter Holzstich »Vorlesung von ›Paul et Virginie‹ im Salon
der Mme. Necker in Paris« nach Felix Philippoteaux, um 1880 /
Archiv für Kunst und Geschichte, Berlin)
Gesamtherstellung Clausen & Bosse, Leck
Printed in Germany
1690-ISBN 3 499 19593 3

Für E. M. Cioran

Inhalt

Der Salon als gesellschaftlicher Mikrokosmos   11

Spurensuche: Vorläufer der Salonkultur   21

Die Cours d'amour der Troubadourzeit   22
Italienische Renaissancegeselligkeit   24
Hofgalanterie und Konversation im Frankreich
der Barockzeit   32

Der literarische Salon im Zeitalter des
Sonnenkönigs und in der Aufklärung   37

Das 17. Jahrhundert: »Jeux d'esprit« und
»Préciosité«   37
*Das Hotel de Rambouillet 38 – Mademoiselle
de Scudéry 43 – Die Mazarinetten 46 – Christina
von Schweden 53*

Die Aufklärung: Blütezeit der französischen
Salonkultur   57
*Madame de Lambert 65 – Madame de Tencien 68 –
Madame Geoffrin 73 – Madame du Deffand 77 –
Mademoiselle de Lespinasse 84 – »Causer en
écrivant« 88*

Europäische Ausweitungen: Musenhöfe, Leseabende,
literarische Teegesellschaften und Cafés 91
*Preußische Geselligkeit und Goethes Weimar: Anna
Amalia und Johanna Schopenhauer 92 – Englische
literarische Geselligkeit: Mary W. Montagu, Horace
Walpole und Gräfin Albany 104*

Salonkultur im Zeitalter der Romantik 114

Der französische Salon zwischen Revolution und
Restauration 114
*Madame de Genlis 115 – Madame de Staël 119 –
Madame Récamier 127*

Die jüdischen Salons in Berlin 132
*Henritte Herz 136 – Rahel Levin-Varnhagen 142 –
Dorothea Schlegel 154*

Wiener Repliken 160
*Fanny von Arnstein und der »Congrès dansant« 160 –
Karoline Pichler, die »Tricoteuse« 167*

Die russischen Salons 169

Nachblüten: der Salon zwischen Restauration
und Moderne 176

Die Erbinnen der Rahel 177
Fanny Lewald 177 – Sabine Lepsius 180

»Le tout Paris«: diplomatisch-mondäne
Salongeselligkeit 183
Prinzessin Mathilde 184 – Pauline von Metternich 187

Von der Salonière zur Suffragette 190
*Marie d'Agoult 191 – Juliette Adam 194 – Delphine de
Girardin 198 – Rachilde, »Homme de lettres« 200*

Varianten und Ausläufer der Salonkultur
im 20. Jahrhundert 203

Der ausklingende Salon in deutsch-österreichischen
Raum 203
*Berta Zuckerkandl 203 – Helene von Nostiz-
Wallwitz 206 – München: literarische Gesellschaften
und Vereine 209*

England und Virginia Woolf 212

Italien und Spanien: Literaturpreise und Tertulias 216

Französische Schlußvariationen 218
*Edmée de la Rochefoucauld 218 – Marie-Laure
de Noailles 219 – Florence Gould 220 –
Susanne Tezenas 223*

Nachruf auf ein »verlorenes Paradies« 226

Literaturhinweise 231
Namenregister 237
Bildnachweis 245

Die Autorin verwendet in ihrer Darstellung wesentliche
Forschungsergebnisse von Petra Wilhelmy-Dollinger, veröffentlicht in ihrem 1989 im Verlag de Gruyter (Berlin, New
York) erschienenen Werk »Der Berliner Salon im 19. Jahrhundert (1780–1914)«.

Der Salon als gesellschaftlicher Mikrokosmos

Der literarische Salon gehört zu den faszinierendsten Phänomenen der europäischen Kulturgeschichte. Eine lange Tradition, die mehrere Epochen mit verschiedenen Blütezeiten umfaßt und sich in unterschiedlicher Ausprägung auf nahezu alle Länder Europas erstreckt, kennzeichnet ihn. Seit seiner Entstehung bzw. seinen Vorformen in der Renaissance bis zu seinem Aussterben im 20. Jahrhundert versinnbildlicht er das Europa des Geistes und ist zugleich stets der »Schauplatz einer Generalprobe der Emanzipation der Frau« (Wilhelmy) gewesen. Diese beiden Aspekte begründen die besondere Relevanz, die ihm als Kristallisationspunkt der Geistes- und Persönlichkeitskultur vergangener Jahrhunderte für unser heutiges Selbstverständnis zukommt.

Die folgende Spurensuche kann nicht jede Erscheinungsform berücksichtigen, doch soll ein Blick auf die prägendsten und interessantesten Stationen in der Entwicklungsgeschichte des literarischen Salons paradigmatisch eine Vorstellung von dessen schillernder Vielfalt vermitteln. Dabei wird der kulturhistorische Ansatz durch biographische Skizzen erweitert und koloriert, denn das Spektrum der literarischen Salons in Europa setzt sich aus kontrastierenden, farbenprächtigen Gestalten zusammen, die zu beleuchten für das Verständnis dieser Gesellschaftsform unerläßlich ist.

Originell und hochkultiviert waren diese Damen, die man gewöhnlich als »Salonièren« bezeichnet, allesamt. Das Ausmaß ihres Einflusses, den sie anspornend, vermittelnd und ausgleichend im kulturellen wie soziologischen Bereich jahrhundertelang ausübten, ist heutzutage fast unvorstellbar. Sie bilden nichtsdestoweniger eine endgültige und resolut bejahende Antwort auf Georg Simmels Frage nach der Möglichkeit einer weiblichen Kultur.

Diese weibliche Kultur ist aufs engste mit dem Gedanken der europäischen Einheit verbunden, der vor allem in drei historischen Manifestationen greifbar wird. Dies sind das mittelalterliche lateinisch geprägte Europa, das im 13. Jahrhundert entstand und im Zeitalter der Reformation zerfiel, das Europa des 18. Jahrhunderts, von Aufklärung und daraus resultierender Revolution geprägt, und das vereinte Europa des 20. Jahrhunderts. Die jeweiligen gesellschaftlichen Transformationen wurden stets von kulturellen Triebfedern ausgelöst und wesentlich mitbeeinflußt. Die Musenhöfe der Renaissance, die »Bureaux d'esprit« der Aufklärung, die Salons der Romantik und der beginnenden Moderne waren als kulturelle Freiräume, als Enklaven des Geistes stets auch Kristallisationspunkte eines veränderten und verändernden Bewußtseins. Freiräume des Denkens jenseits von offiziellen Doktrinen, Freiräume der Begegnung jenseits ständischer Unterschiede, Freiräume weiblicher Emanzipation jenseits der gesellschaftlichen Normen und Systeme, die lange Zeit hindurch der Frau eine festgefügte, sich fügende Rolle zuschrieben. Das entgrenzende Moment und damit das zukunftsweisende ist stets ein Merkmal der Salonkultur gewesen, zumal in ihren beiden bedeutendsten Ausformungen: im französischen Salon der Aufklärung und im jüdischen Salon der Romantik in Berlin. Und selbst auf jene Geselligkeitsformen trifft dies – wenn auch in abgeschwächter Form – noch zu, die sich den herrschenden Verhältnissen eher anpaßten, wie zum Beispiel die Salons während der Restaurationszeit oder die mondänen Varianten um die Jahrhundertwende.

Den geistigen Nährboden für die Entwicklung der Salonkultur bereitete die in ihren Anfängen auf das 12. Jahrhundert zurückgehende »Respublica Litteraria«. Mehr ein Ideal denn eine Institution mit festgeschriebenen Statuten, verstand sie sich als Gelehrtenrepublik, zu der sich jeder Absolvent der europäischen Universitäten zählen durfte, und wurde als eine Art geistige Elite vor allem von den Humanisten kultiviert. In einer Epoche, die von permanenten Kriegen und politischen Spaltungen aufgewühlt wurde, bildete die kulturelle Einheit der lateinischen Christenheit ein immenses geistiges Potential, das Länderabgrenzungen und Feindschaften überwand.

Das Welt- und Menschenbild dieser europäischen Elite des Geistes, deren Postulate die Autonomie und die Freiheit des Individuums waren, propagierte am eindringlichsten Erasmus von Rotterdam (1469–1536). In der zweiten Hälfte des 16. Jahrhunderts erlebte die Respublica Litteraria besonders im italienischen Raum eine Blütezeit. Dort wurden mannigfache Akademien und damit verbundene Stätten der Geselligkeit ins Leben gerufen, wo man über gelehrte Fragen disputierte, literarische Werke las, musizierte und über philosophische Fragen diskutierte.

Das halbgelehrte, halbkünstlerische Ambiente der Respublica Litteraria nahm in einem gewissen Sinne die späteren Salons vorweg, die sich stets als Gegenpol zu den von der Scholastik beherrschten Universitäten entfaltet haben. Seit ihren Ursprüngen bildeten sie aber nicht nur einen Kontrapunkt zu den Gelehrtenorganisationen, sondern ebenso zu den Höfen, deren Ableger sie zunächst waren und deren Gegenspieler sie teilweise später wurden. Im Mittelalter und in der Renaissance waren es neben den Universitäten fast ausschließlich die europäischen Höfe, die als Träger und Förderer der Kultur in Erscheinung traten. Erst das 17. Jahrhundert löste diese Verzahnung auf, als nach dem Ende der Hugenottenkriege in Frankreich Paris, nicht der Versailler Hof, zur intellektuellen Hauptstadt Europas wurde. Dort entstand die »République des Lettres«, eine französische Verdichtung der mittelalterlichen Respublica Litteraria, die deren humanistische Optionen weiterführte. Wenn auch das Lateinische die Sprache der Gebildeten in Europa blieb, so erfuhr damals das Französische eine zunehmend stärkere Aufwertung. Die Vertreibung der Hugenotten trug auf ihre Weise zusätzlich zur Verbreitung der französischen Kultur und Sprache bei.

Die Kultur des Versailler Hofes und die République des

Lettres befanden sich oft in Konflikt miteinander. Verkörperte die République des Lettres, Programm und Traum zugleich, ein ideales Land der Freiheit, in dem alle – unabhängig von ihrer Herkunft und gesellschaftlichen Stellung – gleich waren, so mochte die absolute Monarchie schon aus Prinzip diese postulierte Freiheit nicht anerkennen. Bezeichnend ist es in diesem Zusammenhang, daß der erste Salon der europäischen Kulturgeschichte, der 1610 auf französischem Boden entstand, zwar von einer Aristokratin, der Marquise de Rambouillet, jedoch nicht am Hofe, sondern in der französischen Metropole gegründet wurde.

Von Anfang an durchzieht das Spannungsfeld von Anlehnung und Abgrenzung gegenüber dem jeweiligen Hof die Geschichte der Salons, die ihrerseits den Kontrast zwischen der Kultur der Höfe und der République des Lettres allmählich zu verwischen halfen bzw. beide einander annäherten, da sie einen Rahmen bildeten, wo das höfische Publikum mit den Repräsentanten des Geistes und der Kunst zusammentraf. An diesen Orten der Begegnung bahnten sich Beziehungen zwischen Mitgliedern des Adels, Angehörigen des Bürgertums, Vertretern des intellektuellen und künstlerischen Milieus und zuletzt auch, im 18. und 19. Jahrhundert, des Klerus an. Diese Begegnungen haben eine neue Kultur der Eliten hervorgerufen, deren Bedeutung für die Meinungsbildung sowie hinsichtlich der Umwälzungen und Transformationen, die die Gesellschaft in der jeweiligen Epoche erfuhr, nicht zu übersehen ist.

Der literarische Salon hat eine lange Geschichte; seine Vorläufer reichen erheblich weiter zurück als seine Terminologie. Das Wort »Salon« ist erst 1664 im Französischen nachweisbar und meinte zunächst den Empfangssaal eines Schlosses, diente also als rein räumlicher Begriff. Allmählich verband sich dann damit der kulturelle Zweck. So wurden die seit 1737 im »Salon carré« des Louvre stattfindenden Kunstausstellungen abgekürzt als »Salon« bezeichnet. Die entscheidende Brücke zwischen Raumbegriff, Kunstausstellung und Literarischem schlug der Aufklärungsphilosoph Denis Diderot (1713–1784) mit seinen ab der Mitte des Jahrhunderts regelmäßig publizierten kunstkritischen Aufsätzen, die er »Salons« nannte. (Ein Jahrhundert später erschien Heinrich Heines Sammlung von Essays und Novellen ebenfalls unter diesem Namen.)

Verblüffenderweise wird erst 1807 in Madame de Staëls *Corinne* der Begriff Salon ohne Zusatz im Sinne des Konversationssalons gebraucht, mit dem wir heutzutage die literarischen Salons der Vergangenheit, vornehmlich die französischen, bezeichnen. Die Marquise du Deffand, eine der brillantesten Salonièren des 18. Jahrhunderts, nannte ihre allwöchentliche literarische Geselligkeit niemals Salon, und ebensowenig benutzten ihre Gäste das Wort in dieser Bedeutung. Sie zogen vielmehr die Bezeichnung »Bureau d'esprit« vor – in Anlehnung an den »Bel esprit«, den subtil kultivierten, konversationsmächtigen Gast, der sich in einem »établissement ouvert, où s'exerce un service d'intérêt collectif«, bewegt. Elemente der Aufklärungsphilosophie sind dabei unüberhörbar. Es geht um eine Enklave der Freiheit des Geistes, der nichts Esoterisch-Verstaubtes anhaftet, deren Hauptelemente regelmäßiges Zusammentreffen, kritische Auseinandersetzung und Diskussion sind.

Erst später, eher aus der Retrospektive heraus, nämlich während der Restaurationszeit, in einer Epoche also, die an das Ancien Régime anknüpfen wollte, setzte sich der Salonbegriff endgültig im engeren literarischen Sinne durch. Er evozierte primär das »Grand Siècle« Ludwigs XIV. und die Rokokowelt des 18. Jahrhunderts. Als solcher kam der Begriff nach Deutschland, wo seit dem 18. Jahrhundert Adel und Bildungsbürgertum bereits gesellschaftliche Umgangsformen pflegten, die sich vorwiegend am französischen Modell orientierten; und hier, in der Zeit der Romantik, erlebte der literarische Salon, nachdem er in Frankreich seinen Höhepunkt überschritten hatte, eine neue Blüte. Diese Tatsache ist um so bestechender, als das romantische Gedankengut teilweise in scharfem Gegensatz zur französischen rationalistischen Tradition stand – eine Tendenz, die durch die antifranzösischen Ressentiments nach den Napoleonischen Kriegen nur noch vertieft wurde.

Die »klassische« französische Salongeselligkeit – die Konversationsgeselligkeit par excellence – war nicht nur für Deutschland maßgebend, sie begründete einen kosmopolitischen Traditionsstrang, der seinen Niederschlag in ganz Europa fand. Neben dem klassischen Salon entwickelten sich mit der Zeit verschiedene, vom jeweiligen Zeitgeist bestimmte Varianten wie zum Beispiel der bürgerliche, viel bescheidenere Salon des 19. Jahrhunderts, der sich bewußt von seinen aristokratischen Vorläufern absetzte.

Was überhaupt ist ein Salon? Aufgrund der Vielschichtigkeit dieses kulturhistorischen Phänomens gibt es keine festumrissene, allgemein verbindliche Definition. Einige Merkmale aber treten konstant auf und vermögen ihn annähernd zu bestimmen. Im weitesten Sinne stellt der Salon eine zweckfreie, zwanglose Geselligkeitsform dar, deren Kristallisationspunkt eine Frau bildet. Die Gäste, die sich regelmäßig und ohne besondere Aufforderung zu einem Jour fixe einfinden, die sogenannten Habitués, pflegen miteinander einen freundschaftlichen Umgang. Sie gehören verschiedenen Gesellschaftsschichten und Lebenskreisen an. Die Konversation über literarische, philosophische oder politische Themen verbindet sie – Konversation als eine erlesene Kunst der Geselligkeit, aber keineswegs nur auf L'art pour l'art-Inhalte bezogen und vom jeweiligen Zeitgeist und den sich daraus ergebenden Fragen nicht zu trennen. So wurde zum Beispiel im 16. Jahrhundert die Salonkonversation von einer ungeheuren Wißbegierde bezüglich der Entdeckung der Neuen Welt angetrieben, im 18. Jahrhundert vom Gedankengut der Aufklärung und vom anbrechenden naturwissenschaftlichen Weltbild; im 19. Jahrhundert vollzog sich nach den Napoleonischen Kriegen die Wende zu unmittelbaren politischen Themen. Aber selbst dann gehörte das künstlerische Element, das Sprachspiel einer erlesenen Formulierung weiterhin zu den Konstanten des Salongeschehens.

Der Mitteilung im Salon gesellt sich eine ästhetische Attraktivität zu, die das Gesagte spielerisch erhöht und potenziert. Die

Konversation selbst wird zur Kunst stilisiert, die unter Umständen in eine sterile Stilistik des Geistreichen ausarten kann. Genie des Sprechers, Vergnügen und Schlagfertigkeit des Hörers, Komplexität der Anspielungen bilden die Grundlage der Salonkultur. Ähnliches trifft auf den freundschaftlichen Umgang zu. Die Affektbrücke zwischen Redner und Hörer beugt sich gewissen Ritualen der Urbanität, jener auf Verfeinerung und Bildung beruhenden weltgewandten Art. Nicht bloße Geselligkeit, sondern Geselligkeit als Kunstwerk wird angestrebt.

Die Habitués, die Säulen eines jeden Salons, wußten das nur zu gut. Sie stellten nicht allein die familiäre Vertrautheit des Kreises dar, sondern trugen gleichzeitig durch neueste geisteswissenschaftliche Entdeckungen oder solche auf dem Gebiet der menschlichen Begegnungen zur dynamischen »Erneuerung« bzw. zu neuen Erkundungen des etablierten Kreises bei. Der Kreis der Habitués war oft identisch, er bildete eine festgefügte Gruppe, die von Salon zu Salon wanderte – und Salons gab es im 18. Jahrhundert, der Blütezeit dieser Geselligkeitsform, zahllose. Jede Dame, die etwas auf sich hielt, gründete einen Salon. »La parfaitement bonne compagnie« war ein Ideal jener Zeit, in der »l'art de cour« von »l'art de société« geradezu übertrumpft wurde. Zum Gespräch zwischen 18 und 20 Uhr ging man also zu Julie de Lespinasse, zum Souper in den späteren Abendstunden zu Madame du Deffand, montags zu Madame Geoffrin, dienstags zu Madame de Tencin und so fort. Auf diese Weise brach das Gespräch unter den Habitués nie ab, sondern setzte sich als gemeinsame Erforschung oder Vertiefung über Monate und Jahre hindurch fort. Die Räumlichkeiten sind dabei stets sekundär gewesen. Ob in einem Palais oder in einer Dachstube, wie es zunächst bei der berühmtesten jüdischen Salonière in Berlin, Rahel Levin-Varnhagen, der Fall war, entscheidend waren die Begegnung im Gespräch und die uneingeschränkten zeitlichen Möglichkeiten, die dieses förderte – ein Kriterium, das für das Aussterben der Salons im 20. Jahrhundert mitverantwortlich ist.

Die Salonière, die Gastgeberin, ist der maßgebende Mittelpunkt der Geselligkeit. Dem »patriarchalischen« Prinzip der Hofgesellschaft steht hier eine matriarchalische Mitte gegenüber, und in diesem Sinne bildet der Salon »eine Einbruchstelle des Matriarchats« (Nicolaus Sombart), einen Freiraum, der von einer Frau gestiftet und getragen wird und der sich radikal von den kulturellen Institutionen der Männergesellschaft absetzt.

Marie d'Agoult, eine der berühmtesten Salonièren des 19. Jahrhunderts, hatte den Salon als Lebensaufgabe definiert und seine Bedeutung sowie den geforderten persönlichen Einsatz emphatisch umschrieben: »Der Salon war das höchste Ziel der Pariserin, die Genugtuung ihrer reifen Jahre, der Ruhm ihres Alters. Sie verwandte darauf ihre ganze Intelligenz, opferte ihm jede andere Beschäftigung und gönnte sich von dem Augenblick an, da sie sich dazu entschlossen hatte, keinen anderen Gedanken, keine Zerstreuung, keine Bindung, keine Krankheit, keine Traurigkeit mehr. Sie war nicht mehr Gattin noch Mutter und auch Liebende war sie nunmehr in zweiter Linie.«

Bei der Salonière handelt es sich um eine wohlhabende Dame, deren Geist und Witz als Magnet wirken. Sie stiftet eine kultivierte Atmosphäre, in die eine leicht erotische Note einfließt, provoziert amüsante Gespräche, gleicht Gegensätze aus und erzeugt seelisches Behagen wie geistige Bewegung. Ihre unangefochtene, sanfte Autorität zielt stets auf Vermittlung. Gebende wie Nehmende finden sich bei ihr zu einer Gemeinschaft geistiger Intensität zusammen. Meistens agiert im Salon eine »Berühmtheit«, ein Star, dem die Gastgeberin huldigt und dabei gleichzeitig den Schwächeren ein Gefühl von Sicherheit gibt. In dieser Enklave geselligen Umgangs fördert sie die Originalität der verschiedensten Begabungen, wirbelt sie durcheinander und verbindet sie zu einem spezifischen Ganzen, das alle Anwesenden bereichert.

So wie kein Zeitlimit existiert, gibt es auch keinen Einigungszwang – Diversifikation in der Homogenität lautet die Devise. Toleranz und Vorurteilslosigkeit sind die Garanten des Salongeschehens. Die in ihm angestrebten Persönlichkeitsideale sind komplementär zu denen einer pflichtbezogenen, durchstrukturierten Gesellschaftsordnung wie der Hofgesellschaft – komplementär und antithetisch zugleich. Oft wird der literarische Salon, weil es sich dabei zu Beginn um die Hofhaltung einer meist aristokratischen Dame handelte, nur als Ausfluß eines feudalistischen Systems gedeutet. Die Analogie zwischen Salon und Hofgesellschaft geht zwar recht weit, doch ist auch das antithetische Moment grundlegend.

Der Salon bildet einerseits einen Ableger des Hofes, einen »Mikrohof«, der sich am eigentlichen Hof orientiert und oftmals von ihm bestimmt wird, zugleich aber stellt er bisweilen ein Gegenmodell dar, das sich nach den Grundoptionen der »République des Lettres« richtet und in dem sich eine Nobilitierung des Bürgertums ebenso vollzieht wie eine Verbourgeoisierung des Adels. So gelang es Madame Geoffrin, einer bedeutenden Salonière des 18. Jahrhunderts, dank ihres »Bureau d'esprit« eine für eine Bürgerliche damals kaum vorstellbare Rolle zu spielen. Ihre Korrespondenz mit der russischen Zarin war in diesem Rahmen keineswegs verwunderlich. Diese Kontrapunktik löst den Salon allerdings keineswegs aus seiner historisch-gesellschaftlichen Einbettung. Sein innerer Zusammenhang mit der Hofgesellschaft ist evident, am einleuchtendsten bekundet es die Tatsache, daß die Salonkultur im engeren Sinne nicht nur gleichzeitig mit der absolutistischen Hofgesellschaft entstanden ist, sondern auch mit ihr, trotz mancher Relikte und einiger sporadischer Neuerweckungen im gesamteuropäischen Rahmen nach dem Ersten Weltkrieg, ein Ende gefunden hat.

Spurensuche: Vorläufer der Salonkultur

Die Wurzeln der Salonkultur reichen weit zurück. Der historische Strang, der beinahe fünf Jahrhunderte umfaßt, wird durch eine breite geographische Auffächerung bereichert. Die horizontale wie vertikale Mannigfaltigkeit dieses Kulturphänomens prägte jeweils alle späteren Salons und verlieh ihnen eine historisch wie kosmopolitisch entgrenzende Dimension.

Eine Vorstufe des literarischen Salons bildet bereits jene Geselligkeit, die in der Antike bei der schönen und geistreichen athenischen Hetäre Aspasia stattfand. Die Hetäre, das griechische Freudenmädchen, das Sinnliches mit Geistigem zu verbinden wußte und sich von den Fesseln gesellschaftlicher Zwänge freigemacht hatte, stellte auf ihre Art bereits einen Mittelpunkt geselligen künstlerischen Umganges dar. Ihre Bildung – sie erhielt Unterricht in Tanzen, Musizieren, gutem Benehmen, Lesen und Schreiben – war für eine Frau der Antike ungewöhnlich, und ihre Rolle als Initiatorin und Vermittlerin von Genuß und Kultur wurde hochgepriesen. Sokrates und Alkibiades sollen bei der berühmten Aspasia verkehrt haben. Perikles, der im schöngeistigen Gespräch mit ihr Erholung von seinen Staatsgeschäften suchte, war so hingerissen von ihren rhetorischen und philosophischen Kenntnissen, daß er sie zur Frau nahm.

Die griechische Hetäre fand auch im sittenstrengen alten Rom ihre Parallelen. Dort waren alle gesellschaftlich-geselligen Veranstaltungen bzw. Treffpunkte fast ausschließlich dem männlichen Geschlecht vorbehalten: Agora und Forum dienten der politischen und philosophischen Diskussion, im intimeren Cubiculum in den Thermen wurde der künstlerische Gedankenaustausch gepflegt. Diese festgefügte Ordnung wurde nicht von der Dame, sondern von der gebildeten Kurtisane gesprengt. Ihr gelang es, in ihrem Haus einen Freiraum der Geselligkeit zu schaffen, in dem deklamiert, musiziert und diskutiert wurde. Der Verkauf ihrer Reize geschah fast nebenher.

Die Cours d'amour der Troubadourzeit

Erst das ritterliche Mittelalter räumte der Frau ausdrücklich eine kulturelle Rolle im gesellschaftlichen Leben ein. Das Ansehen der Frau, meist einer adligen, deren Gatte an den Kreuzfahrten teilnahm und ihr das Verfügungsrecht über den gemeinsamen Besitz übertragen hatte, gewann im 11. Jahrhundert zunehmend an Bedeutung. Die ritterliche Minneethik, der wachsende Marienkult und die damit verbundene Verehrung einer hochgestellten Dame führten zur Entfaltung einer veränderten Sichtweise der Frau und der Liebe. Den wohl glanzvollsten Niederschlag dieser Neubewertung bilden die »Cours d'amour« der Troubadourzeit in Südfrankreich, die eine gelungene Symbiose der Ethik des Rittertums und der provenzalischen Dichtung darstellen und zu den Wurzeln der späteren Konversationskunst und -kultur zählen.

Ethik und Kultur des Rittertums basieren auf einem dem Krieg geweihten Leben, in dem die körperliche wie geistige Heldentat als höchste Vollendung des Mannes gilt. Verbindliche Tugenden dieses Ritterkodex sind Lehenstreue, Mut und Verteidigung der Ehre. Die Ritterkultur ist somit eine ausgesprochene Männerkultur, ein wesentlicher Bestandteil der Minnedienst. Diese Verehrung einer Edelfrau trägt kultische Züge, die Frau wird dabei zum Objekt liebevollen Gedenkens erhoben, ohne daß ihr eine eigene agierende Rolle eingeräumt wird. In der Liebeslyrik der Troubadourkultur hingegen ist die Frau nicht allein Objekt, sondern auch Agens und Publikum des Geschehens, der Werbung und ihrer Folgen. Sie stiftet und stimuliert die Minne und die aus ihr entstehende Dichtung.

Dieser Verknüpfung verdankt sich die Entstehung der »Cours d'amour«, bei denen stets eine Dame den Vorsitz hatte. Sie trat dort als »Lehnsherr« auf, dem der Ritter seinen »Service d'amour« abstattete. Ein Liebeskodex voller Subtilitäten, Regeln und Verbote wurde entworfen, der seinen Niederschlag in den Troubadourliedern und -gedichten fand. Streitfragen der Minneerotik wurden diskutiert und höchst plastisch dargestellt. Die aus dem Krieg heimkehrenden Männer erfuhren durch diese Geselligkeit eine sittliche wie ästhetische Bildung, die die Postulate der Ritterethik um die Dimension des Weiblichen und der Kunst erweiterte. Erstmalig fügte sich im Rahmen der »Cours d'amour« eine geistig-künstlerische Gemeinschaft zwischen Herren, Damen, Höflingen und Dichtern zusammen.

Eine der bedeutendsten Gestalten jener Zeit war Aliénor von Aquitanien (1122–1204). Sie war zunächst die Gattin Ludwigs VII. und damit Königin von Frankreich. Nachdem sie 1153 verstoßen worden war, heiratete sie Henri Plantagenet, den späteren englischen König Heinrich II. Sie lebte jedoch von ihrem Gatten getrennt und gründete in Poitiers einen Musenhof, an den sie die namhaftesten Künstler ihrer Zeit rief, wie den auch jenseits französischer Grenzen berühmten Troubadour Bernard de Ventadour. Daß dieser Dichter trotz seiner bürgerlichen Herkunft zum Stern ihres Hofes wurde, ist bezeichnend für die gesellschaftliche Stände sprengende Kulturfreudigkeit der damaligen Zeit, die sich in dieser Hinsicht als Vorläufer der späteren Salons erweist. »L'esprit courtois« erlebte in Poitiers seinen Höhepunkt. Die Chansons des Bernard de Ventadour, in denen in hinreißenden symbolischen Bildern Sehnsucht, Begehren und Enttäuschungen der »Fous amants« eingefangen sind, gehören zu den schönsten Liebesgedichten der europäischen Poesie.

Aber nicht allein Aliénor, auch ihre Kinder sind kulturhistorisch von großer Bedeutung. Ihre Tochter Mathilde heiratete 1168 Heinrich den Löwen und schlug damit eine kulturelle Brücke zu Deutschland. Aliénors legendärer Sohn Richard Löwenherz, der der Musik besonders zugetan war, inszenierte am englischen Hof berühmte Musikabende und -wettstreite. Alle drei dürfen als Sinnbilder der im Entstehen begriffenen europäischen Kulturgeselligkeit angesehen werden. Gleiches gilt für die Renaissancekultur in Italien, die das Erbe der Troubadoure verändern und stets neu erfindend weiterführen würde.

Italienische Renaissancegeselligkeit

Kreative Geselligkeit ist ein Merkmal jener Kulturepoche, die den Grundstein für den europäischen Individualismus legte, nämlich der Renaissance. Baldassare Castiglione (1498–1529) verfaßte mit seinem *Il cortegiano* (Der Hofmann) nicht allein ein Handbuch des weltgewandten Benehmens, das jahrhundertelang den Umgangskodex des Abendlandes bestimmte, sondern auch eine glühende Hommage an die Virtuosität der Sprache. Dem Vergnügen an lockerer und geistreicher Konversation wird in diesem Werk, das vom erlesenen Hof des Federico da Montefeltre III. in Urbino inspiriert war, Priorität auf der Werteskala der Renaissancekultur eingeräumt. Castigliones Text legt ein unübertroffenes Zeugnis von deren Mentalität ab, die stets eine Verbindung zwischen wissenschaftlicher Belehrung und ästhetischem Genuß, zwischen Zweckgebundenem und spielerischer Zweckfreiheit anstrebte. Das Echo auf diese Schrift war nachhaltig, ja unermeßlich. 1534 wurde sie von Juan Boscan ins Spanische übersetzt und übte fast ein Jahrhundert später einen entscheidenden Einfluß auf den Moralisten Baltasar Gracián (1601–1658) aus, den wohl genialsten Vermittler und Umdeuter des neuen Menschenbildes auf der Iberischen Halbinsel. Ebenso greift das französische Modell des »Honnête homme« auf Castigliones Idealbild des ritterlichen Dichters und Weltmannes zurück, und desgleichen tut der »Virtuoso« des Grafen Shaftesbury in England.

Nicht als allwissender Pedant, sondern als Dilettant, und dazu gehört ein Hauch von »Grazia«, soll der ideale Hofmann sich seinem Mitmenschen zuwenden. Die Gabe der Sprache, der verbalen Kunstfertigkeit spielten bei der Bildung dieser neuen »Weltanschauung des Menschen« eine unermeßliche Rolle. Ferner kommt ein emanzipatorisches Frauenbild zum Durchbruch.

Im *Il cortegiano* wird wie in keinem anderen Text der Zeit die höfische weibliche Kultur greifbar, denn die Damen der Renaissance spielten dank ihrer Bildung eine ebenbürtige Rolle.

Sprachpflege, Sprachkunst im gebildeten Kreis gehörten aber schon früher zu den tragenden Elementen der italienischen Kulturgeschichte. Bereits der Condottiere Sigismondo Malatesta (1417–1468), Stadtherr von Rimini, dem Bildung ebenso ein Bedürfnis war wie Raubzüge und Krieg, versammelte an seinem Hof eine Anzahl von Dichtern und Gelehrten und förderte philosophische wie literarische Disputationen. Kunst wurde in Rimini als Hofzeremoniell betrieben. Isotta, die schöne Frau des kriegerischen bis verbrecherischen Fürsten, bildete den Mittelpunkt dieser Geselligkeit. Es wird ihr nachgesagt, sie sei selber eine gefeierte Dichterin gewesen; heute kennen wir sie eher dank der *Isottai*, jener Dichtungen und Gesänge, die ihr gewidmet sind. In der Rocca Malestiana, wo sich der Hof zu Disputationen und Lesungen versammelte, überwog zwar das philosophische Gespräch, doch wurden auch literarische Turniere ausgefochten, bei denen die Hofdichter über Themen, die griechische oder lateinische Sprache betreffend, oder über rhetorische Fragen heftig miteinander stritten. Der akademische Ton wurde durch Gesang und Dichtung gemildert. An der Spitze dieser streng gegliederten höfischen Gesellschaft stand gleichsam als Symbol Isotta; ihr wurde als dichtender Fürstin gehuldigt. Geistiges Oberhaupt, Mäzen und Zeremonienmeister aber war Sigismondo. Dennoch dürfen die Zusammenkünfte am Hof von Rimini als Vorläufer einer europäischen Salonkultur gelten.

Gleiches gilt für die Symposien der Medici in Careggi bei Florenz. Cosimo de' Medici (1389–1464) verhalf der Platonischen Philosophie innerhalb des Humanismus zu einer Wiedergeburt, indem er den später berühmten Neuplatoniker Marsilio Ficino (1433–1499) beauftragte, die Werke der griechischen Philosophen neu zu übersetzen und zu erläutern. Auf seinem Landsitz in Careggi versammelte er einen erlesenen Kreis von Gelehrten, der humanistisches Gedankengut aufspürte und weitergab und platonische Ideen und Gastmähler im üppigen Rahmen der Renaissance zelebrierte. Damen, ausgenommen Familienangehörige, wurden hier nicht dazugebeten.

Sein Enkel Lorenzo (1449–1492), der selbst Novellen und Gedichte schrieb und 1472 in Pisa eine Universität gründete, führte diese Tradition weiter. Nur war er, anders als der mönchisch-gelehrsame Großvater, einer genußorientierten Lebensführung zugeneigt. Unter seiner Ägide gerieten die strengen Neoplatoniker in ausschweifende Liebeshändel und -lust. Lorenzo selbst hat diese schrankenlosen Vergnügungen im *Gelage* und in der *Falkenjagd* burlesk geschildert. Treffpunkt des Florentiner Kreises war die Medici-Villa in Fiesole. Die dortigen philosophischen Symposien strebten eine Versöhnung zwischen den Lehren Platos und des Aristoteles an. Lorenzos Freundschaft und großzügige Unterstützung galten dem schon von Cosimo geförderten Marsilio Ficino und in besonderer Weise dem jungen Philosophen und Poeten Pico della Mirandola (1463–1494). Nach Lorenzos Tod entwickelte sich in den Gärten des Rucellai in Florenz eine Platonische Akademie, die den Charakter eines theoretisierenden Clubs annahm.

Auch in anderen Städten Italiens, zumal in Rom, wurde das humanistische Gedankengut diskutiert und kultiviert. Papst Julius II. (1443–1521), durch seine ununterbrochenen Kriege der geistlichen Berufung seines Amtes entfremdet, ist als Kunstmäzen Michelangelos und Raffaels in die Kulturgeschichte eingegangen. Leo X. (1475–1521), ein weiterer Medici, Sohn des Lorenzo il Magnifico, berief Dichter aus ganz Italien und Musiker vornehmlich aus Frankreich und Spanien (seine Vorliebe für Kastraten ist bekannt) an seinen Kirchenhof, der eher einem Musenhof glich. Für ihn war der Genuß schöner lateinischer Prosa und wohlklingender Verse geradezu ein Lebensprogramm. Seine These, große Künstler seien eine Norm des Lebens und ein Trost im Unglück, trug ihm selbst unzählige Hymnen ein, die ihn feierten und verherrlichten.

Die Leonische Zeit war auch ein Fest der Sinne. Rom gab sich lebenslustig, rauschende Empfänge wechselten mit Theateraufführungen und Musikabenden. Leos Sekretär, der Venezianer Pietro Bembo (1470–1542), ein Meister des lateinischen Stils und Begründer der klassischen italienischen Epistolographie, verfaßte seine *Asolani*. In diesem Liebesgespräch in Dialogform, das er seiner Angebeteten Lucrezia Borgia widmete, verbindet sich subtile Eleganz mit kühner Modernität; das Lob der platonischen Liebe fügt sich in die spiritualistische Liebestradition Europas ein.

Ein weiterer Hofdichter des Lebens und Kunst zelebrierenden Papstes war der »größte Lästerer der neuen Zeit« (Burckhardt), Pietro Aretino (1492–1556), eine der schillerndsten Gestalten des Cinquecento. Die Schärfe seines Urteils und die Bissigkeit seines Witzes brachten ihm Ruhm und zugleich Feindseligkeit ein. Aretino, der »erste Journalist«, wurde auch von auswärtigen Fürsten umworben. Kaiser Karl V. und Franz I. von Frankreich besoldeten ihn gleichzeitig. Beide hofften, er könne dem jeweils anderen Schaden zufügen; beiden schmeichelte die »Geißel des hohen Herren«, schloß sich aber in der Praxis enger an Karl an, dessen Macht in Italien größer war. In Rom genoß Aretino zunächst die Unterstützung eines der reichsten Männer seiner Zeit, des Bankiers und Mäzenen Agostino Chigis, der sich in seiner Villa Farnesina im Trastevere einen regelrechten Künstlerhof geschaffen hatte. Die Wände seines Hauses waren von Raffael mit mythologischen Fresken ausgemalt worden. Castiglione, Bembo, Michelangelo gehörten zu seinen Gästen. Die Bekanntschaft mit den Poeten und Malern, denen Aretino hier begegnete, vermittelten ihm die Einführung am Hof Leos X., wo er eine Zeitlang in hohem Ansehen stand. Seine spitze Feder und zahllose Rankünen ließen es jedoch ratsam erscheinen, Rom nach einer Weile zu verlassen und sich in Venedig anzusiedeln, dem damaligen Eldorado der italienischen Kurtisanen, allen voran Tulia d'Aragona oder Veronica Franco, die sogar der französische Skeptiker Montaigne besucht haben soll. Die berühmt-berüchtigten Gelage, die an das griechische Vorbild anknüpften und in denen Pracht, Wollust und Geist miteinander wetteiferten, inspirierten Aretino zu seinen *Kurtisanengesprächen*, die mit ihren Pikanterien, literarischen sowie sozial- und zeitkritischen Bemerkungen ein genial gegensinniges Bild der humanistischen Welt und Geselligkeit darstellen. Die Parallelen zwischen den Hetären der Antike und den Kurtisanen späterer Jahrhunderte sind augenfällig; beide waren gewiß keine salonfähigen Damen und dennoch kulturhistorisch bedeutsam aufgrund der geistigen Freiräume, die sie ermöglichten, wenn damit auch ein sinnlich-gewerblicher Zweck verbunden war.

In der von der Renaissance mit ungebrochener Lust- und Kunstfertigkeit gefeierten Lebenszugewandtheit spielte nicht nur die Kurtisane eine Rolle. In gleicher Weise nahm das Ansehen der Dame der Gesellschaft ständig zu. Sicher gab es Verfechter der Minderwertigkeit des schönen Geschlechts, zum Beispiel Ariost in seinen Satiren, der die Frau als streitsüchtiges, gefährliches Kind darstellte. Aber schon die umfassende Erziehung und Unterrichtung, die Töchtern wie Söhnen der führenden Schichten gleichermaßen zukam, zeigt deutlich, daß das ideale Menschenbild der Renaissance, die in jeder Hinsicht vollendete Persönlichkeit, auf beide Geschlechter Anwendung fand. Der auf Bildung und Lebenskunst beruhende Individualismus, diese Errungenschaft des Cinquecento, brachte in Italien großartige Frauengestalten hervor, wie sie in den anderen europäischen Ländern erst später in Erscheinung treten: Vittoria Colonna (1490–1547), die gefeierte Dichterin und Freundin Leonardo da Vincis; Caterina Sforza (1463–1509), die kriegslustige Virago, die als Bradamante im *Orlando furioso* verewigt worden ist; Renée de France, Herzogin von Ferrara (1510–1575), die Gönnerin des Dichters Clément Marot und Vermittlerin des erasmischen und calvinistischen Denkens in Italien; Lucrezia Borgia (1480–1519), die in Rom als skrupellose Zeugin und Komplizin der Verbrechen und Orgien ihres Vaters und Bruders galt, sich in Ferrara aber, dem gebildetsten Fürstenhof der Renaissance, nach ihrer Heirat mit Alfonso d'Este zur kunstsinnigen Mäzenin wandelte und später als durch Frömmigkeit verklärte Gebieterin von einer strahlenden Aura umgeben wurde.

Andrea Mantegna, *Die Familie Lodovicos II*. Der Hof von Mantua war ein Vorläufer der Salongeselligkeit.

Sie alle gehören zu den Verkrustungen aufbrechenden, sich auslebenden Individuen, die die Neuzeit einleiteten.

Als Vorläuferinnen der europäischen Salons sind insbesondere zwei Damen der Renaissance von größter Bedeutung: Isabella d'Este (1474–1539), Markgräfin von Mantua, und ihre Schwägerin Elisabetta Gonzaga (1471–1526), Herzogin von Urbino.

Isabella, Frau des Herrschers von Mantua, Francesco Gonzaga, war nicht nur eine vorzügliche Kunstkennerin und passionierte Sammlerin, ihre zahlreichen Briefe zeigen sie uns auch als eine kluge und schalkhafte Beobachterin, die bald die festliche Sorglosigkeit höfischer Lebenshaltung in vollen Zügen genoß, bald sich in ihr »Studiolo«, ihr Arbeits- und Schreibgemach, zurückzog, um sich der Lektüre und dem Schreiben zu widmen.

Die Grundstimmung am Hof von Mantua war von natürlicher Ausgelassenheit und extremer Lebensfreude geprägt. In
einem Zeitalter, in dem Pest, Syphilis und andere Krankheiten
die Menschen jung sterben ließen, war die Gier nach Leben und
Wohlleben groß. Tanz, Musik (sie wurde in Mantua besonders
gepflegt, und 1480 gelangte hier die erste Oper des Abendlandes, Polizians *La favola d'Orfeo* zur Aufführung), dramatische
Einlagen, Narren und Zwerge (»Leben und Seele« der Höfe,
wie sie Aretino nannte) machten das Leben reizvoll, vielseitig
und ließen keine Langeweile aufkommen. Berühmt waren Isabellas »Donzelle«, ein Kreis junger Damen, die eher lockere
Umgangsformen bevorzugten. Sie liebte es, sich mit ihnen zu
schmücken, obwohl oder gerade weil sie selbst als Beispiel mu-
sterhafter Lebensführung und Haltung galt. Isabella d'Este
wurde gehuldigt als »la prima donna del mondo«. Man sah in
ihr die exemplarische Verkörperung des Renaissancemenschen,
wie es vornehmlich ihre Einstellung zur Kunst erkennen ließ:
Kunst und Kunstwerk nicht allein als reine Schönheit der
Form, sondern ebenso als formgewordener Ausdruck philoso-
phischer und sittlicher Überzeugungen. Neben der »Prontezza
d'ingegno«, die Isabella d'Este auszeichnete, war auch die
»Buona grazia« eines ihrer bestechendsten Merkmale: ästhetische Lebenskunst als Lebensprogramm. Auch im Handwerk-
lichen: Isabellas selbstgefertigte Schönheitspomaden waren in
ganz Europa bekannt. Sogar die Königin von Frankreich erbat
sich von ihr ein Paar parfümierte Handschuhe.

Isabellas »Studiolo«, das Mantegna ausmalte, und die darun-
terliegende »Grotta«, in der Schätze an Bildern, Skulpturen und
Edelsteinen aufbewahrt wurden, waren Tempel der Sammel-
leidenschaft und der Hingabe an die Kunst. Eine Bibliothek
spiegelte das wache Interesse der Markgräfin an Geschichte
und Literatur wider. Allein Cicero wurde im Katalog fünfund-
sechzigmal genannt. In der »Grotta« und dem »Studiolo« versammelte die kunstbegeisterte Isabella einen kleinen Kreis von
Literaten und Künstlern, mit denen sie fast täglich über philosophische und literarische Fragen konversierte. Auch die im

italienischen »Volgare« schreibenden Autoren, besonders das Dreigestirn Dante, Petrarca und Boccaccio, wurden leidenschaftlich gelesen. Ein Salon? Nein, eher ein Vor-Salon, denn höfische Struktur und Etikette wurden noch voll beibehalten. Ein Musenhof, von dem Matteo Bandello (1485–1561) ein farbenprächtiges, mit anekdotischen Kuriositäten und heiteren Ausschweifungen gewürztes Bild entworfen hat. Er selbst war der literarische Anführer dieser Geselligkeit, die an Boccaccios *Decamerone* erinnerte, denn auch hier wurden neben der ernsthaften Literatur anzügliche und pikante Geschichten erörtert.

Bandellos Leben war turbulent: Dominikanermönch, Fürstenerzieher, politischer Berater im spanisch-französischen Krieg, Emigrant, Bischof und Poet. Seine Novellen gehören zu den brillantesten Chroniken und Geschichten seiner Zeit. Reich an Widersprüchen und Paradoxien war diese Epoche, diese Gesellschaft, naiv und raffiniert zugleich, sinnestrunkenexzessiv und dabei stets den höheren Idealen nacheilend. Castigliones Ratschlag an seine »vollendete Dame«, sie solle bloß nicht vor etwas lasziven Gesprächen zurückschrecken, wurde in »Grotta« und »Studiolo« wohligst praktiziert. Anläßlich des Besuchs von Kaiser Maximilians Gesandtem notierte der Dolmetscher: »Man redete überhaupt nur von der Liebe von vorne und von hinten... sehr unanständig, aber immer noch dolcemente...«

Am nächsten stand der Markgräfin von Mantua ihre Schwägerin Elisabetta Gonzaga, die mit Guidobaldo da Montefeltre, dem Herzog von Urbino, verheiratet war. Beide Frauen verband sowohl ein unersättliches geistiges Interesse als auch ihre Vorliebe für Geselligkeit. Mantua und Urbino erfuhren durch den brieflichen Austausch und die gegenseitigen Besuche ihrer Herrscherinnen eine außerordentliche Steigerung des jeweiligen Kulturlebens. Auch um Elisabetta fügte sich eine Gruppe gebildeter, kultivierter Herren und Damen zusammen, zu denen auch der aus Florenz vertriebene Giuliano de' Medici und der Poet Pietro Bembo gehörten. Geistiges Oberhaupt des Kreises war Baldassare Castiglione, der der Herzogin überaus zugetan war und sie als Frauenideal in seinem *Il cortegiano* gepriesen hat. Ihm ist es auch zu verdanken, daß der Hof von Urbino als hohe Schule feinster Geselligkeit unvergänglichen Ruhm erlangt hat. Festliches Treiben und philosophische Diskussion prägten hier ähnlich wie in Mantua das gesellschaftliche Leben. Elisabetta fand darin ihre Aufgabe – jeder Künstler hatte Zugang zu ihr; sie setzte sich über Konventionen hinweg, eine große Ungebundenheit in Gedanken und Worten war für sie selbstverständlich. Ausländische Gäste waren stets willkommen; Elisabettas Liberalität im Gespräch und großzügige Freiheit des geselligen Umgangs nahmen bereits einige der Hauptmerkmale der späteren Salons vorweg. Dazu gehörte auch, daß Urbino – ebenso wie die anderen Renaissancehöfe – sich zu einem kosmopolitischen Knotenpunkt entwickelte, der Menschen verschiedener Herkunft und aufgeschlossenen Sinnes zusammenführte. Eine Gemeinschaft des Geistes, die jenseits aller Grenzen bereits europäischen Charakter hatte.

Hofgalanterie und Konversation im Frankreich der Barockzeit

Die Ausdehnung der Renaissancekultur nach Frankreich ist nicht zuletzt durch die langjährigen Kriegszüge Franz I. um die Vorherrschaft in Italien entscheidend gefördert worden. Die französischen Fürsten und Heerführer lernten ungeachtet ihrer militärischen Niederlagen den italienischen Lebensstil kennen und schätzen, so daß sie statt als Feinde als Vermittler in ihre Heimat zurückkehrten. Den wichtigsten Beitrag zu diesem kulturhistorischen Brückenschlag leistete der französische König selbst, der ein begeisterter Anhänger der Renaissance war. Ihn bestachen die neoplatonische Liebesmetaphysik, die überragende Rolle, die der gebildeten Dame an den Renaissancehöfen zukam, so sehr, daß er »in Anbetracht dessen, daß den ganzen Schmuck eines Hofes die Damen bilden«, das italienische Modell übernahm. Narren und Bouffons wurden vertrieben; das geistige Element, das subtil Sprachliche, »dire le mot«, wurden am französischen Hof zu angestrebten Zielen erklärt.

Man amüsierte sich nicht mehr unmittelbar, man pflegte den Geist. Man bat den französischen Humanisten Guillaume Budé (1467–1540), Gründer des Collège de France, an die königliche Tafel, man lobte die Vorzüge des »Bel parlare« über alles. Franz I., der den sich auf die Verwaltung stützenden königlichen Absolutismus ausbaute, förderte zugleich uneingeschränkt die Entfaltung von Kunst und Literatur auf französischem Boden. Leonardo da Vinci und Benvenuto Cellini zogen an seinen Hof, die eigene Schwester, Margarete von Navarra (Marguerite d'Angoulême), schrieb die kulturellen Errungenschaften des vergötterten Bruders nieder. Darüber hinaus ist sie als erste französische Romancière des »Bel parlare« bzw. der Konversation zu betrachten.

Margarete von Navarra (1492–1549) gelang mit ihrer Novellensammlung *Heptameron* eine französische Replik auf Boccaccios *Decamerone*. Dieser Text, in dem ein hochkultivierter Kreis in einer Atmosphäre schwebender Erotik sich zum Zeitvertreib bunte Geschichten, feine oder derbe, tragische oder komische, erzählt, hatte bereits im 14. Jahrhundert der Konversationskunst ein unübertroffenes, zukunftweisendes Denkmal gesetzt. Margarete setzte sich entschieden von der französischen Novellentradition, so zum Beispiel von den unter Boccaccios Einfluß entstandenen *Les cents nouvelles nouvelles* (1440) eines unbekannten Verfassers ab, um sich dem italienischen Muster anzuschließen, in dem Rahmenhandlung und Diskussion wesentlich zur Gattung gehören. Hauptthema ist die Liebe in ihren verschiedenen Spielarten, ihre Verwurzelung im Petrarkismus tritt deutlich zum Vorschein.

Die fast gesellschaftskritischen Schilderungen des höfischen Lebens im 16. Jahrhundert und die überaus subtilen Analysen der Gefühle und der Triebfedern des Handelns lassen die Königin von Navarra nahezu als moderne Autorin erscheinen. Wichtig für unseren Kontext ist im *Heptameron* die Rahmenhandlung: Durch Unwetter oder andere Unbilden werden fünf

Damen und fünf Herren an einem abgelegenen Ort festgehalten. Um der Langeweile zu entkommen, erzählen sie Geschichten, auf die eine lebhafte Diskussion folgt. Platonische Ideale werden verfochten, groteske Entartungen und schlüpfrige Anekdoten erörtert. Alles geschieht in Form einer heiter-angeregten Konversation. Gewiß nichts Neues, wenn man an Boccaccio, Bandello und an die Colloquii des Erasmus denkt, aber doch in Frankreich zukunftsbestimmend. »Bel parlare« im Kreis einer gebildeten höfischen Gesellschaft, überfeinerte Konversation als Kunstgewebe, das in der Literatur einen Niederschlag erfährt und sich in ihr einen Weg bahnt. Die Wurzeln der berühmten Konversationsakrobatik des 18. Jahrhunderts sind teilweise hier zu suchen. Margarete von Navarra gründete keinen Musenhof und ebensowenig einen Konversationssalon, aber in gewisser Hinsicht hat sie ihn initiiert, das *Heptameron* bildet einen Entwurf der Geselligkeitsform, die in späteren Jahrhunderten zur Entfaltung kam.

Auch andere Zweige des Herrscherhauses Valois haben sich um eine glückliche Verbindung von Bildung und Galanterie bemüht. Die »Ecoles de civilisation«, die bis ins 16. Jahrhundert zurückreichen, sind ein bestechendes Beispiel dafür. Caterina de' Medici (1519–1589) verkörperte als gebürtige Italienerin und französische Königin eine glanzvolle Symbiose von römischer Virtus und französischer Eleganz. Ein faszinierendes Miteinander von feiner italienischer Lebenskunst und scharfem französischem Geist zeichnete ihren Hof und ihre Hofgeselligkeit aus. Philosophie und Dichtung, aber ebenso das Zeremoniell der höfischen Galanterie erfuhren dort einen beispiellosen Aufschwung. Die Hofdamen der Königin verblüfften mehrfach ihre Umgebung. Eine von ihnen überraschte den polnischen Gesandten Adam Conarski, als er 1573 dem französischen König die polnische Krone anbot, mit einer lateinischen Glanzrede. Geistreich und zynisch klingt die schmunzelnde Bemerkung einer anderen über ihre Mutter: »Mama legt eben Gefühle in alles hinein, sogar in die Liebe...«

Die Damen des Hauses Valois setzten alles daran, nicht nur

durch Schönheit, sondern auch durch Geist zu brillieren. Sie kreierten eine neue Ästhetik: das sozial Schöne, von intellektueller Bildung und höfischem Umgang getragen und in einer geistreichen Konversation, in Sprachkunst, gipfelnd. Henri de Valois wußte um die Bildung seiner Damen. So nahm er zum Beispiel Mademoiselle de Gournay, die Nichte Montaignes, als Mitglied in die »Académie du Palais« auf, die von ihm großzügig gefördert wurde. Auch die berühmte Académie Française, 1635 vom Kardinal de Richelieu offiziell ins Leben gerufen, ursprünglich ein geistiges Kind der Valois. Sie greift nämlich auf die Académie du Palais zurück, die 1570 von Jean-Antoine de Baïf gegründet wurde, einem Dichter und Erneuerer der französischen Sprache, der Ronsard und seiner Pléiade sehr nahestand. Die Académie du Palais orientierte sich, wie die neoplatonischen Akademien in Florenz, am griechischen Vorbild. Unter Karl IX. zunächst eine Akademie für Dichtung und Musik, entwickelte sie sich unter Heinrich III. allmählich zu einer literarischen Institution, die sich vornehmlich mit linguistischen und wissenschaftlichen Fragen befaßte. Zweimal in der Woche fanden unter de Baïfs Vorsitz Versammlungen im Louvre statt, denen der König mit seinem Hof beiwohnte. Nicht allein den Damen des Hofes stand die Mitgliedschaft offen, auch den gebildeten Angehörigen der Bourgeoisie. Die Académie du Palais war zwar ein Ableger des Hofes, zugleich aber ein Freiraum intellektueller Bildung. Sie alle, Aristokraten beiderlei Geschlechts und Bürgerliche, lernten in diesem Raum der Respublica Litteraria die Kunst der Rhetorik und der geistigen Unabhängigkeit, die später für die Konversation in einem Salon unerläßlich wurden.

Daß das 16. Jahrhundert gleichsam bereits eine Epoche weiblicher Bildung jenseits der standesbedingten Grenzen war, dafür legten einzelne Gestalten Zeugnis ab, so zum Beispiel die Lyoneser Dichterin Louise Labé (1525–1565), die weit vom Hofe entfernt in der französischen Provinz lebte. Die »Belle Cordière« verfaßte nicht nur flammende Gedichte über Liebesseligkeit und -leid, gleichzeitig versammelte sie um sich einen literarischen Kreis, in dem, nach dem Vorbild der Académie du Palais, Poesie und gelehrte philosophische Diskussionen miteinander wetteiferten. All diese unterschiedlichen Spielarten von Kulturgeselligkeit liefen strahlenförmig in Paris zusammen. Dort entstand 1610 der erste eigentliche literarische Salon Europas.

Der literarische Salon im Zeitalter des Sonnenkönigs und in der Aufklärung

Das 17. Jahrhundert: »Jeux d'esprit« und »Préciosité«

Savoir et savoir vivre – Gelehrsamkeit und Lebensart, eine Symbiose, die für das französische 17. Jahrhundert, Grand Siècle genannt, bezeichnend ist, nahm im berühmten Hotel de Rambouillet, der Wiege der Salongeselligkeit, Gestalt an. Gesellschaftliches und Künstlerisches verbanden sich dort zu einem Kulturstil, der für spätere Jahrhunderte zum verbindlichen Muster wurde. Dieser Salon kann, cum grano salis, als Verkörperung des Handbuches der »Bonne compagnie« angesehen werden, d. h. des Schäferromans *L'Astrée* von Honoré d'Urfé, der jahrzehntelang als literarisches Modell des mondän-gepflegten Lebensstils galt. Kein anderes Buch bezeugt eindringlicher den Einfluß der Literatur auf die Sitten einer Epoche. Die Quellen dieser Hohen Schule der Galanterie sind hauptsächlich in den Schäferromanen zu suchen, seien es Tassos *Aminta*, Ariosts *Orlando furioso*, Cervantes' *Galatea* oder Margarete von Navarras *Heptameron*.

Ritterlicher Minnedienst, Verfeinerung des Umganges, heroische Abenteuer sind die Elemente, die in dieser Fast-Sittengeschichte des 17. Jahrhunderts miteinander verknüpft sind und die die »Habitudes sociales« des Hotel de Rambouillet geprägt haben.

Im Gegensatz zur gelehrten Kultur, der des geschriebenen Wortes, ist die Kultur der Höfe eine des Bildes, des Spektakels, der Konversation gewesen. Diese Szenerie wurde im 16. Jahrhundert vornehmlich von den italienischen Musenhöfen gewährleistet. Die französische »République des Lettres« und später die Salonkultur stellten nie die exzeptionelle Kulturrolle Italiens in Frage. Dennoch verwandelten sie sie wesentlich. Frankreich führte die Tradition der Renaissancehöfe nicht in die Schlösser, sondern in die Stadtpalais, d. h. in die Pariser Salons. Als die erste Salonière im eigentlichen Sinn einen literarischen Zirkel nicht am Hofe von Versailles, sondern in Paris außerhalb der höfischen Verpflichtungen und Verzahnungen installierte, war das ein brisantes Novum. Zwar wurde die absolutistische Monarchie Ludwigs XIV. – Frankreich war im 17. Jahrhundert eine Großmacht mit einem Hof, dessen Maschinerie der Kardinal de Richelieu anführte – dadurch nicht in Frage gestellt, aber man entzog sich ihr, und sei es nur geographisch. Dort, im Hotel de Rambouillet, trafen sich die Vertreter verschiedener Stände, die großen Seigneurs und der kleine Adel, die Literaten und Finanziers, Beamte und Geistliche, Wissenschaftler und Künstler, dort wurde die Gesellschaft demokratisiert.

Das Hotel de Rambouillet

Catherine de Vivonne, Marquise de Rambouillet (1588–1665), Tochter des französischen Gesandten in Rom und einer italienischen Patrizierin, schuf den Auftakt für das, was als Salonkultur in die Geschichte eingegangen ist. Sie war nicht nur schön, sondern auch außergewöhnlich intellektuell und künstlerisch begabt. Als Zwölfjährige wurde sie mit dem Marquis de Rambouillet verheiratet und faßte endgültig in Paris Fuß. Das Palais der Adelsfamilie wurde auf Veranlassung der jungen Frau und nach von ihr entworfenen innenarchitektonischen Plänen vollständig umgestaltet. In *Artamène ou Le Grand Cyrus* von Madeleine de Scudéry wird es unter dem Namen »Palais de Cléomire« beschrieben. Die Marquise rief eine kleine Revolution hervor, als sie mit ihren Umbauten partiell die Struktur des modernen Hauses vorwegnahm: großzügige, ineinander übergehende Räume, Speisesaal, Salon und eine Flucht von Zimmern. Säle, die nur der Repräsentation bzw. als Durch-

gangsräume dienten, und aufwendige Treppen wurden einge-
spart. Die Kunst der Konversation, der intimen Geselligkeit,
denen sich die Marquise ganz widmen wollte, verlangte einen
entsprechenden Rahmen, der sich entschieden von der Hofetikette
absetzte. Ihr Entwurf wurde bald so bewundert, daß
sogar die Königin-Mutter ihren Architekten ins Hotel de
Rambouillet schickte, bevor dieser sich an den Ausbau des Palais
du Luxembourg heranwagen durfte.

Das »blaue Zimmer« (»chambre bleue«), ein mit blauem Samt
bezogener Raum, wurde kurz nach dem Tode Heinrichs IV.,
also 1610, zum erlesenen Mittelpunkt der Pariser Gesellschaft.
Aus Protest gegen das einerseits zu freie, andererseits zu ritterliche
Treiben am königlichen Hof richtete Catherine de Vivonne
alle Anstrengungen darauf, in ihrem Haus einem neuen Lebensstil
zum Durchbruch zu verhelfen.

Allabendlich nach den Mahlzeiten »aux heures de digestion«,
wie der Marquis de Rambouillet ironisch zu sagen pflegte, trafen
der Kardinal de Richelieu, der Ästhet Bussy Rabutin, ein
Vetter der Madame de Sévigné, der Dichter Malherbe, der Herzog
von Buckingham, die temperamentvolle und den Hof in
Aufruhr versetzende Liselotte von der Pfalz, der große Corneille
neben anderen Gästen ein. Acht Lakaien, meist italienischer
Herkunft, versorgten die Gäste. Literarisches wurde vorgetragen,
Musikalisches vorgespielt; der Vorrang aber kam der
Konversation zu, die gebildet und zugleich rekreativ-galant
war. Die subtilen erotischen Dialoge ersetzten im Hotel de
Rambouillet sozusagen den erotischen Akt. Die jungen Leute
von Adel, die verroht aus den Kriegen heimgekehrt waren,
lernten dort eine verfeinerte Lebensart kennen – Geist und
Imagination waren keine Schranken gesetzt. Für die Marquise
de Rambouillet war die Übereinstimmung von »Bon goût« und
»Bonnes moeurs« unabdingbar.

Das Hotel de Rambouillet bildet zwar nicht die erste Enklave
der Konversationskultur in Europa – Vorläufer gab es, wie
erwähnt, in der Renaissance und am Hofe der Valois –, aber
hier wurde zum erstenmal das Gespräch zu jener Kunstfertig-

keit erhoben, in der Esprit, Geschmack, Lebensart und erlesene Höflichkeit miteinander konkurrieren. Höfische und politische Intrigen wurden vor der Tür abgelegt, denn es galt die Kunst zu zelebrieren und den galanten Umgang zu pflegen. Die französische Leidenschaft für »le bon langage«, die gute Sprache, hat in diesem berühmten Palais ihren Ausgang genommen. Für die Literaten war dieser Tempel des Wortes von großer Bedeutung. Unabhängig von Fürsten wie Ämtern, umgeben von einem wachen, gebildeten Publikum, dessen Interesse sie wohlwollend trug, fühlten sie sich ermutigt, in diesem Kreis so manches Selbstverfaßte und noch nicht Publizierte vorzutragen. So tat es auch der große Corneille mit mehreren seiner Theaterstücke, bevor er sie der Comédie Française übergab. Eine zu scharfe Kritik seines *Polyeukt* entzweite ihn jedoch mit diesem Salon.

Die Jahre zwischen 1638 und 1645 markieren die Blütezeit des Hotel de Rambouillet; der Gipfel des Ansehens war erreicht. Danach setzte der Verfall ein, denn der Kult des Wortes schlug allmählich ins Exzessive um. Hatte Malherbe der französischen Sprache Kraft und Adel verliehen, so verwandelte das Hotel de Rambouillet sie in ein durchtriebenes Spiel von Nuancen und Nebentönen, die notgedrungen zu gefährlichen Übersteigerungen führten. Die heitere Geselligkeit artete beinahe zu einer Sprachakademie aus. Die »Préciosité« war geboren. Gemeint ist damit eine Korruption des Wortes, das in seinem Streben nach Komplexitäten, Antithesen und extrem subtilen Metaphern, in seinem Kult des »Rien de vulgaire«, des Geziert-Unnatürlichen, die Verbindung zwischen Leben und Sprache abbricht.

Zunächst hatte die »Préciosité« dazu verholfen, die Seelen zu »verfeinern«, die Kunst der Konversation als gesellschaftliche Brücke subtiler zu gestalten und damit den nach vierzig Jahren Bürgerkrieg verrohten Umgang wieder menschlicher zu machen. Ihre Übertreibung aber schlug ins Gegenteil um: Ein Formalismus, ein sprachlicher Manierismus, der das befreiende, lebendige Gespräch erwürgte, war die Folge. Das Gekünstelte nahm in allen Bereichen überhand. So wurde vom Herzog von Buckingham berichtet, er erschiene »so mit Schmuck beladen,

Pierre Corneille rezitiert im Salon der Marquise de Rambouillet aus seiner Tragödie *Polyeukt*. Kupferstich von Laplante nach Philippoteau.

daß er einem Juwelierladen glich«. Die Damen des Kreises verfielen allesamt diesem Laster und wurden von Molière in seinen *Précieuses ridicules* dem öffentlichen Spott preisgegeben.

Nach dem Tod der Marquise de Rambouillet versuchte eine andere geistreiche Aristokratin, Madame de Sablé (1599–1678), ehemals Ehrendame der Maria de Medici, den Geist des berühmten Salons neu zu erwecken. Geistiger Mittelpunkt ihres Zirkels war François de la Rochefoucauld (1613–1680), der Moralist und Theoretiker des verfeinerten gesellschaftlichen Tones. Seine Rolle bei Madame de Sablé läßt sich mit der Castigliones in Urbino vergleichen und verdeutlicht, wie entscheidend neben dem ausgleichenden und anregenden Einfluß der Gastgeberin vornehmlich ein Habitué das Wesen und die Eigenart des jeweiligen Salons zu bestimmen pflegte.

Bei den Habitués handelte es sich im 17. und 18. Jahrhundert oftmals um ein Mitglied der Aristokratie, aber keineswegs ausschließlich, denn der Gedanke vom natürlichen Adel, »welch' ein geistiger und innerlicher sei und von der Geburt grundsätzlich unabhängig«, wirkte entgrenzend. Allein die persönlich-individuelle Vollendung, als deren Ergebnis der »Honnête homme« galt, war entscheidend. Nicht allein die Standesunterschiede der Habitués wurden aufgehoben; die gesellschaftliche Rolle der in den Salons verkehrenden Künstler veränderte sich ebenfalls grundlegend. War der Dichter an den Höfen des 15. und 16. Jahrhunderts ein »literarisches Faktotum«, ein Auftragsempfänger, ein »Angestellter« gewesen, so behandelte das 17. Jahrhundert ihn als »Professionellen«. Jeder Künstler war sein eigener Herr und konnte seine Präferenzen und Optionen selbst bestimmen. Noch weiter ging das Jahrhundert der Aufklärung, in dem der kreative Mensch ein »Invité d'honneur« wurde. Aufgrund dieser egalisierenden Tendenz, die ein Wesensmerkmal aller Salons war, ist diesen neben ihrer kulturhistorischen stets auch eine sozialgeschichtliche Brisanz zu eigen gewesen.

Am Beispiel der Madame de Sablé wird aber ein weiteres allgemeines Phänomen deutlich: die Schwierigkeit, die eigene literarische Kreativität mit der Rolle einer Salonière zu verbinden. Die Niederschrift ihrer Maximen und Porträts, die sogar La Rochefoucauld inspiriert haben sollen, nahm Madame de Sablé innerlich und äußerlich so in Anspruch, daß ihr Salon sich allmählich in einen geschlossenen literarischen Zirkel verwandelte und sich bald darauf auflöste.

Mademoiselle de Scudéry

In Anlehnung an das Hotel de Rambouillet entstanden nach 1650 unzählige preziöse Kreise in Paris wie in der Provinz, Imitationen bis hin zu Karikaturen. In der preziösen Gesellschaft obwaltete die weibliche Sensibilität, sie bestimmte den Umgang, den literarischen Geschmack und sogar die Sprachstruktur. Einige Preziöse verpönten so sehr das Natürliche, daß sie sich jede zärtliche Regung versagten und aus Unabhängigkeitsdurst lieber unverheiratet blieben. Andere vertraten einen sprachlichen Puritanismus, der sich »niederer« Ausdrücke entledigte und erlesene neue formte; eine weitere Richtung investierte vollends in orthographische Probleme.

Das stilisierte Leben in den Pariser Salons, der Zierat der Sprache und des Gebarens wurden zum naheliegenden Angriffsziel für Komödiendichter und Satiriker wie Molière, Boileau und La Fontaine. Zudem waren sie selber zu gute »Kurtisanen«, um sich diese Gelegenheit, ihrem absolutistischen König Ludwig XIV. zu gefallen, entgehen zu lassen, denn der Hof des Grand Siècle blickte irritiert und mißtrauisch auf die sich ihm entziehende Kulturgeselligkeit. Erst der Einfluß der Madame de Maintenon, der mächtigen Geliebten Ludwigs XIV., verhalf der »Société polie« des Salonlebens zum Ansehen in Versailles. War der privilegierte Zeitvertreib des Hofes bislang die Jagd gewesen, so wurde mit der Einführung der gebildeten Konversation und der galanten Umgangsformen der Pariser Salons die »Domestifikation« des Hofadels eingeleitet. Schöngeisterei statt ausgelassenem Männersport – ein erster Schritt hin zur Dekadenz des Ancien Régime war getan.

Im Rahmen der »Préciosité«, die sich wie eine Geißel im 17. Jahrhundert ausbreitete, sei kurz jene Gestalt umrissen, die als Symbolfigur dieser literarisch-gesellschaftlichen Spielform der Sprachbesessenheit gilt und die ebenfalls einen Salon gründete: Madeleine de Scudéry (1607–1701).

Wie Catherine de Vivonne war auch sie italienischer Herkunft seitens der Mutter. Nachdem sie in frühen Jahren ihre Eltern verloren hatte, schloß sie sich umso intensiver dem Bruder Georges an, einem Anhänger Richelieus, der 1660 in die Académie Française berufen wurde. Gemeinsam verfaßten die Geschwister dem Umfang nach überwältigende Werke: *Artamène ou Le Grand Cyrus*, einen Fortsetzungsroman in zehn Bänden (1649–1653), überschwenglich und sentimental, der seinen Erfolg einzig der Identität der Helden mit bedeutenden Persönlichkeiten der damaligen Zeit verdankte. So ist zum Beispiel der große Cyrus der große Condé, Madame die Herzogin von Longueville, Cléomire Madame de Rambouillet. Die Verfasserin selber erscheint unter dem Decknamen Sappho. Bezeichnend ist, daß die Helden unentwegt Konversation treiben. Ob im Krieg oder in der Liebe – ihre Gespräche hören nie auf, sie sind voller Geist und Empfindsamkeit und kreisen um den Tod, die Frauenerziehung, das Wesen der Courtoisie und natürlich um literarische Fragen. Dieses Werk, in dem die Aussage durch artifizielles verbales Ornament überwuchert wird, bildete einen Meilenstein in der Geschichte der »Préciosité«. Ähnlich verhält es sich mit einem weiteren Opus der Mademoiselle de Scudéry. Nachdem sie bei der Marquise de Rambouillet den Dichter Pellison kennengelernt hatte, schlug sich ihr zartes Gefühl für ihn in dem galanten Roman *Clélie* nieder, wiederum ein zehnbändiges Werk, das nur den prätentiösen Rahmen für eine ausführliche Schilderung der literarischen Salons und der Lebensgewohnheiten der französischen Gesellschaft bildete: Genrebilder, die jedem Interessierten eine Fundgrube der Kuriositäten boten. Herzstück ihres Schaffens war *La carte du tendre*, ein literarisch verblüffend spitzfindiger Schlüsseltext über die Empfindsamkeit und die Seelenerkundung.

Schon zu Lebzeiten wurde diese neue Sappho aufs schärfste kritisiert; Molières *Les précieuses ridicules* sind das berühmteste Beispiel dafür. In diesem Stück, in dem Gebaren, Sprachideal und Lebensgewohnheiten einer ganzen Epoche zur Debatte stehen, wird die Gefahr, die die »Préciosité« stets in sich barg, nämlich in leerem Pomp und sinnlosen Phrasen klischeehaft zu erstarren, genial karikiert. Die Kritik Molières zielte aber vermutlich auf die snobistischen Exzesse und nicht auf das Phänomen der »Préciosité« als Ganzes, wie es sein Vorwort »Die lasterhaften Imitationen des Vollkommenen« verdeutlicht. Während die Gäste des Hotel de Rambouillet die Komödie mit Beifall aufnahmen, mußte Madeleine de Scudéry sich stärker betroffen fühlen – zu offensichtlich waren die Anspielungen auf ihre Romankompendien.

Die erlesene Précieuse setzte sich im übrigen neben ihren stilistischen Ausschweifungen auch für allerhand Exzentrisches ein, so für die Behauptung von der Jungfräulichkeit der Johanna von Orléans mitten im Kriegslager... »Précieuse ridicule« gewiß, aber ihre Samstagsgesellschaften wurden von allen führenden Persönlichkeiten des Hofes und der Stadt Paris besucht.

Neben den Pedanten und Précieusen verkehrten bei ihr auch Madame de Lafayette, unvergessen durch ihren Roman *La Princesse de Clèves* (1678), die sprudelnde Madame de Sévigné, ferner la Grande Mademoiselle, die Cousine Ludwigs XIV., und viele andere mehr. Der Ruf der Madeleine von Scudéry reichte selbst über die französischen Grenzen hinaus. Kurz vor ihrem Tode wurde sie in die Gesellschaft der »Ricoverati de Padua« aufgenommen: französische Preziosität in europäischem Rahmen. Die Literaturgeschichte hätte sie vermutlich längst vergessen, wenn ihr nicht E. T. A. Hoffmann mit seinem *Fräulein von Scudéry* (1819) ein unvergängliches Denkmal gesetzt hätte.

Gleichzeitig zur »Préciosité« wurden auch ganz andere Töne im galanten, bildungsbewußten Frankreich angeschlagen, die sich ebenfalls bald einer europäischen Resonanz erfreuen sollten. Ihre Träger waren eigentlich Nebengestalten der Geschichte, die indes zum Thema Salon einige Pikanterien beigetragen haben und die aufgrund ihrer weiträumigen europäischen Ausstrahlung ein lohnendes Explorationsfeld geblieben sind. Seit fast zwei Jahrhunderten waren Kunst, Lebensart und Politik in Frankreich durch den Geist der italienischen Renaissance aufs äußerste geprägt. Zwei Medici-Königinnen aus Florenz und der übermächtige Minister der Anna von Österreich, der Mutter Ludwigs XIV., der Italiener Giulio Mazarini (1602–1661) hatten bleibende Spuren hinterlassen. Mazarin, der gefürchtete Kardinal, hatte eine Reihe temperamentvoller Nichten, deren Eigenart es war, sich inmitten dramatischer, von ihnen provozierter Situationen ungebrochen ihrem persönlichen Vergnügen, dem »Joie de vivre« hinzugeben. Das Leben der »Mazarinetten«, wie diese Schar junger freizügiger Italienerinnen genannt wurde, war ein schwindelerregendes Abenteuer, und in gewissem Sinne stellten sie die letzten Gestalten der abendländischen Renaissance dar.

Seit 1635 lud der Kardinal regelmäßig und in kurzen Abständen eine seiner zahlreichen Nichten nach Paris ein. Im Louvre zunächst mit Neugierde und Skepsis betrachtet, integrierten sich die jungen Italienerinnen bald in das höfische Leben. Der unmündige französische König, Ludwig XIV., wurde ihr Spielgefährte, die Königinmutter, ganz ihrem Minister ergeben, verwöhnte und förderte sie.

Diese durchaus charmante weibliche Invasion wurde vorübergehend unterbrochen, als Mazarin 1651 mit seiner Familie infolge schwerwiegender innenpolitischer Unruhen französischen Boden verlassen mußte. Der Herzog von Mercoeur, ein Enkel Heinrichs IV., folgte ihnen ins Exil, weil er Laure Mancini, einer Nichte Mazarins, erlegen war. Wieder in Ehren und

Ämtern eingesetzt, ließ der klug vorausschauende Kardinal 1653 drei weitere Nichten nach Paris kommen, die sogenannten Nièces folles: Olympia (1638–1708), Maria (1639–1705) und Hortense (1646–1699), deren weibliche Strategien ihre Mitmenschen in Schrecken und Wonnen versetzten.

Die ausgelassenste dieses Dreigestirns war Olympia. Als Achtzehnjährige hatte sie die Aufmerksamkeit der schwedischen Königin erregt, als diese sich vor ihrer Übersiedlung nach Rom längere Zeit am französischen Hof aufhielt. Überhaupt soll Christina mit ihren freizügigen Sitten das Leben der jungen Mazarin-Nichten entscheidend geprägt haben. Olympias erster Liebhaber war der künftige Sonnenkönig. Als dieser sich in ihre Schwester Maria verliebte, heiratete sie selbst den Grafen von Soissons und gebar ihm acht Kinder, darunter den legendären Feldherrn im österreichischen Dienst, Prinz Eugen von Savoyen, den »edlen Ritter«. Saint-Simon hat über Olympia geschrieben: »Nichts glich dem Glanz der Gräfin von Soissons; von der der König weder vor noch nach ihrer Heirat abließ und die am Hofe die Anführerin der Feste und der Anmut war... Der Mittelpunkt der erlesenen Gesellschaft war das Haus der Comtesse de Soissons, die als Oberhofmeisterin der Königin in den Tuilerien wohnte, wo sich auch der Hof befand, welchen sie in Erinnerung an den Glanz des verstorbenen Kardinals Mazarin, aber mehr noch aufgrund ihres Geistes und ihrer Geschicklichkeit zu beherrschen verstand. Hier trafen sich die vornehmsten Männer und Frauen, und so wurde dieses Haus zum Brennpunkt aller höfischen Liebesintrigen, aller ehrgeizigen Machenschaften und Unternehmungen, bei welchen die heute ganz in Vergessenheit geratenen, damals aber sehr ernstgenommenen Verwandtschaftsbeziehungen eine entscheidende Rolle spielten. In diesen machtvoll glänzenden Strudel stürzte sich der junge König, und dort machte er sich jene höflichen Umgangsformen und jene Zuvorkommenheit zu eigen, die er sein Leben lang beibehielt und die er so vorzüglich mit hoheitsvoller Würde zu verbinden wußte.«

Als eine neue Maitresse des Sonnenkönigs ihren Platz einnahm, suchte Olympia Zuflucht zur Schwarzen Magie. Wegen ihrer weitreichenden Verwicklung in die Giftaffäre der Voisin, die man wegen ihrer Missetaten auf der Place de Grève verbrannt hatte, schien es ihr ratsam, nach Flandern zu fliehen. 1689 hielt sie sich in Spanien auf, nachdem die Königin, eine Nichte Ludwigs XIV., die immer mit Sehnsucht an Frankreich dachte, die legendenumwobene Gräfin zu sich gebeten hatte. Als Marie Louise d'Orléans jedoch nach Einnahme von einem Glas Milch, das ihr Olympia gereicht hatte, plötzlich verschied, beschuldigte sie der König, seine Gattin verhext zu haben. So mußte sie auch dieses Land verlassen und kehrte nach Flandern zurück. Hier half ihr das Ansehen ihres Sohnes, der 1689 zu seiner Mutter nach Brüssel gezogen war und 1697 vom Kaiser das Oberkommando im Krieg gegen die Türken übertragen bekam, sich in die belgische Gesellschaft zu integrieren und bald eine salonähnliche Abendgeselligkeit aufzunehmen.

Maria Mancini, die Racine zu seiner *Bérénice* inspiriert hat, ist in die Geschichte der Galanterie eingegangen als die große Jugendliebe Ludwigs XIV. Sie war nicht ausgesprochen schön, aber klug und gebildet. Während der junge König ihrer exuberanten Schwester Olympia den Hof machte und zu ihr in Leidenschaft entbrannte, führte Maria geistvolle literarische Gespräche mit ihm. Der Geist trug den Sieg davon. Ludwig bat sogar um ihre Hand, doch der Kardinal verweigerte dies. In seinen Augen war die französisch-spanische Allianz bedeutsamer als das persönliche Schicksal seiner eher unansehnlichen Nichte. Ludwig bekam die spanische Infantin zur Gemahlin, Maria wurde mit einem römischen Prinzen, dem Connetable Colonna, vermählt. Sie führte in Rom ein offenes Haus, das bald zum geselligen Mittelpunkt aller dort ansässigen Franzosen wurde. Kurze Zeit später entstand auch ein literarischer Salon, den Römer und Ausländer eifrig besuchten. Zu Marias außergewöhnlicher Bildung hat der Sekretär des Prinzen Colonna notiert: Sie war »außergewöhnlich geistreich, hatte alles gelesen und schrieb selber mit einer ungewöhnlichen Leichtigkeit«.

Doch sie wurde nicht glücklich in Rom. Ihre Sehnsucht nach Versailles, dazu die Untreue des Prinzen trieben sie dazu, Italien heimlich zu verlassen und als Mann verkleidet nach Frankreich zurückzukehren. Ludwig XIV. jedoch, der früher alles getan hatte, ihre Gunst zu erringen, verwies sie nun in ein Kloster. Mit knapper Not entfloh sie und setzte ihre Irrfahrt bis in die Niederlande fort, wo sie – Ironie des Schicksals – auf Anweisung ihres Mannes eingekerkert wurde. Erneut gelang es ihr, zu entkommen und sich nach Madrid abzusetzen, wo sie bald zum Mittelpunkt eines angesehenen Freundeskreises wurde. Erst 1689, nach dem Tod des Konnetabels Colonna, kehrte sie nach Rom zurück, um ihre Salongeselligkeit erneut aufzunehmen, die trotz ihrer vielfältigen europäischen Eindrücke stets dem französischen Muster folgte.

Nicht weniger ereignisreich war das Leben ihrer Schwester Hortense, der Lieblingsnichte Mazarins. In frühen Jahren war sie auf Veranlassung des Onkels mit seinem Freund Charles de la Porte de la Meilleraye verheiratet worden. Mit seiner bigotten Ängstlichkeit und Prüderie (die Nacktheit der Statuen und Gemälde, die sein Palais schmückten, verwirrte ihn so sehr, daß er Naturgemäßes abschlug oder übertünchen ließ) war dieser Ehemann der ungezwungenen, freiheitsdurstigen Hortense jedoch nicht gewachsen. Sie floh, der Familientradition entsprechend, zu ihrer Schwester nach Rom, wo sie ein abenteuerliches Leben führte. Kein Salon, sondern unzählige Liebhaber begründeten zunächst ihren Ruf. Anders ging es ihr in England. Karl II., der sie schon feurig verehrt hatte, als er noch Thronanwärter war und sich in Frankreich aufhielt, half ihr 1675, sich im St. James Palace einzurichten, und setzte ihr eine großzügige Rente aus. Bald avancierte Hortense zur Rivalin der französischen Favoritin, Louise de Keroual, Herzogin von Portsmouth.

Genuß als höchster Lebenszweck war damals die Maxime am

englischen Hof. Ein beliebtes Amüsement stellten erotische Fangspiele dar, und das Hauptvergnügen der Damen bestand darin, einander die Verehrer abspenstig zu machen. Treue und Eifersucht wurden als Narretei angesehen, schlimmer noch, als Mangel an Erziehung. »Wer das Unglück hat, seine Frau zu lieben, und verlangt, daß sie nur für ihn allein lebe, der ist ein Wahnsinniger, für den die Qualen der Hölle schon in dieser Welt brennen, ohne daß irgend jemand mit ihm Mitleid fühlen würde«, wie A. Hamilton es proklamierte. Bezeichnende Beispiele dieser Lebenseinstellung waren Lady Chesterfield und die Gräfin Shrewsbury, von der der Herzog von Grammont behauptete, sie würde am liebsten jeden Tag einen Mann umbringen und ihren Kopf nur um so höher tragen. Auch Lady Castlemair, die Pompadour des englischen Hofes, blieb nicht dahinter zurück. Mitten in diesem verspielt-grausamen Mikrokosmos gründete Hortense Mancini einen literarischen Salon nach französischer Manier. Sein Star-Literat war der im Londoner Exil lebende Dichter Charles de Saint-Evremond (1615–1703), der wegen seiner literarisch-philosophischen Korrespondenz mit Ninon de Lenclos in ganz Europa berühmt war.

So wie die Herzogin von Mazarin (Hortenses Ehemann war nach der Hochzeit mit der Nichte des Kardinals dieser Titel verliehen worden) eine Zeitlang als die schönste Frau Londons gefeiert wurde, genoß Ninon de Lenclos den Ruf, Frankreichs größte Schönheit zu sein. Diese »Grande amoureuse«, eine würdige Nachfolgerin der Kurtisanen Athens, war keineswegs nur auf Sinnlichkeit bedacht, denn sie war außerdem hochgebildet, beherrschte mehrere Sprachen und betätigte sich auf musikalischem Gebiet. Saint-Simon verdanken wir ein Porträt dieser Frau: »Ninon, die berühmte Kurtisane, die, als das Alter ihr nicht mehr gestattete, ihrem Metier nachzugehen, den Namen Lenclos annahm, war wieder einmal ein Beispiel für den Triumph des mit Geist betriebenen und durch einige Tugend gemilderten Lasters... Ninon hatte illustre Freunde aller Art. Sie besaß so viel Geist, daß sie sich alle zu erhalten wußte und daß sogar Einigkeit unter ihnen herrschte, zumindest gab es nie den geringsten Zwist. Alles vollzog sich bei ihr mit einer Zurückhaltung und einem äußeren Anstand, wie ihn vornehme Prinzessinnen bei ihren Seitensprüngen nur allzuoft vermissen lassen. Sie hatte deshalb die erlesensten und besterzogensten Leute des Hofes zu Freunden, dergestalt daß es Mode wurde, bei ihr empfangen zu werden, und man hatte guten Grund, danach zu trachten wegen der Verbindungen, die sich dort anknüpfen ließen. Es gab in ihrem Salon kein Spiel, kein lautes Gelächter, keinen Streit, auch keine Diskussionen über Religion oder Regierung. Dafür viel Geist, viel Belesenheit; es wurde über vergangene oder gegenwärtige Liebesgeschichten gesprochen, aber ohne alle üble Nachrede. Auch als ihre Reize nachließen und die Schicklichkeit und die Mode es ihr verboten, Körper und Geist zu mischen, verstand es Ninon, sich ihre Freunde weiterhin zu erhalten. Sie war bezaubernd im Umgang, selbstlos, treu, verschwiegen, sehr zuverlässig und man könnte sagen, daß sie bei all ihren Schwächen tugendhaft und voller Rechtschaffenheit war. All das trug ihr einen ganz ungewöhnlichen Ruhm und eine erstaunliche Achtung ein. Sie hat oft Freunden mit Geld und Kredit ausgeholfen und ist in wichtigen Fragen für sie eingetreten, hat Geld und schwere Geheimnisse treulich bewahrt.«

Auch Ninon führte einen Salon, den »Gelben Salon« in der Nähe der Bastille, der zwar als Schule des guten Geschmacks galt, sich jedoch von den aristokratisch-literarischen wegen des Rufes seiner Gastgeberin sowie der dort getätigten Liebeshändel erheblich absetzte. Der Ernst war hier radikal verbannt; Molière und seine Schauspielertruppe traten oft bei Ninon auf, und ihre Vorliebe galt den Sonderlingen, so zum Beispiel dem verkrüppelten Dichter Scarron, dessen ätzender Spott wie eine Geißel wirkte und dem es trotz Alters und Gebrechlichkeit gelang, eine Siebzehnjährige zu heiraten. Diese leichtfertige Schöne war die spätere Madame de Maintenon, die mächtige Geliebte Ludwigs XIV.

Im Londoner Salon der Hortense Mancini war Saint-Evremond der unangefochtene Zeremonienmeister. Er zeichnete sich aus durch seinen Geist, seine Werke und durch seine ausdauernde Liebe zu Madame de Mazarin. Geistreiches, Poetisches und Galantes wurden dort zu einem einzigartigen kosmopolitischen Kulturausdruck verknüpft. Lange Zeit hindurch hatte er sich bemüht, die Erlaubnis zur Rückkehr nach Frankreich zu erlangen. Als sie ihm erteilt wurde, verzichtete er darauf. Saint-Simon bemerkte dazu lakonisch: »Er hatte Zeit genug gehabt, sich in London zu naturalisieren, er war unsterblich in Madame de Mazarin verliebt, an seinem Vaterland war ihm nichts mehr gelegen. Er lebte noch an die zwanzig Jahre als Philosoph in England und starb dort, nach wie vor im Vollbesitz seiner Geisteskräfte, bei guter Gesundheit und bis zu seinem Tod umworben, wie er es sein Leben lang gewesen war.« Hortense starb selber 1699 in Chelsea. Der Duc de Mazarin bemächtigte sich ihres Sarges und führte ihn bei jeder Reise mit sich.

In den Jahren der Fronde zwischen 1648 und 1653, als es zu verschiedenen Aufständen gegen die absolutistische Monarchie kam, wurden die Nichten Mazarins als »stinkende Vipern« bezeichnet. Späteren Jahrhunderten galten und gelten sie als verfestigte Systeme sprengende, Phantasie betonende Originale. Die Salongeschichte dieser Damen war kurz, aber prägnant. Kontinuität war ihnen aufgrund ihrer odysseenhaften Lebensläufe nicht gewährt. Die drei Schwestern blieben unübersehbar Randfiguren der europäischen Kulturgeschichte, doch mit ihren Ausschweifungen und Exzentritäten förderten sie mannigfache Kulturbegegnungen und -kontroversen. Die kulturelle Einheit Europas ist keineswegs eine Erfindung des 18. Jahrhunderts. Brücken zwischen England, Frankreich, Italien und Spanien waren auch im 17. Jahrhundert selbstverständlich, und in diesem Sinne stellten die Mazarinetten einen zukunftweisenden Aufbruch dar.

Christina von Schweden

Eine weitere Variante weiblicher Kulturvermittlung im Rahmen salonartiger Geselligkeit stellt Christina von Schweden (1626–1689), die skandalumwitterte Königin, dar. Einzige und über alles geliebte Tochter Karl Gustavs, der Schweden durch seine militärischen Erfolge unvergleichlichen Ruhm eingebracht hatte, stand sie nach dem Tod des Vaters als Sechsjährige plötzlich an der Spitze eines Staates, der sich weniger um die Macht des Geistes als um die politische Vorherrschaft bemüht hatte. Christina war ein Bildungsphänomen: Mit acht Jahren sprach sie bereits acht Sprachen, disputierte auf Lateinisch und schrieb Aphorismen. Schon als junges Mädchen korrespondierte sie mit vielen europäischen Gelehrten. Ihr besonderes Interesse galt dem französischen Hof und seinen geistreichen Damen. Ganz Europa schaute wie gebannt auf die Schwedenkönigin. Ihr Ruf als außergewöhnlich gelehrte und künstlerisch begabte Persönlichkeit zog viele an ihren Hof. Sie selbst berief Descartes, der im eigenen Land nicht anerkannt und in Holland sogar verfolgt wurde, nach Stockholm, wo der französische Philosoph jedoch dem Kältetod zum Opfer fiel. Christina pflegte ihn jeden Morgen gegen fünf Uhr früh in riesigen, ungeheizten Sälen zu erwarten, um mit ihm philosophische Gespräche zu führen. Seiner mediterranen Natur kam das rauhe Klima nicht entgegen. Descartes starb 1650.

Bewerber um die Hand der hochgebildeten, aber im Umgang eher schroffen Königin gab es viele. Sie lehnte indes alle ab und bewog die schwedischen Reichsstände dazu, 1649 ihren Vetter Karl Gustav von Pfalz-Zweibrücken zu ihrem Nachfolger zu bestimmen. Christinas Abneigung der Ehe gegenüber war radikal. Liebschaften hatte sie etliche, ihre Frauenfreundschaften waren von ungewöhnlicher Intensität, wie zum Beispiel die mit Ebba Sparre. Der eigentliche Mittelpunkt ihres Lebens waren ihre Bibliothek und die Kunstsammlung, die sie mit Erwerbungen aus allen Ländern ständig vergrößerte und die sie vor ihrer Abdankung aus Schweden hatte herausschaffen lassen.

Die skandalumwitterte Christina von Schweden (1626–1689) umgab sich mit den größten europäischen Gelehrten und Künstlern ihrer Zeit. In Rom gründete sie eine Art Akademie, die eine Mittelstellung zwischen Gelehrtenverein und literarisch-philosophischem Salon einnahm.

1654 legte Christina die Krone nieder und erklärte zur Devise ihres künftigen Lebens den Satz: »Fata viam invenient«. Als sie den schwedischen Boden verließ, rief sie aus: »Enfin, me voilà en liberté!« Ein Jahr später trat sie zur katholischen Kirche über und löste sich damit endgültig von der Tradition ihres Vaters und des protestantischen Schweden. Indem sie ihrer Heimat den Rücken kehrte, tauschte sie die politischen Zwänge gegen die Freiräume eines Künstlerlebens aus. Die »ambulante Königin«, wie sie genannt wurde, zog es nach Rom, wo sie sich im Palazzo Farnese niederließ. Ihre Exzentrizitäten ließen sie jedoch schnell zu einem unbeliebten Gast werden: Christina fluchte wie ein Kutscher, trank und aß hemmungslos, schlief mitten im Tanzsaal ein und stellte irritierende, indiskrete Fragen. Sie träumte von Gestalten wie Lucrezia Borgia, von italienischer Kunst und geistreichen Gesprächen, aber ihr Auftreten als nordische Virago brachte ihr keineswegs die Sympathie der vatikannahen Römer ein. Kultur und Kulturgespräche waren damals in Rom noch eine Angelegenheit von Männern. Die mondänen Damen der Gesellschaft reichten die schwedische Königin als Exotikum weiter, aber gerade sie fand Christina langweilig und konventionell.

Die nächste Station ihrer europäischen Entdeckungsreise bildete Frankreich. Dort machte sie sich nicht nur durch ihre glühende Begeisterung für Spanien einige Feinde; auch die Salonièren, die sie aus der Ferne so verehrt hatte, kamen ihr plötzlich gekünstelt und prätentiös vor. »Warum wollen mich alle küssen? Etwa, weil ich wie ein Mann aussehe?« fragte sie ernüchtert. Einzig die Schwester des Königs, die Grande Mademoiselle, gewann ihre Freundschaft. Auch Ninon de Lenclos war sie zugetan, über die sie die heitere Bemerkung machte, das einzige, was dem Sonnenkönig fehle, wäre der Umgang mit der großen Kurtisane.

Was Christinas eigene Verführungskunst betraf, so lag diese anderswo als in ihrer Weiblichkeit begründet. Bald wurde sie zur Zielscheibe überspitzter höfischer Ironie. Ihre schroffen Umgangsformen und ihr ungewöhnlich männliches Auftreten konnten an dem eleganten und galanten französischen Hof nur Provokation hervorrufen.

Als sie 1657 ihren des Hochverrats beschuldigten Oberstallmeister, Marquis de Monaldeschi, eigenmächtig hinrichten ließ, war ihr die Ungnade des Franzosenkönigs endgültig gewiß. Sie verließ daraufhin das in ihrer Jugend so ersehnte Land und kehrte nach Rom zurück. Dort begann eine kulturell äußerst bedeutsame Zeit für sie. Christina von Schweden gründete und förderte eine Art Akademie, die unter dem Namen »Arcadia« noch viele Jahre nach ihrem Tod fortbestand. Astrologie und Alchemie waren ihre Lieblingsfächer; stundenlang diskutierte sie darüber mit namhaften Gelehrten. Auch die Musik, insbesondere Gesualdo di Venosa, und die exuberanten römischen Theateraufführungen, die Innozenz XI. verboten hatte, entfachten das Interesse und die Unterstützung der königlichen Stiftung, die allmählich eine Mittelstellung zwischen Gelehrtenverein und literarisch-philosophischem Salon einnahm. Das gebildete Rom strömte jetzt zu Christina in den Palazzo Riario. Eine große Sammlung von erlesenen Gemälden und kostbaren Handschriften erhöhte den Genuß der geselligen Abende. Donna Landini, eine ehemalige Pariser Wäscherin und jetzt Christinas Vertraute, stand ihr bei den Empfängen zur Seite.

Eine schicksalhafte Begegnung brachte diesen kulturellen Mikrokosmos ins Wanken. Ein römischer Kardinal, Decio Azzolini, entfachte im Herzen der unbeugsamen Schwedin eine grenzenlose Leidenschaft, die jedoch unerwidert blieb. Eine Zeitlang regierte der Kardinal mit ihr gemeinsam den kleinen Hofstaat, der sie umgab. Als aber das Leid angesichts der unerfüllten Liebe übermächtig wurde, verließ Christina erneut Rom und suchte Zuflucht in Hamburg. Ihre Briefe an den fernen Freund sind voller Trauer: »Nur schwache Leidenschaften lassen sich bezwingen.« Die stolze Virago wurde zur flehenden Verwundbaren. Ihr Weg führte sie weiter nach Schweden, doch auch dort erfuhr sie Scheitern und Absage.

1668 kehrte Christina nach Rom zurück. Ihre Salongeselligkeit nahm sie nur noch begrenzt wieder auf, um sich verstärkt der von ihr gestifteten Akademie zu widmen, die zunehmend einen philosophischen Charakter annahm. Auch wurde ihre berühmte Gemäldesammlung zu jener Zeit beträchtlich ausgebaut.

Nicht allein das Äußere der schwedischen Königin war barock, auch ihr Wesen war es, ein Spannungsfeld von Freidenkertum und Religiosität, von Verstandesmensch und überfeinerter Sensibilität – eine enigmatische Gestalt, eine große Europäerin und Kulturvermittlerin allemal.

Die Aufklärung: Blütezeit der französischen Salonkultur

Die »Bureaux d'esprit« des 18. Jahrhunderts, deren Kristallisationspunkt Paris war, sind jenseits der chronologischen und geographischen Abgrenzungen das Bezugsraster aller europäischen Salons gewesen, »jener Gesellschaft, der stets eine Dame vorsteht, deren Schönheit etwas verblaßt ist und die statt dessen die Morgenröte ihres Geistes aufleuchten läßt« (Voltaire). Wie unerläßlich der Einfluß dieser Damen war, erfuhr auch der junge Jean-Jacques Rousseau, als er 1742 in die französische Metropole zog, denn er erhielt den Hinweis: »In Paris erreicht man nichts ohne die Frauen!«

Obwohl der Hof weiterhin in Versailles residierte, war Paris zur Hauptstadt des Geistes und des Vergnügens aufgestiegen. Ein Vierteljahrhundert lang hatte der Sonnenkönig das gesellschaftliche Leben sowie intellektuelle und künstlerische Aktivitäten zu polarisieren vermocht. Am Ende war vom Glanz seines Hofes kaum mehr als die strenge Etikette gleichsam als »Mechanismus der Gesten« übriggeblieben. Sein Nachfolger, der Herzog von Orléans, der die Regentschaft für den unmündigen Ludwig XV. übernahm, war ein Neffe des absolutistischen Königs und Sohn der Liselotte von der Pfalz. In eigener Person das neu aufbrechende Lebensgefühl symbolisierend, war er ein erlesener Libertin, der die Freiheit der Sitten vertrat und ausgiebig vorlebte. Die aristokratische Jugend folgte nur zu gerne seinem Beispiel und setzte sich nach Paris ab, um sich dort den Ausschweifungen des Herzens und des Verstandes hinzugeben.

Speziell für die Frauen war jene Epoche bedeutsam, denn die geistige Freiheit der »République des Lettres« und die gesellschaftlichen Freiräume, die das Ancien Régime ermöglichte, trugen wesentlich zu ihrer Emanzipation bei. Die Zeit zwischen der Autokratie Ludwigs XIV. und derjenigen Napoleons war für die Damen der herrschenden Klassen fast so etwas wie eine Glücksperiode, ein gesegneter Moment, in dem die Männer sich ihnen wie nie zuvor angenähert haben.

»Viele Frauen waren bestrebt, einen eigenen Salon zu führen. Das war Ausdruck ihrer Freiheit, da sie empfangen konnten, wen sie wollten, und zugleich konnten sie überprüfen, wie weit ihr Einfluß und das Interesse an Ihrer Person ging. Da seit dem Ende der Herrschaft Ludwigs XIV. der Hof nicht mehr der einzige Ort gesellschaftlichen Lebens war, bemühten sich manche Frauen, kleine Höfe um sich selbst zu versammeln. Nach Art des Sonnenkönigs wollten diese kleinen Sterne so viele bekannte Persönlichkeiten wie nur möglich in ihren Bannkreis ziehen. An der Qualität der Gäste war ihre Anziehungskraft abzulesen. Zahllose Frauen unternahmen den Versuch, auf diese Weise ihre Fähigkeiten zu erproben.« (Elisabeth Badinter)

Der Salon war also nunmehr ihr Machtbereich. Eine neue Einschätzung der gesellschaftlichen Rolle der Frau, eine verstärkte Infragestellung der Stereotypen, mit denen sich die Literatur bis dahin begnügt hatte, war die Folge. Die Salons wurden geradezu ein Staat im Staat. Sie integrierten sich zwar voll in das feudalistische System, aus dem sie erwachsen waren, schufen jedoch gleichzeitig eine neue Lebensweise. Die Dame wurde zur moralischen Autorität, nicht im Sinne von irgendeinem Tugendkodex, sondern im Sinne einer geistigen Macht. Jetzt öffneten sie die Tore ihres Palais nicht nur den Literaten, wie sie es bereits im 17. Jahrhundert gemacht hatten, sondern auch Gelehrten, Spezialisten und Künstlern aller Art – der literarische Salon wurde zum Konversationssalon. Dennoch wird die Bezeichnung »literarischer Salon« bis in unsere Tage hinein benutzt, auch wenn damit kein spezifisch literarisches Phänomen gemeint ist, sondern ein Zentrum intellektueller Auseinandersetzung, in dem Literatur und Philosophie eine gewisse Vorrangstellung zukommt.

Die französischen Salonièren des 18. Jahrhunderts hatten mit den lächerlichen Preziösen oder den gelehrten Frauen à la Molière nichts gemeinsam. Sie waren Partnerinnen in einer brillanten und leichten Konversation, die um gewichtige Themen kreiste, dazu unvergeßliche Vermittlerinnen europäischer Geistesart. Die Blütezeit der französischen Salonkultur stand unter dem Vorzeichen der Aufklärungsphilosophie. Voltaire, Exponent der Philosophie und Kultur jener Zeit schlechthin, war ein Habitué der Pariser Salons. Seine Ideen bezüglich des Fortschritts des menschlichen Geistes, sein Kampf um die Freiheit der Meinungsäußerung wurden von seinen Gastgeberinnen eifrigst aufgesogen. Überhaupt bezogen sich die Inhalte der Konversation zunehmend auf das Gedankengut der Aufklärung, der Enzyklopädisten. Ein Merkmal dieses Jahrhunderts war seine unersättliche Neugierde, die sich auf Erkenntnis als solche wie auf deren Deutung richtete. Erkennen, Deuten und das sich daraus ergebende Relativieren bildeten die Fundamente des intellektuellen Lebens, das sich in den Salons abspielte. Daraus resultierte eine bislang nicht dagewesene Horizonterweiterung, die das rein Literarische entgrenzte. Ein schlagendes Beispiel dafür bildet die Verbreitung englischer Ideen und Gebräuche, die in jener Zeit via Frankreich, und zwar hauptsächlich auf dem Weg über die Pariser Salons, einsetzte. Voltaire war es, allen voran, der die britischen Institutionen und Sitten bekannt machte und den Postulaten der »Glorious Revolution«, nämlich Religions- und Meinungsfreiheit, auf dem Kontinent Gehör verschaffte. Auch darin folgten die Salonièren seinem Vorbild. Die Anglomanie, die im 18. Jahrhundert Frankreich ergriff, begann in den Pariser Salons.

Bezeichnend ist, daß parallel dazu in England die Freimaurerlogen entstanden, in denen Geselligkeit und Gedankenaustausch auf eine nie dagewesene Weise gepflegt wurden. Wie in den Damensalons bahnten sich auch in den Herrenlogen Beziehungen an zwischen Mitgliedern des Adels, der höheren Schichten des Bürgertums und des künstlerischen und intellektuellen Milieus. Die Freimaurerei entwickelte sich sehr schnell zu einer europäischen Institution, doch war ihre Ausstrahlungskraft verglichen mit der der Salons verhältnismäßig gering. Ihre Beschränkung auf männliche Mitglieder und der geschlossene Charakter der Logen kamen den Bedürfnissen des gesellschaftlichen Lebens nicht entgegen. Sie waren Geheimbünde, während die Salons offene Freiräume der Diskussion und der Gedankenvermittlung waren. Aus diesem Grund spielten letztere bei der Verbreitung englischen Gedankenguts auch eine größere Rolle als die entsprechenden Herrengesellschaften. Indem sie solche Funktionen übernahm, ging von der Salonkultur auch eine unbestreitbare politische Wirkung aus, obwohl die Strukturen der Macht und die Fundamente der Ständehierarchie nicht angetastet wurden.

Neben den Salons entstanden damals in Paris philosophische Coterien, die von den englischen Freimaurerlogen inspiriert waren. Sie übten auf die geistreichen, wißbegierigen Salonièren einen immensen Einfluß aus. Die weithin bekannteste Coterie war die des Baron von Holbach, die ein Bindeglied zwischen den philosophisch-politischen Herrenabenden englischen Stils und den französischen Damensalons darstellte. Paul Henri Thiry d'Holbach (1723–1789), ein vermögender Industrieller deutscher Herkunft, gehörte zu den gebildetsten Männern des 18. Jahrhunderts. Zweimal in der Woche versammelte er in seinem Pariser Palais eine Gruppe kühner Denker, an deren Spitze Denis Diderot stand. Gemeinsam bildeten sie eine ungewöhnliche Konstellation von Aufklärern, die durch ihre liberalen, provozierend-fortschrittlichen Debatten eine angesehene Instanz im damaligen Machtspektrum darstellten. Von Holbach, der »tugendhafte Atheist«, den Rousseau unter dem Namen Wolmar literarisch verewigt hat, war der Verfasser eines philosophischen Standardwerkes, *System der Natur* (1770), in dem er einen virulenten Materialismus und einen scharfen Antiklerikalismus vertreten hat, weshalb Holbach auch als einer der Vorläufer des Kommunismus gilt. Seine für die Zeit umstürzlerischen Thesen ließen sogar Voltaire und den aufgeklärten Monarchen Friedrich II. erschaudern.

Die Coterie rue Saint-Honoré, in der konformistisch gelebt, aber kühn gedacht wurde, nannte sich »Synagoge« und zeichnete sich durch Gruppenbewußtsein und die Forderung nach philosophischem Engagement aus, was mit der Salongeselligkeit kaum etwas zu tun hatte. Vielmehr wies sie Gemeinsamkeiten auf mit den Clubs und sogar den »Coffee houses«, die von Holbach während seiner Studienzeit in London eifrig besucht hatte. Ihre Verbundenheit mit der Enzyklopädie und ihr atheistischer Standpunkt führten bedeutende Denker des 18. Jahrhunderts in der Coterie zusammen. Neben Diderot gehörten ihr Melchior Grimm, Galiani, Marmontel, Suard, Raynal an. Sie alle waren Freidenker, die überlieferte Denkgewohnheiten erschüttern und fruchtbar vorantreiben wollten. Übereinstimmung herrschte nur bezüglich des Toleranz- und Fortschrittsprinzips, die Tabus im Hinblick auf religiöse oder politische Fragen, wie sie für manche Damensalons kennzeichnend waren, existierten dort nicht. Manchmal werden zwar die Zusammenkünfte im Hause des Barons als »Salons« bezeichnet, doch glich diese Spielart der Konversation vielmehr einer Akademie des Geistes. Zugleich kann man darin einen Vorläufer der spezifisch politischen Salons sehen, die später zur Entfaltung kamen. Ein weiterer wichtiger Unterschied: Nur eine einzige Dame verkehrte in diesem Kreis, nämlich die Gastgeberin Madame von Holbach, die im Auftrag ihres Mannes die Besucher empfing, selbst aber völlig in den Hintergrund trat.

Es gab viele und bedeutende Verbindungen zu den eigentlichen Salons. Oft gehörten die Gäste des »Maître d'hôtel de la philosophie«, wie sich von Holbach selbst bezeichnete, zu dem Mikrokosmos der Salonièren, die nur zu gerne die neuen Gedanken und Geistesblitze der Aufklärer im nachhinein mitvollzogen. So wurden Unabhängigkeit und Toleranz zunehmend auch die Wesensmerkmale der Salons. Diese bildeten sich zunächst wie bereits im 17. Jahrhundert am Rande des Versailler Hofes, kurz darauf gegen ihn; später zollten sie dem abnehmenden königlichen Prestige sogar eine gewisse Verachtung. Die erste salonartige Geselligkeit am Rande des absolutistischen Hofes wurde von der Herzogin du Maine, einer Enkelin des großen Condé und Ehefrau eines legitimierten Sohnes von Ludwig XIV., im Schloß von Sceaux, unweit von Paris, ins Leben gerufen. Ihren Ruf begründeten eher die Gäste, zu denen die exzentrischsten und vornehmsten gehörten, als die Gastgeberin selbst. Sceaux, eine Hochburg glanzvoller Feste, wurde als Schule des erlesenen Geschmacks und als »Musenhof« angesehen. Viele der späteren Salonièren verkehrten bei der Herzogin du Maine, die sozusagen einem Kleinsthof präsidierte. Die dort herrschende Atmosphäre von Zivilisiertheit, kombiniert mit sinnenfroher Genußsucht, hat Watteau zu seiner *Reise nach Kythera* inspiriert. Der spottende Voltaire, Fontenelle, der geistreiche Neffe Corneilles, Madame de Staal-Delaunay, die Kammerzofe und Vertraute der Herzogin, deren *Memoiren* einen Höhepunkt französischer »Clarté« und Präzision bilden, Madame du Deffand – sie und andere mehr machten den intellektuellen Reiz dieser glänzenden Abende aus, die eher dem gesellschaftlichen Spiel als der Konversation gewidmet waren. Sceaux war die Bühne der Verrücktheiten der Herzogin und zugleich das Schauspiel des Hofes und der Stadt, die beide dort zusammenströmten. Dort herrschten noch die Etikette, die Verpflichtungen und die Hierarchie des Hofes, darum gehört das Schloß von Sceaux nur peripher und vorbereitend zu den eigentlichen Salons.

Galt an den Minnehöfen die Höflichkeit als Geselligkeitselixier und bei den Preziösen die Galanterie, so wurde die stilistisch ausgefeilte Zuvorkommenheit, hinter der noch immer ein Grundton des Begehrens klang, die Umgangsform schlechthin jenes 18. Jahrhunderts, in dem die Gesellschaft, pointiert ausgedrückt, nicht lebte, sondern formulierte. Frankreich hat gerade in jener Zeit seine Sprachbesessenheit bis auf die Spitze getrieben. Dies beschränkte sich nicht auf die führende Schicht, sondern ergriff ebenso alle anderen Bevölkerungsgruppen. Von der manierierten Salonière bis zum Revolutionshelden – die Rhetorik der Revolution ist ein bestechendes Beispiel dafür –, jeder bastelte, schmiedete an der Sprache, alles wurde dem Wort unterworfen, das Frankreich bis zum Lasterhaften geliebt hat.

Die Sprachbesessenheit war aber nicht nur rhetorisch oder formal-ästhetisch. Die Aufklärungsphilosophie und die aus ihr hervorgegangene Enzyklopädie versorgten die Salons mit ungeahntem Sprengstoff. Die mondäne Gesellschaft bestritt ihre Konversation mit neuen Erkenntnissen und Reaktionen auf intellektuelle Neuigkeiten. Die Neugierde auf alles, was das Gespräch und das Leben erweitern und bereichern konnte, prägte das 18. Jahrhundert. Der übergroße Erfolg der Enzyklopädie, dieses kompletten Sachregisters des menschlichen Wissens der Zeit, beweist es hinlänglich. Es handelte sich jedoch um eine kommentierende Neugierde, die alles dem Wort, dem Gespräch, der Formulierung auslieferte.

In dieser Gesellschaft, die Frivolität und intellektuelle Durchtriebenheit bis zum Paroxysmus einübte, herrschten die ätzenden Maximen Chamforts, den die deutschen Romantiker, besonders Schlegel, so verehrten: »Ein wahres Gefühl sieht man so selten, daß ich oft auf der Straße stehenbleibe, um einem Hund zuzuschauen, der einen Knochen abnagt.« Chamforts berühmte Definition der Liebe als »Hirngespinst« und »Epidermis« liefert einen Schlüssel zum Verständnis jener Zeit, in der »nichts ohne den Intellekt geschah, nicht einmal der Spasmus«. (Cioran)

Die französische Salongeselligkeit des 18. Jahrhunderts war sehr kosmopolitisch. Der Vorrang des Intellektuellen veranlaßte die Pariser Salonièren, ihren Verstand und damit ihre Palais dem Fremden, dem Andersdenkenden, sogar dem Exotischen großzügig zu öffnen. Den Ausländern kam gar eine Ehrenstellung zu: Bei Madame de Tencin fanden sich die Engländer Bolingbroke und Chesterfield ein, der Deutsche Melchior Grimm wurde zum unzertrennlichen Freund von Madame d'Epinay, ebenso der Italiener Abbé Galiani, den Nietzsche so hoch schätzte. Horace Walpole, Sohn des englischen Premiers, war Madame du Deffands Altersliebe; der junge Pole Stanislaus Poniatowski nannte Madame Geoffrin seine zweite Mutter. Sogar der ältere Benjamin Franklin saß stundenlang bei Madame Helvetius, die seine »Dame d'Auteuil« war. Ganz zu schweigen von

Julie de Lespinasse, deren Leidenschaft für einen jungen Spanier zu den bewegendsten Romanzen der Zeit gehörte. Man dachte und lebte europäisch. Das Besondere wurde dank der Aufklärungsphilosophie durch das Universale ersetzt; die geographischen und gesellschaftlichen Grenzen waren aufgehoben. Die Ideale, die die Französische Revolution beseelten, entstammten dieser Relativierungs- und Demokratisierungstendenz, bei der die Salons eine wesentliche Vermittlerrolle gespielt haben.

Im Paris des 18. Jahrhunderts gab es unendlich viele Salons; Zahlen sind nirgendwo belegt. Aus jedem kulturhistorischen Text, der sich mit dieser Epoche befaßt, wird jedoch deutlich, daß jede Dame von Rang einen Salon gründete bzw. ihre mondänen Abende in Treffpunkte der geistigen und künstlerischen Auseinandersetzung verwandelte. Die Salonièren waren die »Patronnes des lettres«, die Spielführerinnen des Geistes, wie es die Brüder Goncourt in ihrer Studie über *Die Frau im 18. Jahrhundert* dargelegt haben.

Die berühmtesten Salons zu besuchen war eine lebenserfüllende Aufgabe. Jeder Tag, jede Tagesstunde sogar, war einem bestimmten Salon gewidmet. Viele Habitués gehörten mehreren Kreisen an, die Damen rissen sich um die geistreichen Besucher, so daß ein ununterbrochenes kulturelles Hin und Her das Pariser Stadtleben kennzeichnete. Fünf Salons treten besonders hervor: der von Madame de Lambert, Madame de Tencin, Madame Geoffrin, Madame du Deffand und Mademoiselle de Lespinasse (nicht zu übersehen auch der von Madame Necker, die aber in Zusammenhang mit ihrer berühmten Tochter Madame de Staël an späterer Stelle erwähnt wird). Die kulturgeschichtliche Ausstrahlung dieser Damen ist in den Augen der Zeitgenossen wie in der Einschätzung späterer Epochen überragend gewesen. Melchior Grimm hat treffend bemerkt: »Genialische Frauen führen Salons für genialische Männer.«

Drei Elemente gehören wesentlich zur französischen Kultur: »Esprit« als Inbegriff des Geistes und des Geistreichen, die Salons, ferner die Korrespondenz bzw. die Memoiren. Dieses Trio war es, das Kultur und Zivilisation bestimmend potenziert und vorangetrieben hat. Alle drei Elemente sind im Jahrhundert der Aufklärung zu einer ungeheuren Entfaltung gelangt. Den im folgenden beschriebenen Salonièren kam dabei ein besonderer Stellenwert zu.

Madame de Lambert

Zukunftweisende Kontakte zwischen der aristokratischen und der intellektuellen Welt, d. h. zwischen dem Versailler Hof und dem Pariser Künstler- und Gelehrtenmilieu, wurden erstmals von der »Femme de lettres«, Madame de Lambert (1647–1733) hergestellt.

Hatte sich das Hotel de Rambouillet bereits geographisch vom Hof abgesetzt, so führte Madame de Lambert im Hotel de Nevers diese Trennung bzw. die Gründung eines intellektuellen Kreises außerhalb des höfischen Rahmens entschieden weiter. Die »Gens du monde«, hauptsächlich der Adel und die »Beaux esprits«, Relikte der preziösen Welt, verkehrten selbstverständlich auch in diesem Stadtpalais, das sich an der Stelle der heutigen Bibliothèque Nationale befand, doch das Hauptgewicht der Gespräche verlagerte sich immer gezielter auf Fragen der Philosophie und der Wissenschaft. Sie wurden angeführt von dem berühmten Geschichtsphilosophen Montesquieu. Die Maler Watteau und Nattier trugen in diesem Salon ihre neue Konzeption der Kunst vor. Die literarische Polemik über den Vorrang der »Modernes« vor den »Anciens«, die das 17. und 18. Jahrhundert beschäftigte, wurde hier erschöpfend diskutiert. Die Freiheit des Geistes und damit die Befreiung von den Zwängen der öffentlichen Meinung wie von klerikalen Autoritätsansprüchen gehörten zu Madame de Lamberts besonderen Anliegen. In ihrem Salon durfte vieles formuliert und gedanklich experimentiert werden, was damals noch als Tabu galt. Einige, so der Romancier und Dramaturge A. R. Lesage, spotteten über die dort herrschende »Lambertinage« – ein Wortspiel, das bei einem so ernsthaft diskutierenden Salon verblüfft, aber die intellektuelle Kühnheit dieses Kreises widerspiegelte.

Madame de Lambert personifizierte eine ungewöhnliche Verbindung von Klassik und Aufklärung. Ihre geistige wie gesellschaftliche Unabhängigkeit, die künstlerisch-geselligen Freiräume, die sie bei sich schuf, prägten alle folgenden Salons. In diesem Sinne – und nicht allein aus einer chronologischen Perspektive – kann sie als deren »Urmutter« angesehen werden.

Thérèse de Courcelle, die spätere Marquise de Lambert, erlebte keine glückliche Jugend. Die leichtlebige Mutter überließ sie oft einer schmerzvollen Einsamkeit, die das junge, sehr begabte Mädchen durch viel Lesen und eigenes Schreiben auszufüllen suchte. Neben ihrer Passion für die Literatur fesselte sie am meisten die Seelenerkundung im Sinne unserer heutigen Psychologie. Während ihre Altersgenossen spielten, schrieb Thérèse Gedichte und ihre Eindrücke über das menschliche Herz nieder. Ihr Stiefvater, ein spiritueller Libertin, führte sie in die Welt der preziösen Sprache und des galanten Umgangs ein. Mit achtzehn Jahren wurde sie mit dem Marquis de Lambert verheiratet und fügte sich den gesellschaftlichen Erwartungen ihres Mannes, eines angesehenen Hauptmannes im königlichen Regiment. Erst nach seinem Tod 1686 konnte sie sich ganz ihren intellektuellen Neigungen hingeben und gründete 1710 einen Salon. Der »Préciosité« und ihren Spitzfindigkeiten überdrüssig, wandte sich die hochbelesene Marquise mit wacher Begeisterung der Literatur und der Philosophie zu. Jeden Dienstagabend versammelte sie berühmte Künstler ebenso wie kritische Geister um sich. Die Zusammenkünfte fanden in einem repräsentativen Saal statt, in dem das Porträt des Dichters und Philosophen Fontenelle (1657–1757) alles beherrschte. Über den Verfasser der *Gespräche über die Vielheit der Natur* äußerte Melchior Grimm: »Herr von Fontenelle ist einer der seltenen Menschen, der, ein Jahrhundert lang Zeuge aller möglichen Umwälzungen des menschlichen Geistes, selbst eine herbeigeführt hat und die Ursachen mehrerer anderer vorbereiten half. Ohne geniale Anlage geboren, verdankt er alle Erfolge der Klarheit, Reinheit und Schärfe seines Geistes, dazu einem in gewisser Weise glänzenden, einfallsreichen und blumigen Stil, dessen Schöpfer er war.« Er gehörte ebenso zu den Habitués der Marquise wie Marivaux, ein Meister der Darstellung komplexer Schattierungen des Gefühlslebens (in seinem Roman *Das Leben Mariannes* hat er seiner Gastgeberin unter dem Decknamen Madame de Miran ein Denkmal gesetzt), und vornehmlich Montesquieu, den eine lebenslange Freundschaft mit Madame de Lambert verband. Sie verteidigte als erste Frau die umstrittenen *Persischen Briefe*, in denen europäische Lebensart aus der Sicht einer fremden, exotischen Kultur oft mit beißendem Spott, aber auch mit wissenschaftlichem Ernst geschildert wird (so über Ludwig XIV.: »Ich habe seinen Charakter studiert und darin Widersprüche gefunden, die ich unmöglich lösen kann: Er hat einen Minister von achtzehn und eine Geliebte von achtzig Jahren.«), und verhalf dem Verfasser 1727 dank ihres Einflusses zu einem Sitz in der Académie Française. Das Ansehen Madame de Lamberts war so groß, daß kaum jemand zum Mitglied der Akademie ernannt wurde, den sie nicht bei sich empfangen und befürwortet hatte. Auch der Kardinal de Retz und La Rochefoucauld verkehrten regelmäßig im Hotel de Nevers und konversierten angeregt über Homer, Ovid oder Cervantes.

Madame de Lamberts besonderes Anliegen galt der Stellung der Frau in der Gesellschaft. Dazu schrieb sie 1727 *Réflexions nouvelles sur les femmes* und später mehrere Texte über die Erziehung der Kinder im Geiste Fénélons, der wegen seiner auf Toleranz basierenden pädagogischen Schriften zum Bahnbrecher moderner Erziehung wurde. Madame de Lamberts sogenannter Feminismus beschränkte sich aber keinesfalls auf Theoretisches, sondern prägte ihren literarisch-philosophischen Salon, der Damen aus den verschiedensten Milieus offenstand: Adligen, Literatinnen und, für ihre Zeit ein explosives Novum, sogar Schauspielerinnen, namentlich der berühmten Adrienne Lecouvreur. Die Modernität dieses Salons machte ihn zum begehrten Treffpunkt verschiedenartigster Besucher, sein Ruf erstreckte sich über ganz Europa. Als Madame de Lambert 1733 starb, übernahmen andere Salonièren ihr geistiges Erbe.

Im Gefolge von Madame de Lamberts Salon entstand, nicht weit von ihm entfernt, an der heutigen Rue Saint-Honoré ein weiterer Salon, dessen europäische Ausstrahlung unermeßlich war. Lord Chesterfield, englischer Diplomat und Schriftsteller, der längere Zeit am Hofe Ludwigs XIV. weilte, äußerte über ihn, er bilde »eine Wiedergeburt Europas unter der Vorherrschaft und Erhabenheit des französischen Geistes«. Gegründet wurde er von der »Nonne Tencin«, wie Saint-Simon sie apostrophierte, die zu den berühmtesten Salonièren des 18. Jahrhunderts gehörte.

Claudine-Alexandrine Guérin de Tencin (1682–1749) verbrachte ihre Jugend in der Provinz, in Grenoble, wo der Vater Parlamentspräsident war. Ihr unbändiger Charakter bewog den Vater, sie bereits in jungen Jahren in ein Dominikanerinnenkloster zu stecken. Daß ihr geliebter Bruder Pierre sich entschlossen hatte, Priester zu werden, scheint sie zunächst auf ihrem klösterlichen Weg beflügelt zu haben. Ihr wacher und scharfer Geist zog bald Besucher in die Sprechzimmer des Klosters Montfleury, man suchte sie auf, um mit der »geistreichen und intriganten« Novizin lange Gespräche zu führen. Saint-Simon spricht sogar von einer ausschweifenden Lebensweise; in diesem Sinne absolvierte Madame de Tencin ihr Salondebüt bereits als Fünfzehnjährige hinter einer Klostermauer...

Als der Vater starb, gelang es ihr, sich ihrer Gelübde zu entledigen. Sie zog nach Paris zu ihrer Schwester Madame de Ferriol, die einen angesehenen, reichen und wesentlich älteren Edelmann geheiratet hatte. Madame de Ferriols Liebhaber störten den väterlichen Ehemann nicht, nur eines durften sie nicht sein: Jansenisten! Der Jansenismus, eine Bewegung in der katholischen Kirche Frankreichs, die eine von den Jesuiten abweichende Auffassung der Prädestinationslehre Augustins vertrat, hatte sich als eine dem Absolutismus feindliche Geisteshaltung den Zorn des allmächtigen Ministers Richelieu zugezogen und wurde von vielen als verdächtige Coterie heftig abgelehnt.

Bei Madame de Ferriol, die ein glanzvolles mondänes Leben führte, lernte Alexandrine einflußreiche Persönlichkeiten des Hofes und der Pariser Gesellschaft kennen. Eine kurze Affäre mit dem Artillerieoffizier Destouches hatte einen Sohn zur Folge, der von Madame de Tencin, kaum einige Wochen alt, auf der Treppe einer Kirche ausgesetzt wurde. So begann das Leben eines der Gründer der Enzyklopädie: Jean-Baptiste Le Rond, genannt d'Alembert. Der berühmte Aufklärer hat seiner Mutter diese Herzlosigkeit nie verziehen und blieb zeitlebens seiner Nährmutter, einer einfachen Glasersfrau, innig zugetan.

Madame de Tencins gesellschaftliche Karriere, die mit etlichen Intrigen und Kuppeleien verbunden war, bietet ein typisches Beispiel der Skandalchronik der Regentschaft Philipps von Orléans. Sie schloß eine ganze Reihe kurzer wie nützlicher Liaisons. Nachdem der Regent die äußerst attraktive wie geistreiche Dame aus seinem Bett verwiesen hatte, weil er ihre klugen politischen Diskurse nicht mehr ertragen mochte, wurde sie prompt die Maitresse seines Premierministers, des Kardinals Dubois. Das Hauptanliegen der temperamentvollen Dame war und blieb ihr Bruder, dessen Laufbahn aufzubauen ihr als dringlichstes Ziel galt. Sie machte ihn mit ihrem heimlichen Liebhaber bekannt, dessen Pläne sie leitete und um dessen Geheimnisse sie wußte. Der Abbé Dubois lernte den Abbé Tencin bald zu schätzen, der »unendlich geschmeidig, hellhörig, findig, diskret, sanft oder heftig war, ein souveräner Verächter jeden Begriffes von Ehre und Religion, wobei er sorgfältig den Schein zu wahren wußte«. (Saint-Simon)

Madame de Tencin und ihr Bruder waren stets ein Herz und eine Seele. »Der Abbé Tencin besaß lebenslänglich ihr volles Vertrauen und sie das seine. Durch seinen Geist und seine Intrigen half er ihr sehr, er brachte es fertig, daß sie jahrelang an dem gesellschaftlichen Leben, das er führte, an seinen Vergnügungen und Liederlichkeiten teilnahm – und dies sowohl in der Provinz als auch in Paris –, ohne ihren Stand zu ändern. Vielmehr erregte sie gerade als ›die Nonne Tencin‹ durch ihren Geist und ihre Abenteuer großes Aufsehen. Der Bruder und die

Schwester, die stets zusammen lebten, verstanden es so einzurichten, daß niemand Anstoß nahm an diesem ausschweifenden Vagabundenleben einer Klosterfrau, die sogar ihr Ordenskleid aus eigener Machtvollkommenheit abgelegt hatte. Man könnte ein dickes Buch schreiben über dieses ehrbare Paar, das sich durch seine Umgangsformen und seinen blendenden Geist unablässig Freunde gewann. In den letzten Tagen des verstorbenen Königs fanden die beiden endlich eine Möglichkeit, von Rom die Erlaubnis zu erhalten, sie ihrer Gelübde zu entbinden und zu einer Stiftsdame zu machen. Diese Lösung blieb allgemein unbemerkt und änderte nichts.« (Saint-Simon)

Beide Geschwister zeichneten sich im Kampf gegen die Jansenisten aus, aber ob eine wirkliche Überzeugung ihrem Engagement zugrunde lag, ist zu bezweifeln. Madame de Tencin strebte einen Kardinalssitz für ihren Bruder an, und wirklich wurde er später Kardinal von Lyon. Eine die Autorität des Staates und der Kirche in Zweifel stellende Bewegung konnte auf diesem Weg nur hinderlich sein. Darum ist ihr Kampf gegen die Jansenisten nicht politisch, sondern emotional zu deuten.

Als Madame de Lamberts Kräfte nachließen, übernahm die Marquise de Tencin ihren Salon, d.h. ihre illustren Gäste, an der Spitze Marivaux. Ihr Interesse für alles Literarische (sie schrieb selber die *Memoiren des Grafen de Comminges*), ihre überwache und zynisch-scharfe Intelligenz, ihr ätzender Witz machten sie unwiderstehlich. Da sie ihren Bruder nie aus den Augen verlor, wurde ihr Salon zugleich eine Enklave von Jesuiten, Erzbischöfen und Kardinälen, was damals keineswegs ein Synonym von klerikaler Enge war, zumal die Herrschaften sich alle nicht nur auf Staatsgeschäfte, sondern auch auf den galanten Umgang verstanden.

Madame de Tencins Beziehung zu John Law (1671–1729), der nach dem Tod Ludwigs XIV. vom Regenten die Genehmigung zur Errichtung einer Privatnotenbank erhielt (deren Gesellschaftssitz sich zunächst im prachtvollen Hotel Particulier der Salonière befand), verhalf ihr zu Reichtum und Ansehen in den Finanzkreisen. Der schottische Bankier wurde zunächst von den Geschwistern Tencin unablässig umsorgt. »Ausschweifend war sie nur noch aus Interesse, aus Ehrgeiz, mit einem Rest von Gewohnheit. Sie war zu klug, um nicht zu wissen, daß ein rein persönlicher Ehrgeiz bei ihrem Alter und ihrem Stand sie nicht mehr weit bringen würde. Ihr ganzer Ehrgeiz galt also ihrem teuren Bruder, und gemäß ihrem Prinzip ließ sie ihn von Law mit Reichtümern überhäufen, und der also Bereicherte verstand es, zur rechten Zeit seine Papiere in Gold umzusetzen« (Saint-Simon). Als die privilegierte Aktiengesellschaft Mississippi-Gesellschaft scheiterte und die dadurch ausgelöste Papiergeldinflation Frankreich 1720 in eine schwere Wirtschaftskrise stürzte, war Madame schon längst auf andere Ziele ausgerichtet. Interessant ist Saint-Simons Schlußbemerkung: »In einer Republik oder in einem Land wie England wäre seine (Laws) Bank eine ausgezeichnete Sache gewesen. Er zog Schlüsse wie ein Engländer, er wußte nicht, daß vieles in Frankreich dieser Art Handel hindernd im Wege steht: die Leichtfertigkeit der Franzosen, ihre Unerfahrenheit, ihre Gier, sich mit einem Schlage zu bereichern, die Schwerfälligkeit einer despotischen Regierung, die auf alles ihre Hand legt...« Madame de Tencins Maxime lautete anders: »Die Leute von Geist benehmen sich oft voller Fehler, weil sie die Welt nicht für so dumm halten wollen, wie sie ist.«

Als der König ihr seine Gunst entzog, gewann sie sie dank ihrer Komplizenschaft mit dem Libertin Herzog de Richelieu bald zurück. Die Favoritinnen wurden umworben und schmückten bald den Salon der ebenso klugen wie ehrgeizigen Madame de Tencin. Es gelang ihr sogar, sich selber zur Patentante der jungen Jeanne-Antoinette Poisson, der späteren Madame de Pompadour, zu ernennen. Der Selbstmord eines ihrer Liebhaber, La Fresnay, in ihrem Palais brachte sie kurzfristig nicht nur in Verlegenheit, sondern auch in das Gefängnis von Châtelet. Nach ihrer Entlassung nahm sie sofort ihre Salontätigkeit wieder auf. Ihre »Mardis« wurden immer berühmter: Philosophen, Diplomaten gesellten sich zu den »Sieben Weisen« – sie nannte sie auch »Mes bêtes« –, die die Säulen ihrer Geselligkeit bildeten. Zu diesen erlesenen Habitués zählten Fontenelle, dem sie einmal die Hand aufs Herz legte und bemerkte: »Nicht ein Herz haben Sie hier, bloß ein zweites Gehirn...«, ferner Marivaux, den sie gegen Voltaire in die Académie Française wählen ließ, Astruc, der längere Zeit Arzt am sächsischen Hof gewesen war und ihr Erbe wurde, Montesquieu und die sich als Physikerin und Philosophin auszeichnende Emilie du Châtelet, über die der ihr innig zugetane Voltaire an den Marquis de Sade schrieb: »Eigentlich ist Madame du Châtelet ein Wunder. Sie liest Vergil, Pope und Algebra, wie andere einen Roman lesen würden. In diesem Jahrhundert gibt es nichts so Bewundernswertes wie sie.«

Die Eigenart des Salons von Madame de Tencin beruhte neben seiner europäischen Komponente und seiner Geistesfreiheit auf jener »Virile cordialité«, über die Marivaux schrieb: »Bei ihr gab es keinerlei Unterschiede, jeder legte die Bedeutung, die ihm sonst zukam, ab. Es ging hier um Geister einer gleichwertigen Würde, wenn nicht einer gleichwertigen Kraft, die miteinander einen Austausch vollzogen.« Trotz des spöttisch-grausamen Porträts, das Saint-Simon von ihr als einer ausschweifenden Ränkespielerin entworfen hat, gehörte der Salon dieser einst mit allen Intrigen vertrauten Abenteurerin zu den brillantesten ihrer Zeit. Ihre Romane und ihre umfangreiche Korrespondenz sind in die Geschichte der französischen Literatur eingegangen und offenbaren eine außergewöhnliche Geistesschärfe im Hinblick auf die politischen Fragen ihrer Zeit. Madame de Tencin war eine der ersten, die öffentlich die Nonchalance des Monarchen Ludwig XV. anprangerten und damit die Französische Revolution vorausahnten. Das verleiht ihr eine historische Dimension, die bei weitem bedeutsamer ist als die skandalösen Anekdoten, die sie umgaben. Ihr Salon postulierte jene »gleichwertige Würde der Intelligenzen«, die ein stetes Merkmal der »République des Lettres« gewesen ist, aber die aus dem Munde einer Frau für ihr Jahrhundert noch eine Herausforderung darstellte.

Unter den Habitués ihres Salons befand sich auch eine junge Frau, über die Madame de Tencin ironisch äußerte: »Wissen Sie, was Madame Geoffrin bei mir sucht? Sie kommt nur, um zu sehen, was sie von meinem Inventar übernehmen wird...«

Madame Geoffrin

Und so geschah es. Madame Geoffrin (1699–1777), die einzige Bürgerliche unter den herausragenden französischen Salonièren, hat nach Madame de Tencins Ableben in ihrem Palais Rue Saint-Honoré einen Salon gegründet, der »der bestorganisierteste, der bestgeführteste ihrer Zeit war, geradezu eine Institution des 18. Jahrhunderts«. (Sainte-Beuve)

Thérèse Rodet, Tochter eines Kammerdieners der Gemahlin des Dauphin, verlor frühzeitig ihre Eltern und wurde von ihrer Großmutter in Paris erzogen. Keine große Bildung, aber ein gesunder Menschenverstand zeichneten das junge Mädchen aus. Bei einem ihrer regelmäßigen Kirchenbesuche fiel sie, erst vierzehnjährig, dem vierunddreißig Jahre älteren François Geoffrin auf, einem reichen Witwer, der Verwalter der Compagnie Saint-Gobain, der renommierten königlichen Spiegelglasmanufaktur, war. Monsieur Geoffrin hielt um ihre Hand an und ließ sich kurz darauf mit seiner Gattin in einem erlesenen Stadtpalais in der Rue Saint-Honoré nieder. Aus Gründen der Höflichkeit kam die junge Thérèse Geoffrin mit Madame de Tencin zusammen, die ihre nächste Nachbarin war. Man stattete sich gegenseitig einen Besuch ab, wie es in der damaligen Zeit üblich war. Bei Madame de Tencin kam die junge Bürgerliche zum erstenmal mit der intellektuellen Elite zusammen und erlag ihr vollends. In der »République des Lettres«, die Madame de Tencin vertrat, gab es keine Standesunterschiede. Das Zusammensein mit überragenden Geistern wie Fontenelle, Marivaux und Montesquieu bezauberte Madame Geoffrin; sie fand diese so unendlich »viel amüsanter als die Frommen ihrer Pfarrkirche«, denen bislang ihre Aufmerksamkeit gegolten hatte.

Einen eigenen Salon aufzubauen wurde fortan ihr Lebensziel. Da Madame Geoffrin sehr wohlhabend, ehrgeizig und zugleich herzlich war, ließ die Verwirklichung nicht lange auf sich warten. Sie, die keinerlei Bildung genossen hatte, liebte auf einmal Geistiges über alles. Zwei Abende in der Woche versammelte sie eine Elite von Künstlern und Denkern in ihrem Salon. Montags die Maler – van Loo, Boucher, La Tour, Hubert Robert, deren Werke sie teuer einkaufte. Mittwochs die Literaten und Philosophen – Marivaux, Grimm, Marmontel etc. Auch die Enzyklopädisten gehörten zu ihrem Kreis. Diese »Bourgeoisie philosophique« legte eine entwaffnende Anspruchslosigkeit an den Tag. Im Gegensatz zu anderen Salonièren umgab sie die Aura einer »Honnête femme«. Der Salon war sozusagen ihre eigene Schule, er förderte die Freiheit des Denkens, aber auch ihre eigene Bildung. Eine ungewöhnliche Gabe der Gastfreundschaft, des herzlich-schlichten Empfanges, zeichnete sie aus und bestimmte die Abende in ihrem Haus. Darüber hinaus war Madame Geoffrin eine sehr großzügige Mäzenin. Ihr vermögender Gatte ertrug es geduldig, er war nicht übermäßig an Literaten und Philosophen interessiert, aber stets bereit, seine viel jüngere Frau zu unterstützen. Eines Tages fragte ein Habitué des Salons: »Was ist aus diesem alten Herrn geworden, der immer am Ende des Tisches saß und schwieg?« Die Gastgeberin antwortete lakonisch: »Das war mein Mann, er ist gestorben.«

Vielleicht war sie ungebildet; sie verglich sich selber mit einem kleinen, runden Baum, der seine Zweige überall ausstreckt. Aber eines konnte sie vorzüglich, nämlich klar denken. Von ihren Freunden erwartete sie nicht nur Esprit, sondern eine Vertrauensbasis und eine bedingungslose Anhänglichkeit, die jedem einzelnen ein Gefühl von Geborgenheit unter ihren mütterlichen Fittichen vermittelte. Da sie stets großzügig und hilfsbereit war, beanspruchte sie das Recht, die Rolle einer mütterlichen Autorität zu spielen. Horace Walpole, den sie 1765 während eines Gichtanfalles besuchte, berichtete: »Sie hat eine Art mich zu tadeln, die mich entzückt. Niemals habe ich jemanden gesehen, der so heftig die Fehler, die Eitelkeiten und

Madame Geoffrin (1699–1777) führte in ihrem Palais einen der bestorganisierten Salons. Nach allen Regeln der Kunst wurde dort Konversation betrieben. Darstellung nach Boucher.

die Falschtuerei eines jeden angreift. Jetzt habe ich richtig Spaß daran und ernenne sie zu meinem Beichtvater und Seelenführer« – eine Salonière als Ziehmutter großer Geister.

Besonders tat sich Madame Geoffrin durch ihre Freundschaft mit Stanislaus August Poniatowski hervor, den sie als Zwanzigjährigen in Paris in ihrem Salon empfing und bemutterte und der 1764 von der russischen Zarin zum König von Polen ernannt wurde. Als sie auf seine Einladung hin 1766 nach Warschau kam (nach einer Europareise, die sie auch nach Wien zu Maria Theresia führte – dem französischen Geist, d.h. allen Salonièren, öffneten sich damals alle Tore des gebildeten Abendlands), rief er gerührt aus: »Voilà Maman!«

Die innige Freundschaft und die herzliche Aufnahme, die Madame Geoffrin der Prinzessin von Anhalt, der Mutter der späteren Katharina der Großen, in Paris bereitet hatte, stachelten die Neugierde der russischen Zarin an. Auf ihre Initiative hin spann sich eine Korrespondenz zwischen beiden an, die zu den interessantesten des 18. Jahrhunderts gehört. Die Briefe Katharinas II. wurden im Salon der Madame Geoffrin andachtsvoll vorgelesen. Osteuropäische Besucher strömten scharenweise zu ihr, darum wurde sie von Madame du Deffand spitzfindig die »Zarin von Paris« genannt. Eine zu unverhohlene Kritik an Katharinas Staatsführung anläßlich des Todes von Iwan VI., der – im Säuglingsalter nominell zum russischen Zaren ernannt, bald darauf jedoch abgesetzt und mehr als zwanzig Jahre lang gefangengehalten – bei einem Befreiungsversuch gewaltsam ums Leben gekommen war, sowie die Weigerung Madame Geoffrins, die Zarin in Sankt Petersburg zu besuchen, setzten dieser europäischen Freundschaft ein Ende. Madame Geoffrin darf keineswegs als Antiroyalistin gesehen werden. Im Gegenteil: Einen Salon in der aristokratischen Tradition zu führen und Monarchen aus verschiedenen europäischen Ländern kennengelernt zu haben, war ihr größter Stolz und die Erfüllung aller ihrer Wünsche.

Aber auch ihre Hilfsbereitschaft war legendär. Als 1759 ein Erlaß aus finanziellen Gründen die Publikationen der Enzyklopädisten zu gefährden schien, verhalf sie ihnen ganz selbstverständlich dazu, ihre Edition problemlos fortzusetzen. Weniger bekannt ist, daß damals auch Katharina II. Diderot anbot, den Druck der Enzyklopädie in Rußland weiterzuführen. Ebenso half Madame Geoffrin im persönlichen Bereich, wo sie nur konnte. So zum Beispiel Julie de Lespinasse, als diese aus dem Salon und dem Palais ihrer Tante, Madame du Deffand, vertrieben wurde.

Madame Geoffrin – Madame du Deffand: zwei entgegengesetzte, sich bekämpfende Institutionen. »Common sense«, schlichte Herzlichkeit, bürgerliche Solidität einerseits, Ausschweifungen, überscharfe Intelligenz und Ironie andererseits. Fünfunddreißig Jahre lang standen sich die beiden Salons gegenüber. Der eine kristallisierte den sozialen und intellektuellen

Aufstieg einer Bürgerlichen, der andere stellte den überfeinerten Lebensraum einer extrem gebildeten Aristokratin dar, für die allein im Gespräch wie im geschriebenen Wort der Stil als »Höflichkeit der Menschen, die an nichts mehr glauben« (Cioran), einen Schutzwall gegen die unerträgliche, weil zu sehr durchschaute Langeweile bildete.

Madame du Deffand

Wenige Frauen ihrer Zeit haben so geistreich das grausam entlarvende Wortspiel getrieben wie sie. In ihrem Jahrhundert verkörperte sie unübertroffen jene bestechende Feingeisterei, jene pointierte Wortsucht, die Frankreich seit jeher maßgebend geprägt hat. Eine »Lebefrau des Geistes« nannte sie Horace Walpole, ihre tragische Altersliebe. Ihr Briefwechsel mit Voltaire ist weltberühmt, ihre Bemerkung über Montesquieus großes Buch: »c'est de l'esprit sur les lois« (das ist Geistreiches über die Gesetze), eine beinahe endgültige Kritik. D'Alembert, Frankreichs bekannter Mathematiker und Enzyklopädist, gehörte zu den allabendlichen Gästen ihres Salons.

Mary de Vichy-Champrond, Marquise du Deffand, war eine hervorstechende Gestalt der Kulturepoche, die zu Anfang des 18. Jahrhunderts anbrach und in den Pariser Salons um 1750 einen Höhepunkt erreichte. Am Ausgang des 17. Jahrhunderts in Burgund geboren, verlor sie frühzeitig ihre Eltern und verbrachte die Jahre ihrer Ausbildung in einem Kloster. Schon als kleines Mädchen begehrte sie gegen jede Art von Dogmatismus auf und verwirrte die Mitschülerinnen und Erzieherinnen durch ihre skeptisch irreligiöse Haltung. Montaigne war und blieb zeitlebens ihr Lieblingsautor. Knapp zweiundzwanzigjährig wurde sie mit einem entfernten Vetter, dem Marquis du Deffand, zeitgemäß, das heißt ohne irgendeine persönliche Anteilnahme, verheiratet. Er himmelte sie an – sie hingegen frotzelte: »Er überhäuft mich mit kleinen Aufmerksamkeiten, um mir zu mißfallen.«

Bald trennten sie sich, und die kapriziöse Marquise konnte

sich ungehindert den Ausschweifungen des Pariser Hofes hingeben. Ihr weltliches Debüt fiel in die glänzenden Tage der Regentschaft, als ein geistreicher und wollüstiger Herrscher die Atmosphäre der Bigotterie und Schwermut zerstreute, die der sterbende Ludwig XIV. über den Hof verhängt hatte. Zwei Wochen lang war sie die Mätresse des Regenten – das war viel in jenen Tagen. Zu ihrem eigenen Liebesleben bemerkte die Marquise lakonisch: »Weder Begierde noch verschwärmte Romanze.« Sie stand gleichsam außerhalb der eigenen Empfindungen und füllte die Leere ihrer Langeweile mit Liebhabern, die sie »wie Kleider auswechselte, um sich das Vergnügen eines neuen zu gönnen«. Mehrere Jahre hindurch war sie Hauptakteurin am Schloß von Sceaux.

In ihren mittleren Jahren ging Madame du Deffand eine Beziehung mit dem angesehenen und wohlhabenden Président Hénault ein. Beide Partner waren sich im klaren, daß ihre Liaison vornehmlich einem gesellschaftlichen Bedürfnis entsprach. Dennoch klang in den Briefen der Marquise an ihren renommierten Freund schon jenes Leitmotiv durch, das ihre seelische Verfassung maßgebend kennzeichnete: die alles zersetzende Langeweile, das »taedium vitae«. Umgeben von den kühnsten und amüsantesten Geistern ihrer Zeit, klagte sie unentwegt über die gähnende Leere, die sie in sich selbst verspürte. Nicht allein die Marquise wurde von der »Mélancolie de l'esprit« befallen; jener Trübsinn entsprach dem Grundtenor der gesamten privilegienüberladenen Schicht des vorrevolutionären Frankreichs, wie die mannigfachen Korrespondenzen und Memoiren aus jener Zeit uns überliefern.

Als die Duchesse du Maine starb, siedelte Madame du Deffand nach Paris über und richtete sich dort im Couvent de Saint Joseph ein, in Räumen, die noch Spuren ihrer früheren Bewohnerin, Madame de Montespan, der langjährigen Favoritin Ludwigs XIV., aufwiesen. Hier entstand einer der begehrtesten Pariser Salons des 18. Jahrhunderts. In einem Kreis, der nach langem Zusammensein jeweils gegen zwei Uhr morgens widerwillig aufbrach, um sich am nächsten Abend erneut zu treffen, war das Gespräch die eigentliche Substanz des Lebens. Statistenfiguren gab es hier kaum. Jeder wetteiferte in der Kunst der Konversation. Neben den Exponenten des überzüchteten französischen Hochadels, für die »la faute de goût«, die sprachliche Entgleisung, kompromittierender war als jedes Verbrechen, versammelte die Marquise die namhaftesten Freidenker um sich. Der bestechendste war d'Alembert, dem die Zuneigung der zwanzig Jahre älteren Gastgeberin auf besondere Weise galt.

Das Räderwerk drehte sich mit bezaubernder Leichtigkeit, die liebenswerte Unverbindlichkeit setzte aber strengste Disziplin voraus. Alles Nichtzerebrale war verdächtig, einzig das intellektuell Erlesene war hier gefragt. Als scharfsinnige Beobachterin der »Douceur des moeurs«, der Lieblichkeit der Sitten, der die meisten ihrer Zeitgenossen nur zu gerne nachgaben, kristallisierte die Marquise du Deffand das für ihr Jahrhundert so kennzeichnende »Mot d'esprit«, das auf überspitzt ironischen Repliken und kühnen Paradoxien beruht. Ihre »prodigious quickness« (Horace Walpole), die Schnelligkeit des Geistes, überschlug sich geradezu bei dem temperamentvoll und zugleich eiskalt betriebenen Spiel von Tarnung und Enttarnung. Masken abreißen, entlarven, bloßstellen als literarisches und psychologisches Bravourstück war ihre Stärke. Die Marquise führte nie mehr als einen Schlag, rasch, klinisch scharf, sicher, und sie traf immer den Nagel auf den Kopf: höhnisches Mißtrauen als Verteidigungsmechanismus, Ironie als Rache am Leben – vermutlich war ihre Angst vor Enttäuschungen zu groß. Das Korrelat der Klarsicht, der Libertinage des Denkens, die jedes ursprüngliche Gefühl als lächerliche Naivität zertritt, ist unweigerlich die Öde des Herzens, der Überdruß.

Mary de Vichy-Champrond staffierte zwar ihre Langeweile mit verbalen Höchstleistungen aus, die Einsicht in die eigene Lage ging ihr aber nie verloren – wie ein Satz an die Duchesse de Choiseul verrät: »Sie haben viele Erfahrungen gemacht, eine fehlt Ihnen aber, die Sie hoffentlich nie machen werden: das

Entbehren eines echten Gefühls und zugleich die quälende Einsicht, ohne dieses nicht auskommen zu können.« Sie machte sich selber nichts vor, die kleinen und großen Lebenslügen, die Allmachtsphantasien und Eitelkeiten der menschlichen Natur waren ihr nur zu vertraut, darum gehören ihre anekdotenreichen Briefe und ihre Porträts, eine Vivisektion menschlicher Eigenschaften, zu den einprägsamsten Sittengemälden des Ancien Régime. Ihr Porträt der Madame du Châtelet, Voltaires Geliebter, zeugt davon:

»Stellen Sie sich eine große und dürre Frau vor, ohne Hintern, ohne Hüften, mit schmaler Brust, zwei kleinen, kaum wahrnehmbaren Brüsten, dicken Armen, dicken Beinen, ungeheuren Füßen, einem winzigen Kopf, einem kantigen Gesicht, einer spitzen Nase, zwei kleinen meergrünen Augen, einem dunklen, roten, hitzigen Teint, einem flachen Mund, mit nur noch wenigen, ganz verdorbenen Zähnen. Das ist das Äußere der schönen Emilie, ein Äußeres, mit dem sie so zufrieden ist, daß sie es an nichts fehlen läßt, um es zur Geltung zu bringen. Um berühmt zu sein, muß man gefeiert werden, und das ist ihr gelungen, indem sie die erklärte Geliebte von Monsieur de Voltaire wurde. Er machte sie zum Gegenstand der öffentlichen Aufmerksamkeit und zum Thema privater Gespräche; ihm wird sie es verdanken, wenn sie in den künftigen Jahrhunderten weiterlebt, und bis dahin verdankt sie ihm das, was einen im gegenwärtigen Jahrhundert leben läßt.«

Als sich 1751 die ersten Anzeichen einer heimtückischen Augenkrankheit bemerkbar machten, zog sich die Marquise für einige Zeit auf das Schloß ihres Bruders in Champrond zurück. Hier lernte sie Julie de Lespinasse kennen, die uneheliche Tochter von Gaspard de Vichy. Das leidenschaftliche Temperament und die außergewöhnliche intellektuelle Begabung ihrer zwanzigjährigen Nichte fesselten die skeptische Salonière. Grundverschiedener konnten sie nicht sein: Während sich die Marquise verbittert-sarkastisch gab (»Das einzige Unglück im Leben ist, geboren zu sein«), jubelte die exaltierte Julie: »Beseelt vom glühenden Verlangen zu leben, danke ich von Herzen

Madame du Deffand (1697–1780) war eine scharfsinnige Denkerin im vorrevolutionären Paris. Ihr berühmter Salon lockte die großen Geister Europas an. Platonische Bewunderer der Marquise waren Frankreichs großer Philosoph Voltaire und der englische Schriftsteller Horace Walpole. Kupferstich von Groffroy nach G. Staal.

der Natur, die mich ins Leben gerufen hat.« Gemeinsam war ihnen aber das Bedürfnis nach einem alles erfüllenden gesellschaftlichen Leben.

Als »Dame de compagnie« begleitete Julie ihre Tante nach Paris zurück. Ihre ansteckende Vitalität und ihr kluger Charme eroberten bald den Freundeskreis des Couvent de Saint Joseph. D'Alembert verehrte sie glühend, dies führte schließlich zum Zerwürfnis mit der Marquise.

Julies tragisches Leben und ihr frühzeitiges Ende standen ganz im Zeichen der neuen Empfindsamkeit, deren Bahnbrecher Jean-Jacques Rousseau war. Mit dem Verfasser der *Nou-*

velle Héloïse hatte Madame du Deffand (sein apodiktisches Urteil über sie lautete: »...ich ziehe es vor, mich der Geißel ihrer Feindschaft auszusetzen als der ihrer Freundschaft«) wahrhaft nichts im Sinne. Seit ihrem Aufenthalt in Sceaux stand sie in enger Verbindung mit seinem philosophischen Widersacher Voltaire. Den sich über zwanzig Jahre erstreckenden Briefwechsel zwischen dem »Patriarchen von Ferney« und der fast erblindeten Marquise bezeichnete Sainte-Beuve als »die reinste und klassischste Prosa des 18. Jahrhunderts«. Er läßt an das Gefecht zweier Virtuosen denken, die glänzen wollen und sich gegenseitig brauchen, um ihre ganze Brillanz zu entfalten.

Für Voltaire bildete das Bewußtsein ein Instrument des Überlebens; der Marquise aber war Denken eine Qual, die sie nicht losließ, eine Mahnung an die Nichtigkeit der Existenz. Er stürzte sich in den vordersten Kampf der Ideen (Frankreich verdankt ihm die fruchtbare Auseinandersetzung mit Englands Philosophen Locke, Hume, Newton), für sie war Fortschritt ein sinnloses Wort. Trotz ihrer entgegengesetzten Standpunkte achtete der unbestechliche Aufklärer die Marquise wie kaum ein anderer. Seine Briefe sind eine Huldigung an die überragenden geistigen Fähigkeiten der alten Freundin, die er immer wieder ermahnt, nicht einseitig negativ ihren ätzenden Durchblick einzusetzen: »...pour avoir du plaisir, il faut un peu de passion« – ganz ohne Leidenschaft gibt es kein Vergnügen.

In der Korrespondenz der Marquise mit Voltaire zeigt sich vornehmlich die literarisch brillante Fassade; im Briefwechsel mit Horace Walpole aber, dem Begründer des »Gothic tale« als Schauerroman des 18. Jahrhunderts, offenbart sich ihr desolater Seelenzustand. Die Briefe an Walpole sind eine Reihe von Variationen über Ennui, die Einsamkeit und die menschliche Widersprüchlichkeit. Madame du Deffand erblindete mit siebenundfünfzig Jahren vollständig. Das veränderte jedoch kaum ihre Lebenswahrnehmung und ihren Lebenswandel, denn »sie sah mit ihrem Verstand, nicht mit den Sinnen« (Lytton Strachey).

Fast siebzigjährig lernte sie den zwanzig Jahre jüngeren englischen Aristokraten Walpole kennen. Horace Walpole, ein »Meister der übereinander angelegten Masken«, war 1765 nach Paris gekommen, um das intellektuell-mondäne Schauspiel der französischen Gesellschaft näher zu besehen. Sein fingierter, unter dem Namen Friedrichs des Großen verfaßter Brief an Jean-Jacques Rousseau ließ ihn über Nacht ein begehrter Gast in den Pariser Salons werden. Zwischen dem blasierten Junggesellen und der Voltaire-Vertrauten entstand sofort ein reger geistiger Austausch. Die Marquise war unerträglich subtil, aber keineswegs künstlich-maniert, ihre verblüffende Natürlichkeit und das gesellschaftliche Ansehen, das sie genoß, fesselten den exzentrischen Engländer, für den das Alter eine »Archäologie des Lebens« darstellte.

Der fast tägliche Umgang miteinander löste bei der alten Dame eine sonderbare Leidenschaft aus. Ein unbedingter und extravaganter Wahn meldete sich unversehens zu Wort. Alles, was die ironische Marquise bisher als naiv gebrandmarkt und verworfen hatte, überwältigte sie jetzt selber: absolute Gefühle, Liebe in einer ihrer verheerendsten Formen, nämlich als zynisch verdrängte, im Namen der Ratio verschmähte und um so wichtiger aufbegehrende Urkraft. Kaum war Horace Walpole auf seinen Landsitz Strawberry zurückgekehrt, begann eine fünfzehn Jahre während Korrespondenz (beinahe 1700 Briefe, wovon 955 erhalten sind), die soziologisch wie psychologisch zu den anregendsten der Weltliteratur zählt. Als glühender Verehrer der Marquise de Sévigné erhoffte sich Walpole eine Chronik des Pariser Lebens in der Art, wie die berühmte Briefeschreiberin des 17. Jahrhunderts sie für ihre Tochter verfaßt hatte. Die Anhänglichkeit der berühmte Greisin aus Paris schmeichelte ihm aufs höchste, er aber strebte eine Beziehung an, die ausschließlich einen literarisch-mondänen Charakter haben sollte.

Die Briefe der spät entflammten Marquise an den englischen Adressaten, der von der Angst besessen war, sich lächerlich zu machen, zeugen von der schmerzvollen Maskerade, zu der sie sich verleiten ließ. Walpole bestand mit eiserner Härte darauf, daß ihre Korrespondenz im Ton landläufiger Freundschaft geführt werde. Sie beugte sich dieser Bedingung, widersprach dem aber mit jeder Zeile; ihre verzweifelte Liebe klingt wie ein ewiger Refrain durch. Nicht ohne Bitternis durchschaute sie die Unbändigkeit der eigenen Gefühle. Zeitweise gelang es ihr, sie zu übertönen; überwunden wurden sie nie, wie ihre letzten Zeilen an Walpole, ein verhaltenes Lebewohl kurz vor ihrem Tod 1780, bezeugen: »Amüsieren Sie sich, lieber Freund, soviel Sie nur können. Machen Sie sich keine Sorgen um mich, wir waren ja füreinander verloren und sollten uns nicht wiedersehen. Sie werden mich vermissen, denn man fühlt sich doch wohl, wenn man sich geliebt weiß.«

Sie starb, wie sie gelebt hatte: einsam im Kreise einer geistreich debattierenden Abendgesellschaft. Die Briefe der Marquise du Deffand sind das Spiegelbild einer Übergangszeit, die unweigerlich in die Revolution münden mußte. Napoleon las sie während seines Rußlandfeldzugs und war begeistert. Stendhal hingegen mochte sie nicht, da sie voller Arroganz das Gefühl verwerfe und jenen französischen Ton predige, der »die Maske der Ohnmacht« ist. Der Philosoph und Essayist Cioran, einer der besten Kenner jener Epoche, nennt sie »ein unvergleichliches Dokument über die geißelartige Wirkung der Klarsicht und des übersteigerten Bewußtseins«.

Mademoiselle de Lespinasse

Nicht allein die Rivalität zu der berühmten Tante und die Tatsache, daß ihr eigener Salon zum »Laboratorium der Enzyklopädisten« wurde, liegt dem Interesse zugrunde, daß Julie de Lespinasse immer wieder erweckt hat. Ihre kulturgeschichtliche Bedeutung ist unbestreitbar: Ganz dem Ancien Régime, dem sie entstammte, und dessen gesellschaftlichem Kodex verpflichtet, wirkte sie dennoch bahnbrechend für das neue Lebensgefühl, das in die Romantik mündete. Sie kann als eine Verkörperung der späteren Meditationen von Jean-Jacques Rousseaus *Rêveries du promeneur solitaire* gedeutet werden.

Einzig ihre exaltierte Sensibilität, die sich oft an den Grenzen der Wirklichkeit stieß, galt ihr als Triebkraft und Richtschnur. »Sie werden mich nie hören sagen, daß etwas richtig oder falsch ist, sondern stets nur ›ich liebe‹. Freunde, seien wir nicht zu geistreich, analysieren wir weniger und genießen wir um so mehr!«

Dank zweier Van-Loo-Bilder, die Madame Geoffrin, ihre Beschützerin und Madame du Deffands ärgste Feindin, an Katharina II. verkauft hatte, konnte sie einen Salon gründen, der bald großes Ansehen erlangte. Laboratorium wurde er genannt, weil dort ungezwungen und unsystematisch, in einer Atmosphäre von Freiheit und Vielseitigkeit nicht allein die neuesten Erkenntnisse der Enzyklopädisten, sondern ebenso literarische, philosophische und politische Sujets durchdiskutiert wurden. Madame Geoffrin hatte aufgrund einer bürgerlich-behutsamen Solidität manche kühne Themen nicht aufkommen lassen, Madame du Deffands erlesene Geistesschärfe und ihr grundlegender Skeptizismus hatten einiges voreilig dem Spott ausgeliefert. Bei der jungen Julie de Lespinasse konnte »ins Unreine« gesprochen werden. Sie war weder schön noch reich. Schlichtheit der Umgangsformen und des Tones zeichneten ihre »Boutique d'esprit« aus, die zugleich dank des leidenschaftlichen Interesses dieser Salonière für Musik, namentlich für Gluck, zum Vorläufer der späteren Musiksalons wurde.

Der Philosoph d'Alembert war die geistige Mitte ihrer Geselligkeit und zog den gesamten Kreis der Enzyklopädisten in die einfache Wohnung Rue de Bellechasse, wo sich zwischen 18 und 22 Uhr die geistige Elite von Paris traf, um sich anschließend zum späten Souper bei Madame du Deffand einzufinden. Die Philosophen Condorcet und Condillac gehörten zu Julies Salon, ebenfalls viele Ausländer wie der englische Philosoph Hume, der bei ihr Rousseau kennenlernte. D'Alembert, ein uneheliches Kind wie Julie und ihr in unverbrüchlicher platonischer Liebe verbunden, zog nach einer schweren Krankheit auf ihr Angebot hin ganz in ihre Wohnung, wo sie zwölf Jahre lang einen gemeinsamen Haushalt führten. Katharina II. und Fried-

Julie de Lespinasse, porträtiert von Carmontelle. »Laboratorium« wurde ihr Salon genannt, weil dort völlig ungezwungen, in einer Atmosphäre von Freiheit und Vielseitigkeit, neben den neuesten Erkenntnissen der Enzyklopädisten auch literarische, philosophische und politische Sujets diskutiert wurden.

rich der Große versuchten vergebens, den Philosophen von dort weg an ihren jeweiligen Hof zu locken.

Das besondere Interesse an Julie gründet sich nicht nur auf ihren Salon. Ihr Leben war romanhaft, ihre Korrespondenz ein anrührender Niederschlag ihrer sich bis zum Delirium steigernden Leidenschaft. Zwei Passionen erfüllten und zehrten ihr Leben auf. Zunächst der um zwei Jahre jüngere spanische Aristokrat Marquis de Mora, Sohn eines Ministers, der 1766 nach Paris gekommen war. Immer wieder wurde er in seine Heimat zurückberufen, was schrecklichen Trennungsschmerz hervorrief. Als er nach sechs Jahren intensiver Freundschaft wieder einmal zu Julie auf dem Wege war, starb er in Bordeaux an Tuberkulose. Ein Jahr zuvor war sie dem elf Jahre jüngeren Grafen von Guibert begegnet, dem Verfasser des *Essai Général de tactique*, eines Textes, den Friedrich der Große und Napoleon hochschätzten. Guibert entsprach dem jungen, modischen Mann; er war elegant und geistreich, Liebe galt ihm als etwas Beiläufiges. Für Julie war sie alles. Statt unter Moras Abwesenheit zu leiden, der sie mit glühenden Briefen überhäufte, zerfleischte sie sich im Gram über Guiberts Untreue. Julies Briefe an Guibert stehen in der Tradition der lateinischen Briefe von Héloïse an Abaelard; sie gehören zu den unvergeßlichen Zeugnissen einer exaltierten, unbändigen Passion: »Mein Freund, ich liebe Sie wie man lieben muß, mit Übermaß, mit Wahnsinn, Hingerissenheit und Verzweiflung« – Feuer, glühende Lava, die ihre zarte psychische Verfassung gänzlich unterminierten. Um die seelischen Qualen und Erwartungen zu lindern, griff sie zum Opium; ihre kränkliche Natur nahm daran Schaden. Die Nachricht über Guiberts bevorstehende Hochzeit verwirrte sie aufs höchste. »Die Oberfläche des Lebens zerreißt plötzlich, und man blickt in die Tiefe.« 1776 schloß Julie de Lespinasse ihren Salon, einen der berühmtesten ihres Jahrhunderts, um zu sterben.

D'Alembert, der sie jahrzehntelang geliebt hatte, erfuhr erst nach ihrem Tod vom Geheimnis ihrer glühenden Liebe und ihrer rückhaltlosen Hingabe. Mit quälender Bitterkeit sah er ein, daß ihm selbst, dem Stern ihres Salons und Lebensgefährten, nur eine zweitrangige Stelle in Julies Herz vergönnt gewesen war. Alle seine Aufmerksamkeiten, all seine Ergebenheit hatte allein dazu geführt, »ihn sechzehn Jahre seines Lebens vergeuden« zu lassen. Das Licht der Aufklärung verbrämte die Gefühle, die sich gegen die Untreue sträubten. Julies Tod nahm dem Philosophen dennoch seine ganze Lebenskraft. Friedrich II. schrieb dem berühmten Aufklärer einen freundschaftlichen Brief: »Wie sehr nehme ich an Ihrem Unglück teil..., die Wunden des Herzens sind die schmerzlichsten, trotz aller Maximen der Philosophie kann allein die Zeit sie heilen. Der Mensch ist ein Wesen, das mehr vom Herzen als vom Verstand bestimmt wird...«

»*Causer en écrivant*«

Parallel zur Salonkultur und als deren schriftliches Zeugnis entwickelte sich im Laufe des 18. Jahrhunderts die Tradition der Korrespondenz als eine Art geschriebenen Gesprächs. »Causer en écrivant«, lautete die Devise. Eine Flut von Briefsammlungen, Tagebüchern, Lebensbeschreibungen und Bekenntnisschriften begleitete die europäische Salongeschichte bis zu ihrem Ende. Sie alle stellen Versuche dar, die Realität im selbstbeobachteten oder selbsterlebten Lebensvollzug schriftlich zu kristallisieren.

Fast jede Salonière führte neben dem Salon eine umfassende, berichterstattende Korrespondenz. Ein fesselndes Beispiel bietet der Briefwechsel zwischen Madame du Deffand und Voltaire. Nicht Sympathie oder gar Freundschaft begründeten diesen Austausch, sondern die Möglichkeit, »Esprit« zu entfalten und diesen gegeneinander auszuspielen. Das intellektuelle Vergnügen jenseits menschlicher Differenzen oder sozialer Schutzmechanismen war ausschlaggebend.

Zwanzig Jahre lang dauerte diese faszinierende Herausforderung an den überscharfen Geist beider Beteiligter. Voltaires polemische Ader einerseits, die luzide Kritik an Gesellschaftlichem wie Persönlichem, die Madame du Deffand auszeichnete, andererseits, führten zu einem geistigen Duell ohnegleichen. Der tiefe Pessimismus, den die Salonière verspielt-bitter zum Ausdruck brachte, zwangen den Philosophen, sich in seinen Briefen über den Menschen und sein Schicksal zu äußern, wie er es in seinem Werk selten getan hat.

Korrespondenz als philosophisches Turnier und zugleich als gemeinsame Entdeckung. Madame d'Epinays in wissenschaftlichem Ton verfaßter Briefwechsel, Julie de Lespinasses ekstatische Lebensroman-Missiven, sie alle stellen eine Durchdringung der Wirklichkeit im Dialog dar.

Geschichtlich wohl am bedeutsamsten aufgrund ihres Infor-

M. B. Ollivier, *Teegesellschaft bei dem Prinzen Conti.* Mozart spielt Cembalo. Musée du Louvre.

mationsgehalts wie ihrer europäischen Relevanz war die Grimmsche *Literarische Korrespondenz*, deren Einfluß und Prestige einzigartig geblieben sind. Der 1723 in Regensburg geborene Melchior Grimm, ein Schüler Gottscheds und späterer Erzieher von A. H. von Schönberg, hielt sich ab 1749 in der französischen Metropole auf und wurde durch den Grafen von Friesen, einen Freund des Hauses Schönberg, in die Pariser Gesellschaft des Ancien Régime eingeführt. Seine Liebe zur Musik verband ihn mit Jean-Jacques Rousseau, der ihn seinerseits Diderot, von Holbach und Madame d'Epinay vorstellte. Bald riß man sich in den literarischen Salons um den hochgebildeten Ausländer. 1753 erschien der erste Brief seiner Korrespondenz, die er bis 1773 fortsetzte. Seine Berichte über die kulturellen und gesellschaftlichen Ereignisse in Paris wurden in ganz Europa eifrigst gelesen und verhalfen Grimm zu großem Ansehen. Vorwiegend regierende Fürsten, denen Paris und die Aufklärungsphilosophie am Herzen wie am Verstand lagen, so Katharina II., Friedrich der Große, Georg von England, Stanislaus II. von Polen, bezogen dieses Nachrichtenorgan, das dem Europa des Geistes zu einem immensen Aufschwung verhalf. Paris, das Zentrum der »République des Lettres«, geriet dank dieser Briefe in unmittelbare Nähe.

Gleichzeitig brachte Melchior Grimm im renommierten *Mercure de France* dem französischen Lesepublikum die deutsche Literatur nahe. Er war einer der besten Kritiker des 18. Jahrhunderts und entschieden beteiligt an der geschichtlichen Erhellung des Wechselverhältnisses von Literatur und Gesellschaft. Im musikalischen Bereich tat er sich gleichfalls hervor. Seine Rolle beim Musikstreit zwischen Lully und Rameau, der 1752 stattfand, war beachtlich; auch in die Diskussion um die Bouffons, bei dem die französische mit der italienischen Musik konkurrierte, griff er ein. Und als sich der junge Mozart in Paris aufhielt, wurde die Betreuung des genialen Kindes Melchior Grimm anvertraut, der natürlich dieses Ereignis schriftlich kommentiert hat: »Wir haben erlebt, wie es ein und eine halbe Stunde lang Musikern gegenüber seinen Mann stand. Im übrigen ist das Kind eines der liebenswertesten Geschöpfe, das man sich denken kann; in alles, was es sagt und tut, legt es Geist und Seele mit der seinem Alter eigenen Anmut und Grazie. Durch seinen Frohsinn zerstreut es sogar die Furcht, eine so zeitige Frucht könne noch vor der Reife fallen.«

Eine enge Verbindung bestand zwischen dem angesehenen Europäer und den Aufklärern, besonders zu Denis Diderot. Die *Literarische Korrespondenz* nahm an den großen geistigen Auseinandersetzungen der Enzyklopädie erheblich teil, die neuesten Erkenntnisse von Montesquieu, d'Alembert, Voltaire, Turgot und anderen fanden dank der Grimmschen Informationsschrift im gebildeten Europa eine schnelle Verbreitung und ein nachhaltiges Echo. Gleiches gilt für den sogenannten Physiokratenstreit, bei dem Diderot und Grimm als Verteidiger des italienischen Nationalökonomen und Diplomaten Abbé Galiani auftraten, der ebenfalls ein umworbener Gast der Pariser Salons sowie ein feinsinniger Briefeschreiber war. Seine *Dialoge über den Getreidehandel* begründeten 1770 sein internationales Prestige.

Die literarischen Geschäfte, die Grimm stets mit den diplomatischen zu verbinden suchte, führten ihn an die wichtigsten Höfe Europas. Mehrmals war er auch zu Gast in Gotha, wo er mit Goethe zusammentraf, der ihn viel später in seinem Aufsatz *Urteilsworte französischer Kritiker* (1820) rühmend erwähnt. Von 1773 bis 1795 wirkte Grimm als vertraulicher politischer Berater der Zarin, die ihn nach der Französischen Revolution, 1796, sogar zum russischen Gesandten in Hamburg ernannte. Auf vielfältigste Weise war Grimm ein scharfer Beobachter und Augenzeuge seiner Zeit. Seiner Korrespondenz, im damaligen Mittelpunkt der gebildeten Welt entstanden, kommt bis heute ein politisch wie literarisch einzigartiger Wert zu.

Europäische Ausweitungen: Musenhöfe, Leseabende, literarische Teegesellschaften und Cafés

Aus der in den Pariser Salons gestifteten Begegnung zwischen Mitgliedern des Hofes und den Repräsentanten der »République des Lettres«, den Gelehrten und Künstlern, ging eine neue Kultur der Eliten hervor, die sich über ganz Europa ausbreitete, denn Paris als Hauptstadt der Kultur wurde mannigfach nachgeeifert. Dieses geschah im 18. Jahrhundert vornehmlich in Deutschland, wo Treffpunkte literarisch-künstlerischen Austausches entstanden, die sich an das Pariser Vorbild anlehnten oder Gegenformen zum matriarchalischen Salon entwickelten. In England verhinderte die Präponderanz der Freimaurerlogen und das dort heimische literarische Café weitgehend das Entstehen literarischer Salons; einzelne Versuche waren nicht von langer Dauer.

Eine andere Variante bildeten die russischen Salons, die gewissermaßen eine geschichtliche Verspätung aufweisen, denn das im 18. Jahrhundert gängige Raster wurde dort erst im 19. Jahrhundert als Vorbild übernommen – dann allerdings mit einer immensen kulturellen wie politischen Ausstrahlung. Verblüffend ist in diesem Kontext Italien, die Wiege der Renaissance-Musenhöfe. Eine Salonkultur entstand hier kaum, es überwog das literarische Café, die wenigen bekannten Salons wurden von Ausländern geführt, so zum Beispiel von der Gräfin Albany oder viel später von Wilhelm von Humboldt. Spanien liebäugelte generell nicht mit einer aus Frankreich stammenden Kulturgeselligkeit. »El afrancesado« galt am spanischen Hof stets als verdächtig und nicht nachahmenswert. Das eigentlich im Orient beheimatete Café mit männlicher Besetzung, in dem sich bis heute das intellektuelle Spanien versammelt, entsprach den strengen Sitten der Iberischen Halbinsel entschieden besser.

Preußische Geselligkeit und Goethes Weimar: Anna Amalia und Johanna Schopenhauer

In Deutschland fand die französische Kultur vor allem durch Friedrich II. von Preußen (1712–1786) Eingang. Der ausgesprochen frankophile König, der dem Bild des »Honnête homme« entsprach, setzte alles daran, den Berliner Hof zu einem Mittelpunkt verfeinerter Lebensart zu machen. Somit grenzte er sich radikal von seinem Vater, dem »Soldatenkönig«, ab, der als Antwort auf die französische Lebensgewandtheit ein preußisches Gegenmodell geschaffen hatte. Fleiß, Präzision, Pflichterfüllung, Nüchternheit als Gegenpol zu einer genußfreudigen Zivilisation kennzeichneten diese Tugendideale, das einer »calvinistischen Revolution« (von Krockow) gleichkam. Die bezähmende, kultivierende Rolle der Frau kam darin kaum vor. Eine Ausnahme bildete lediglich die Gemahlin des Soldatenkönigs selbst, Sophie Dorothee (1687–1757), die in ihrem Schlößchen »Monbijou« einen kleinen, eleganten Zirkel um sich versammelte, der im schärfsten Kontrast zu den Vorstellungen ihres Mannes stand. Der intellektuell wie musisch hochbegabte Kronprinz, der mit seinem Flötenspiel, mit Lektüren aller Art von Homer bis Corneille und mit französischer Konversation zu brillieren vermochte, deutsch jedoch nur gebrochen sprach, schlug »mutternahe« Wege ein. Friedrich Wilhelm I. nannte deshalb seinen Sohn, den er bis aufs Blut quälte, einen »Stutzen und französischen Schöngeist« und prophezeite, er werde alles verderben, was der Vater mühevoll geschaffen hatte. Daß Friedrich nicht nur zu den genialsten Kulturvermittlern Europas gehören, sondern vor allem als bedeutendster preußischer König in die Geschichte eingehen würde – solche Gedanken lagen außerhalb des väterlichen Vorstellungsbereichs.

Der Bruch mit den Prinzipien des preußischen Tugendmodells erfolgte nach dem schrecklichen Vorfall mit seinem Jugendfreund Hans Hermann von Katte. Achtzehnjährig hatte er auf einer Reise versucht, über Frankreich nach England zu fliehen. Der Plan wurde entdeckt, Friedrichs Mitwisser und Jugendfreund Hans Hermann von Katte vor den Augen des Kronprinzen enthauptet. Nur mit Mühe konnten die Generäle den König davon abbringen, auch den eigenen Sohn hinrichten zu lassen. Wohl folgte eine äußere Versöhnung, wohl beugte sich der Sohn vorerst dem Vater und ließ sich ins Waffenhandwerk einweisen – u. a. im Heerlager des Prinzen Eugen –, doch nahm er die Gelegenheit, sich zurückzuziehen, wahr, als die Eltern ihm anläßlich seiner Vermählung Schloß Rheinsberg schenkten.

Auf diesem Schloß in der Mark verbrachte er, ungeachtet der Anwesenheit seiner jungen Frau, in vertrauter Männerrunde die letzten vier Jahre vor seinem Regierungsantritt – eine Zeit, die er als die glücklichste und genußreichste seines Lebens bezeichnete. Der Prinzensitz entwickelte sich zum Mittelpunkt eines Freundeskreises, in dem man »so unphilosophisch wie nur möglich« war. Homophilie, Freiheitsüberschwang, Provokation schlechthin prägten diese elitäre Gruppe junger Männer, an deren Spitze der theater- und musikbegeisterte Friedrich stand. Vielseitige Bildung wurde nachgeholt, Lesesitzungen und Diskussionen aller Art durchgeführt. Bis ins hohe Alter spielte Friedrich tagtäglich Flöte, meist sogar schon morgens gleich nach dem Aufstehen. Er komponierte selbst etwa dreihundert Stücke.

In Rheinsberg nahm auch die Korrespondenz mit Voltaire ihren Anfang. 1736 schrieb der junge Prinz an den Wortführer der Aufklärung, sein leuchtendes Vorbild, einen Brief, der den Auftakt einer langjährigen Freundschaft bildete. Der spätere »philosophische König« und der französische Dichterfürst – die intellektuelle Bedeutung dieses Austauschs sollte für Deutschland unermeßlich werden. Zunächst gingen die Gedanken des jungen Kronprinzen sehnsuchtsvoll nach Cirey, wo sich der verehrte Philosoph mit der gebildeten Madame du Châtelet aufhielt. Um 1738 schrieb Friedrich mit ungebrochener Bewunderung: »Uns fehlt in Rheinsberg nur ein Voltaire, wenn Sie aber gleich fern von uns sind, so sind Sie doch mitten unter uns.«

Die Erinnerung an die unbeschwerten, ganz der Kunst und der Freundschaft gewidmeten Jahre hat Friedrich zeitlebens begleitet. Später suchte er dieses Modell im Schloß Sanssoucis nachzuformen. Berühmte Künstler und Wissenschaftler wurden an seinen Hof berufen. Der französische Physiker und Mathematiker Maupertuis (1689–1759), der materialistische Philosoph La Mettrie, geistiger Urheber der »Menschmaschine« und »Atheist des Königs« genannt, gehörten zu den »Weisen von Sanssoucis«. Weniger weise war der Marquis d'Argens, der sich nach einer stürmischen Jugend in Spanien, Rom und Konstantinopel mit seinen *Jüdischen Briefen* (1738) einen Namen gemacht hatte und zu den engen Freunden des Königs zählte. Die berühmt-berüchtigte Tafelrunde des Königs und seiner Akademiker gestaltete sich in der Art einer literarischen Gesellschaft, obwohl die »Klassen«-Aufteilung (Mathematik, Philosophie, Physik) eher an eine Fakultätssitzung erinnerte. Das geistreiche Konversieren und die geschliffene Pointierung waren jedoch ein entscheidendes, wenn nicht sogar ausschlaggebendes Element.

Caffée clatché

Ou peut-on etre mieux qu'au Sein de sa famille —
das heist zu Teutsch
Gleich und gleich gesellt sich gern.

Daniel Chodowiecki, *Caffee clatche*. Salon-Satire »Die klügsten Leute in der Stadt«. Kupferstich.

1740 kam endlich die persönliche Bekanntschaft mit Voltaire zustande. Nach dem Tod der Madame du Châtelet erwog der Philosoph, sich ganz in Sanssoucis niederzulassen. Nach drei Jahren aber setzten Spannungen und unüberwindliche Zwistigkeiten ein – nebst Geldproblemen zählte dazu die offene Feindschaft Voltaires Maupertuis gegenüber –, die ein Zusammenleben dieser beiden außergewöhnlichen Individuen unmöglich machten. Lobeshymnen und bittere Kritik -- das philosophische Spiel brach auseinander. »Ihr Herz ist noch hundertmal schändlicher als Ihr Geist schön«, bezichtigte der König den Philosophen, der bald darauf Preußen verließ. Die Korrespondenz wurde unterkühlt fortgesetzt.

1786 starb Friedrich II. Seine letzten Worte waren französisch: »La montagne est passée, nous irons mieux.« Das Vermächtnis blieb: Mit den Kunstgeselligkeiten in Rheinsberg wie mit den Lesezirkeln und der Akademie in Sanssoucis hatte er dem preußischen Kulturempfinden neue Tore geöffnet. Zunächst einem französischen Bildungsmuster folgend, setzten sie sich durch den geschlossenen männlichen Kreis und die hinzutretende akademische Note jedoch bald davon ab und kristallisierten sich zu einer eigenständigen, einer »verpreußten« Form des europäischen Kulturgeschehens heraus, die im deutschen Raum für die Zukunft wegweisende Bedeutung gewann.

Maßgeblicher an der Verbreitung literarischer Salons beteiligt waren die sogenannten empfindsamen Autorinnen des 18. Jahrhunderts, die zugleich für das weibliche Selbstbewußtsein in Deutschland bahnbrechend wirkten.

Eine vorromantische Blüte dieser Art bildete die »Gemeinschaft der Heiligen«, ein literarischer Zirkel, der in Darmstadt beheimatet war. Der Kult der Natürlichkeit, der Empfindsamkeit im Geiste Rousseaus fand dort einen aparten, weil exzessiv bis verschwärmten Niederschlag.

Ein Freund der Herzogin von Sachsen-Weimar, Johann Heinrich Merck (1741–1791), ein gebildeter und mit weitläufigen europäischen Verbindungen ausgestatteter Publizist, war der geistige Anreger des literarischen Kreises, der von der »Großen Landgräfin« Caroline von Hessen-Darmstadt (1721–1774), gegründet worden war. Sie selbst stand in regem Briefwechsel mit Melchior Grimm, Helvetius und Voltaire. Wieland und seine Jugendliebe, die Schriftstellerin Sophie de la Roche, gehörten zu ihren Gästen. Diese »Gemeinschaft der Heiligen«, wie sie sich selber nannten, zeichnete sich durch einen emphatischen Gefühls- und Freundschaftskult aus. Natur, Stimmung, Tränen, Dichtung, idyllische Szenerie – alles geriet in den Sog einer von literarischen Quellen gespeisten Empfindsamkeit. Die Damen des Zirkels schmückten sich mit poetischen Namen: »Urania« war Henriette von Roussillon, »Lila« Luise von Ziegler, beides Hofdamen; Caroline Flachsland, Herders Braut, die er 1770 dort kennenlernte, nannte sich »Psyche«. Die

Damen gaben sich schrankenlos der Seelenergründung hin, was unvermeidlich zu grotesken Überspitzungen führte. Herder warnte seine Braut oft genug vor den Exaltiertheiten dieser Gemeinschaft, die noch nicht als Salon zu definieren ist, sondern als erlesene Kulturgeselligkeit im Vorzeichen romantischen Aufbruchs.

In den herrschenden Ton schwärmerischer Vernarrtheit mischte sich jedoch auch Protest: Protest gegen die erstarrte Etikette, die an den kleinen und kleinsten Höfen Deutschlands Geist und Imagination abwürgte. Werthersche Gefühle und Seelenstimmung wurden in der »Gemeinschaft der Heiligen« vorweggenommen. Trotz aller Verrücktheiten ist der Beitrag dieser Empfindsamen zur Verfeinerung der Sensibilität zu würdigen. Das tat auch Goethe, der sein 1773 komponiertes *Concerto drammatico*, »ein raffiniertes Stück Lyrik, in dem er alle Register seines virtuosen sprachlichen Könnens zog« (Conrady), im Kreis der Darmstädter Damen erstmals aufführen ließ. Der Ausdruck, die Tonlage dieser Frauengeselligkeit mag uns heute unerträglich vorkommen – eine Art Frauenkultur war sie gewiß. Ihr – wenn auch lyrisch verbrämtes – emanzipatorisches Streben führte schließlich zu den Berliner Salonièren des 19. Jahrhunderts.

In anderer Weise fügte sich die Herzogin Anna Amalia von Sachsen-Weimar (1739–1807), eine Nichte Friedrichs des Großen, in die aus Frankreich stammende Salontradition ein.

Angesichts des Umbruchs der althergebrachten politischen und ästhetischen Kategorien regte sich gegen Ende des 18. Jahrhunderts überall in Europa der Wunsch nach einer künstlichen Welt. Der endgültige Verfall des Heiligen Römischen Reiches, die Folgen der Französischen Revolution und die Siegeszüge Napoleons steigerten die Sehnsucht nach einem Mikrokosmos, in dem Geist und Kunst alles andere übertönen und verklären sollten. Anna Amalia, die nach dem Tod ihres Gatten 1758 die Regentschaft für ihren Sohn, den späteren Goethefreund Karl August von Sachsen-Weimar, führte und Wieland zu seinem

Erzieher berief, hat zweifelsohne den Aufstieg Weimars zum Brennpunkt des deutschen Geisteslebens angebahnt. Sie war eine glänzende Repräsentantin der aristokratischen Kultur des Rokoko, deren Vorliebe der Musik und Italien galt. Bereits 1788 hatte sie gegen den Willen ihrer Minister eine für ihren Stand und ihr Geschlecht unübliche Kunstreise angetreten, die bis nach Rom führte, wo sie mit Herder zusammentraf. Auch Goethe und seinen Künstlerfreunden begegnete sie dort und verbrachte einige Wochen mit ihnen. Dabei lernte sie auch die deutsche Malerin Angelika Kauffmann (1741–1807) kennen, von der Herder meinte, sie sei vielleicht die kultivierteste Frau Europas. Angelika lebte mit ihrem Mann, dem Maler Antonio Zucchi, seit 1782 in Rom. Zu ihrer damaligen Berühmtheit kam ihre gewinnende Persönlichkeit hinzu. Das gesellige Haus des Malerehepaares (Angelika war besonders vom Bildnisstil Joshua Reynolds beeinflußt) war der Treffpunkt eines bedeutsamen Kreises von Künstlern und Gelehrten aus allen Ländern. Auch Goethe zählte zu ihren Freunden und Auftraggebern. Eine besonders enge Verbindung bestand zu der britischen Kolonie, zum Beispiel zum Gesandten William Hamilton, einem Naturforscher und erlesenen Kunstkenner.

Zwischen der Herzogin und der Malerin bahnte sich bald eine innige Freundschaft an, die den gemeinsamen Wunsch vertiefte, eine weimarisch-italienische Künstlerkolonie zu gründen. Anna Amalias Bedürfnis, aus Italien so viel wie nur möglich in die Heimat zu übertragen, kam auch Goethes Wunsch entgegen, der ihr sehr zugetan war und der ihretwegen in Weimar geblieben sein soll. In seinem *Tasso* hat er sie jedenfalls literarisch verewigt. Eine Annäherung an die höfisch-künstlerische Kultur Italiens hatte Weimar schon im vorangegangenen Jahrzehnt erlebt; jetzt, nach Anna Amalias Rückkehr, wurde dieses Bestreben tatkräftig untermauert. »Ohne Künstler kann man nicht leben, weder im Süden noch im Norden«, war das Motto der Herzogin, die in ihrem Schlößchen Belvedere eine Hochburg der Musikkultur begründete, wo der italienischen Gesangskunst eine ganz besondere Rolle eingeräumt wurde. In der Folgezeit ent-

G. M. Kraus, *Abendgesellschaft bei der Herzogin Anna Amalia von Sachsen-Weimar* (von links: H. Meyer, Frau v. Fritsch, Goethe, Einsiedel, Anna Amalia, Elise Gore, Charles Gore, Frl. v. Göchhausen, Herder).

wickelte das Wittumspalais in Weimar sich zu einem regelrechten Musenhof, zum vielgerühmten Mittelpunkt literarischen Austausches. Goethe, Jean Paul, Schiller, Kotzebue waren dort regelmäßig zu Leseabenden oder zu größeren Feierlichkeiten geladen.

Jena mit seinen berühmten Akademien und Philosophen (Fichte, Schelling, Hegel) – von hier ging auch die romantische Bewegung aus – stand bald mit Weimar in einem äußerst regen Austausch. Das jenaisch-wissenschaftliche Element verband sich aufs gelungenste mit dem italienisch-weimarischen, wie Goethe in seinem Jahrbuch berichtet hat. Beide Städte wurden unvergleichliche Anziehungspunkte des deutschen Geisteslebens. Die »Assembleen der schönen Geister« an Anna Amalias Hof, vorrangig Goethes Gegenwart als »Maître de plaisir«, zogen viele Ausländer dorthin. Die vielleicht berühmteste unter diesen Gästen war Madame de Staël, die 1803 nach Weimar kam. Sie gewann Anna Amalias Gunst, nicht jedoch die Goethes, der in seinen Annalen ein Charakterbild von ihr skizziert hat, das eher irritiert klingt: »Sie hatte als Frau und als Französin immer die Art, auf Hauptstellen positiv zu verharren und eigentlich nicht genau zu hören, was der andere sagte.« Ein weiterer Gast, der die europäische Geltung des Weimarer Hofs unterstrich, war die russische Kaisertochter Maria Paulowna, die 1804 den Erbprinzen Karl Friedrich heiratete. Zwischen ihr und der Herzogin entwickelte sich ein sehr enges Verhältnis, das nicht nur politische, sondern auch kulturelle Implikationen mit sich brachte.

Zur gleichen Zeit entstanden im Rahmen des Wittumspalais zwei andere Varianten der Kulturgeselligkeit, denen aber nur eine kurze Lebensdauer beschieden war: Goethes »Cour d'amour« nach wohlbekannter Minnesängersitte, wo sich jeden Mittwochabend für die Dauer des Beisammenseins sieben Paare bildeten, die zur geistreichen Konversation zusammentrafen, und die »Freitagsgesellschaft«, in der Gelehrte von Weimar und Jena heftig miteinander debattierten. Napoleons Einzug in Weimar 1806 erschütterte die künstlerische Idylle und setzte ihr ein Ende.

Neben Anna Amalias Musenhof existierte in Weimar ein weiterer salonähnlicher Zirkel, der von einer Bürgerlichen begründet worden war – von Johanna Schopenhauer (1766–1838), der Mutter des Philosophen. Sie hatte sich als Autorin von Reisebüchern einen Namen gemacht, und als erster deutscher Frau war es ihr gelungen, nach dem finanziellen Ruin der Familie vom Ertrag ihrer Feder zu leben. In Hamburg, wo sie mit ihrem Mann bis zu dessen Selbstmord lebte, hatte Frau Schopenhauer an den geselligen Abenden der Handelsbourgeoisie, zum Beispiel im Hause Reimarus, teilgenommen und namhafte Künstler wie Klopstock und Tischbein kennengelernt. Im Frühjahr 1806 wählte sie Weimar als neuen Wohnsitz in der

Hoffnung, dort einen Salon gründen zu können, der die Großen der deutschen Literatur, Goethe und Wieland, anziehen könnte.

Ihr Umzug fiel in die Zeit, da Thüringen zum Schauplatz des Kriegs zwischen Preußen und Frankreich wurde. Dank ihres mutigen Auftretens und ihrer hervorragenden Französischkenntnisse gelang es ihr, den plündernden Soldaten den Zugang zu ihrem Haus zu verwehren, und sie erreichte überdies, daß Napoleons Schwager, der General Murat, ihr eine Schutzwache stellte. Das alles beeindruckte Goethe so sehr, daß er sie kurz darauf unangemeldet besuchte und sie mit den Worten überraschte: »Erlauben Sie mir, Ihnen den Geheimrat Goethe vorzustellen!« Als der Dichter in den Kriegstagen seine Verbindung mit Christiane Vulpius legalisierte, stand die Hofrätin Schopenhauer – im Gegensatz zur Hofgesellschaft, die Goethe diesen Schritt übelnahm – auf seiner Seite: »Wenn Goethe ihr seinen Namen gibt, so können wir ihr wohl eine Tasse Tee geben.« Goethe dankte es ihr mit einer aufrichtigen Freundschaft. Bald wurde er der Magnet, der berühmte Künstler zu den literarischen Teegesellschaften oder Abenden von Johanna Schopenhauer zog. Ihre Blütezeit erlebte diese Geselligkeit zwischen 1806 und 1813; jetzt kamen neben dem umworbenen Wieland u. a. die Brüder Schlegel, Tieck und Fürst Pückler. Was die Besucher im Hause Schopenhauer erwartete, war eine Schule liebenswerter Geselligkeit, die sich von der höfischen Etikette absetzte. Gespräche und Vorträge überwogen, daneben wurde musiziert, gezeichnet (im Empfangszimmer stand für Goethe stets ein Zeichentisch bereit) und unbekümmert gescherzt.

Zur Herzogin von Weimar bestand eine freundschaftliche Beziehung, obwohl die Atmosphäre beider literarischer Kreise von Grund auf verschieden war. Das Leitbild des »Bureau d'esprit« mag auch für Johanna Schopenhauer eine gewisse Bedeutung gehabt haben, zumal sie und ihr Mann begeisterte Anhänger alles Französischen gewesen waren, doch in der konkreten Realität war davon nichts mehr zu finden. Die Ausformung einer spezifisch bürgerlichen Kultur der Geselligkeit ist es, die Johanna Schopenhauers kulturhistorische Bedeutung ausmacht. Dabei war keineswegs an einen Gegensatz zum Hofe gedacht, im Gegenteil: Die Hofrätin und ihre Gäste wünschten sich nichts sehnlicher, als bei Hof eingeführt zu werden. Das gesellschaftliche Wirken wie das literarische Schaffen dieses Kreises wurde hauptsächlich von Impulsen des bürgerlichen Humanismus der deutschen Klassik gespeist und beeinflußte dank der engen Beziehung zu Goethe entscheidend die Berliner Salons. Auch um Ottilie, Goethes Schwiegertochter und Freundin Adele Schopenhauers, der glücklosen Schwester des Philosophen, bildete sich ein ähnlicher Kreis – ebenfalls kein »Salon«, sondern ein »liebes, närrisches Nest«, das die Romantik ankündigte.

Bezeichnend ist, daß in bürgerlichen Kreisen vornehmlich vom »literarischen Teetisch« gesprochen wurde, nicht vom »Salon«, mit dem man eine elitäre, vom Adel geprägte Gesellschaftsschicht verband. Die »ästhetischen Teetische« oder »literarischen Teegesellschaften«, die auf deutschem Boden besonders gut gediehen, gehören auch in das Umfeld der literarischen Salons, da dort ebenfalls eine Frau als »Maître de plaisir« fungierte. Ihre Funktion als Berliner Prototyp salonähnlicher Geselligkeit wird auch nicht dadurch geschmälert, daß geistreiche Dichter die »ästhetischen Tees« als Herrschaftsgebiet einer eleganten Dame verspotteten, die in langweiligen, sich mühsam hinziehenden Nachmittagsstunden den Reimereien eines verkannten Genies lauscht. Ludwig Tiecks *Die Teegesellschaft* (1790) karikiert sie am schärfsten. Er stellt sie als Ort dar, wo Verlogenheit und Egoismus das Gespräch derart auf Anspielungen reduziert haben, daß sich schließlich die ganze Gesellschaft bei einer Wahrsagerin treffen muß.

Eine weitere Variante bilden die einer bildungsbürgerlichen, familiären Atmosphäre entsprungenen Lesekränzchen (gemeinsame Lektüre von Romanen nach genossenem Kaffee und Kuchen), denen stets ein leicht didaktischer Ton anhaftete. Die

Anwesenheit örtlicher Honoratioren und die Pflege der deutschen Klassiker waren gleichermaßen wichtige Bestandteile. Bildung wurde hier nicht als freies Spiel betrieben, sondern als fast moralisch geprägte Aufgabe. Verbindungen zwischen Teetischen, Lesekränzchen und Salons gab es im Laufe des 19. Jahrhunderts häufig – man besuchte sich gegenseitig, doch eine wirkliche Verschmelzung blieb verständlicherweise aus.

Einem ähnlichen Muster folgten die Leseabende oder Dichterlesungen, bei denen nach gemeinsamer Mahlzeit Literarisches – meist eigenes – vorgetragen und diskutiert wurde; allerdings ging es hierbei eher um ein gemeinsames Erleben von Literatur und von Literaten als um eine Vermittlung derselben. Zu den berühmtesten europäischen Leseabenden zählen die der Malwida von Meysenburg (1816–1903) in Sorrent bzw. Rom, an denen Friedrich Nietzsche und Paul Rée zeitweise teilnahmen. Die Bescheidenheit der Bewirtung war sprichwörtlich, aber der geistige Reichtum der Persönlichkeiten und die Intensität des Gespräches waren von unübertroffenem Niveau.

Malwida, die als emanzipationsfreudige Verfasserin der *Memoiren einer Idealistin* (1876) selbst eine gewisse Berühmtheit erlangt hatte, war als Erzieherin unter anderem der Töchter Alexander Herzens viel in Europa herumgekommen. Namhafte Künstler waren ihr freundschaftlich zugetan, so Richard Wagner und Romain Rolland, der sie als »große Europäerin« verehrte. Eine herzliche Beziehung verband sie mit Rahel Levin, doch trotz deren Vorbild strebte Malwida keinen eigenen Salon an. Sie, die allmählich zu einem Spiegel berühmter Männer geworden war, zog die intimere und gesellschaftlich völlig ungebundene Kleinform der Leseabende vor.

Sogar die Schweiz wurde im Laufe des 18. Jahrhunderts vom europäischen Salonfieber ergriffen. Geselligkeit als Vergnügen und Pflicht gehörte, wie das *Journal des soupers et des diners de l'an 1768* berichtete, zum Lausanner Kulturbild. Eine übereifrige Korrespondenz und fast tägliche Zusammenkünfte machten den Zauber dieser französisch orientierten Gesellschaft aus. Unter den Damen, die hier die Fäden zogen, sei allen voran Madame de Montolieu, geborene de Saussure, genannt. Literatur, Musik und ein nie endendes Gespräch kennzeichneten ihre gesellschaftliche Rolle und fügten sie in das europäische Kulturgeschehen ein. Neben dem französischen wurde hier auch der englische Einfluß greifbar. Gibbon, der berühmte Verfasser der *Geschichte der Dekadenz und des Zerfalls des römischen Imperiums*, gehörte neben anderen Vertretern der europäischen Elite zum Lausanner Salonleben.

Englische literarische Geselligkeit: Mary W. Montagu, Horace Walpole und Gräfin Albany

In England sah die Lage ganz anders aus. Literarische Salons lassen sich dort vor dem 18. Jahrhundert kaum nachweisen. Literarische Hofkultur und Mäzenatentradition jedoch reichen viel weiter zurück; speziell die Tudors haben sich seit der Thronbesteigung Heinrichs VII. bis zum Ende der Regentschaft Elisabeths I. in besonderer Weise darin ausgezeichnet. Im 16. Jahrhundert war der im Geiste der italienischen Renaissance erzogene Earl of Leicester (1533–1588) der bedeutendste englische Mäzen.

Die Pflege der Literatur und die gesellschaftliche Sonderstellung, die dem Dichter zukommt, durchziehen die Geschichte der vom Mittelalter geprägten englischen Hofkultur im 18. Jahrhundert. Der »Poeta laureatus« besaß eine organische Funktion am Hofe des Monarchen. Hinzu kam die Auffassung vom Menschen als einem »Kunstwerk«, die sich im Nachklang des 1561 ins Englische übersetzten Handbuchs von Castigliones, *Il cortegiano*, entwickelte.

Die zivilisatorische Rolle, die die literarischen Salons in Frankreich ausübten, fiel in England den Cafés zu. »In den Londoner Cafés, wo es keine Frauen gab, wurden die Dichter geistreicher, die Manieren eleganter, die Londoner zu Gentlemen und Snobs. Die Sitten waren leicht, die Regeln streng.« (Hermann Kesten)

Ein berühmter Vermittler der französischen »Civilité« auf englischem Boden war Graf Anthony Hamilton (1646–1720). Nach der Hinrichtung Karls I. war er den Stuarts nach Frankreich gefolgt, wo er als Gast der Herzogin du Maine die aufblühende Salontradition kennengelernt hatte. Eine seiner Töchter verkehrte regelmäßig bei Lady Montagu. 1713 erschien die als Roman verfaßte Biographie seines Schwagers *Erinnerungen an das Leben des Grafen von Grammont*, ebenfalls bekannt unter dem Titel *Das Liebesleben am englischen Hofe unter der Regierung Karls II*. Diese zunächst anonym erschienenen und von Horace Walpole herausgegebenen Memoiren riefen einen Skandal hervor. Sie vermitteln ein sehr anschauliches und sinnenfrohes Bild der leichtlebigen, nach französischem Muster stilisierten Hofhaltung Karls II. Die »Galère du bel esprit« der Herzogin du Maine nahm dort englische Züge an. Der Autor entwirft zunächst ein lebensnahes und scharfes Porträt Karls II. und seines Bruders, des Herzogs von York, sowie von deren unzähligen Mätressen – ein Brevier der »Bonne compagnie«, ein kulturhistorisches Schlüsselwerk, um den französischen Einfluß auf die englische Hofgesellschaft zu entziffern.

Ein erster »autochthoner« Ansatz zur Salongeselligkeit läßt sich bei dem berühmten Dichter und Kaffeehausliteraten Alexander Pope (1688–1744) erkennen, der seit seinem Lehrgedicht *An Essay on Criticism* (1709) zu den bekanntesten englischen Autoren seiner Zeit gehörte. Die freien Reden und die bissigen Satiren, die dieser Vertreter des englischen Klassizismus in den Kaffeehäusern von sich gab, haben die Sitten in der Londoner Gesellschaft stärker umgewälzt und gefördert, als eine Revolution es hätte bewirken können. 1719 richtete sich Pope ein Landhaus im nahen Twickenham ein, das geradezu zur Niederlassung eines Londoner literarischen Cafés und zum Vorläufer der späteren Salons wurde. Literaten, Freunde und Prinzen trafen sich dort regelmäßig zur politischen wie künstlerischen Diskussion, und es entwickelte sich mit der Zeit eine Art von Kultur-»Herrenabend«.

Mary W. Montagu (1689–1762) hat auf einzigartige Weise dem westlichen Europa wichtige Erkenntnisse über die Zivilisation und Kultur des Orients vermittelt. Ihr Salon stellt einen Höhepunkt in der Geschichte der Frauenkultur dar.

Eine ganz andersgeartete Geselligkeit entstand im Umkreis von Mary W. Montagu (1689–1762), der Pope schwärmerisch zugetan war und mit der er einen zeitgeschichtlich aufschlußreichen Briefwechsel führte. Die Tochter des Herzogs von Kingston und Gattin eines Diplomaten stellt zweifelsohne einen Höhepunkt in der Geschichte der Frauenkultur dar. Sie hat auf einzigartige Weise dem westlichen Europa kostbare Erkenntnisse über den Orient, seine Zivilisation und Kultur vermittelt, denn zwischen 1717 und 1721 war ihr Gatte britischer Gesandter im Osmanischen Reich. Ihre Briefe, geradezu kleine Essays über die Stellung der Frau in der islamischen Welt, über einige sehr persönliche Erfahrungen des ottomanischen Alltags nahmen die Mentalitätsanalyse der Aufklärungsphilosophen vorweg. Nach ihrer Rückkehr führte diese überaus weltoffene und kluge Dame in England eine frühe Methode der Pockenimpfung ein, die sie in Konstantinopel kennengelernt hatte.

Mehr Furore machte sie indes durch die Gründung eines literarischen Salons nach französischem Muster, obwohl sie den französischen Salonièren gegenüber durchaus kritisch eingestellt war, wie Melchior Grimm berichtet hat: »Einige Worte, die Lady Montagu gegen Frankreich und besonders gegen die französischen Damen entschlüpft sind, haben unsere Kunstrichter des schönen Geschlechts gegen sie eingenommen, und ohne Beifall der Damen kann man in Paris nun einmal nicht auf Erfolg rechnen. Man wollte es bei einer Frau, die den schönen Tscherkessinnen und den schönen Frauen auf Chios begegnet ist, nicht als verzeihlich ansehen, daß sie die französischen Damen etwas weniger schön findet und über den Mißbrauch von Schminke entrüstet ist, den man in Frankreich treibt, wo man auf jede Wange eine zwei Finger dicke Schicht aufträgt.«

Der Biographie der Gastgeberin entsprechend, kreisten die Gespräche im Salon der Lady Montagu vornehmlich um sozioethnologische Themen. Alles überstrahlender Stern dieser Geselligkeiten war Alexander Pope, der es nicht versäumte, neben seinen Herrenabenden in Twickenham regelmäßiger Gast der von ihm verehrten Lady zu sein. Allmählich jedoch verwandelte sich dieser Salon in eine rein »weibliche« literarische Gesellschaft. Das Wort, mit dem die Mitglieder zuletzt bezeichnet wurden, verrät ihren Charakter: »Club der Blaustrümpfe«. Selbst Horace Walpole, der Mary W. Montagu bei ihrer Salongründung zur Seite gestanden hatte, konnte dieses Abgleiten nicht verhindern.

Horace Walpole, der von T. B. Macaulay als »Virtuose der Maske« bezeichnet worden ist, war ein echter Dilettant im Sinne des 18. Jahrhunderts. Hochgebildet, aber ohne ausgeprägte Neigungen – sieht man von seiner Passion für sein Gartenschloß Strawberry Hill in der Nähe von Twickenham ab –, voller Abscheu der intellektuellen Spekulation gegenüber, eher mißtrauisch der Aufklärungsphilosophie zugetan und dennoch Vertreter eines subtilen Manierismus, wurde er zum unermüdlichen Wegbereiter der kulturellen Einheit Europas und zu einem einzigartigen Vermittler derselben. Nachdem er in Paris ausgiebig Bekanntschaft mit dem Salon geschlossen hatte, vornehmlich bei Madame du Deffand und Madame Geoffrin, bemühte er sich um die Einführung ähnlicher Geselligkeiten in England. Dies gelang ihm, neben der erwähnten Lady Montagu, im Hause seiner Nachbarin und Herzensfreundin Mary Berry (1763–1852).

Mary war eine sehr gebildete Frau, sie schrieb Literarisches, studierte Nationalökonomie und verfaßte ein Buch über *Das gesellschaftliche Leben in England und Frankreich*. Eine Bildungsreise durch Europa führte sie nach Genua, wo sie erstmals versuchte, aus dem Nichts einen gebildeten Kreis im Sinne eines Salons um sich zu schaffen. Einen eigentlichen Konversationssalon nach französischem Muster aber gründete sie erst 1817 auf Anregung Walpoles und unterstützt von ihrer Schwester Agnes im väterlichen Haus in der Londoner Curzon Street. Hier wurde alles, was in England und Frankreich von Bedeutung war, zum Gegenstand des Gesprächs erhoben. Mary empfing ihre Gäste »in kerzengerader Haltung, mit schwarzer Perücke auf dem Kopf, mit Rouge auf den Wangen, mit gebieterischen Zügen und der lauten Konversation, die sie mit kräftigen Schwüren und Flüchen garnierte«. (Lytton Strachey)

Dieser Salon, zu dessen Gästen auch der in Kalkutta geborene englische Schriftsteller W. M. Thackeray gehörte, existierte bis in die Viktorianische Zeit hinein. Mary Berry stellte schließlich gewissermaßen das Relikt einer versunkenen Welt dar, nämlich des europäischen 18. Jahrhunderts mit betont französischem Einschlag. Da dieser Imitation der Pariser Salons in kleinem Maßstab in England keine Zukunft beschert war, fanden sich keine Nachahmer. Mary Berry starb 1852 mit fast neunzig Jahren.

Horace Walpole selbst blieb bis an sein Lebensende seiner

leidenschaftlichen Bewunderung für das französische Geselligkeitsmodell treu. Er führte nie einen eigenen Salon, stilisierte aber sein Schloß und die Rituale seiner Gesellschaften gemäß dem in Paris erspürten »Savoir vivre«. Ein Abend mit französischen Gästen galt ihm als Höhepunkt. So berichtete er 1769 Georges Montagu: »Strawberry Hill hat seinen Ruhmestag gehabt... am letzten Donnerstag hat ganz Frankreich dort diniert...«

Eine ganz eigenwillige Variante des englischen Kosmopolitismus, die sich allerdings nicht auf britischem Boden manifestierte, verkörperte die umstrittene Gräfin Albany, Gattin des letzten Stuart, des englischen Kronprätendenten Karl Eduard. Luise von Albany wurde als Prinzessin von Stolberg-Geldern 1752 in Mons geboren; ihr Vater, ein General in Maria Theresias Heer, gehörte zu den vornehmsten Familien in den Diensten der Habsburger. 1772 wurde sie mit dem in Rom geborenen Sohn Jakobs III., des Königs ohne Land, verheiratet. Der Ehemann war zweiunddreißig Jahre älter und der Trunksucht ergeben; folglich suchte die junge Gräfin nach Abwechslung und Kurzweil, wobei sie ihrer Devise »Tenons nous à l'amitié, l'amour est trop dangereux« nicht immer treugeblieben zu sein scheint. Bestechend waren jedenfalls ihre intellektuellen Interessen, denn sie beschäftigte sich mit Newton, Voltaire, Rousseau. In Florenz, wohin sie 1774 übersiedelte, gründete sie einen Salon im Palazzo Guadaqui, heute San Clemente. Florenz war damals eines der glänzendsten Zentren des gesellschaftlichen Lebens in Italien. Die aristokratischen Familien, unter ihnen die Corsini und die Niccolini, zu denen Karl Eduard enge Beziehungen unterhielt, wetteiferten um bedeutende Ausländer, die in ihre Stadt kamen. Luise von Albany spielte dort zunächst ihre Rolle als Königin, bis Vittorio Alfieri (1749–1803) in ihr Leben trat.

Der berühmteste italienische Dramatiker des 18. Jahrhunderts, Sproß einer reichen Adelsfamilie und Enfant terrible der europäischen Höfe, avancierte bald zum Kavalier der Gräfin.

Zum erstenmal war er einer Frau begegnet, die seine literarischen Ambitionen aus ganzem Herzen förderte; ihre Liaison zählt innerhalb der europäischen Kulturgeschichte zu den fesselndsten Liebesbeziehungen zwischen Dichter und Muse. 1784 trennte Luise von Albany sich vom letzten Stuart; nach seinem Tod zog sie nach Paris, wo sie im Hotel de Bourgogne, zum Teil während der Revolution, ein offenes Haus führte. Eine explosive Mischung von Vergangenem und Zukünftigem vollzog sich hier: Der revolutionäre Maler David saß neben gebrechlichen Zeugen vergangenen Glanzes; Überbleibsel aus der Zeit des Ancien Régime wie Marmontel und La Harpe trafen dort mit jungen Künstlern zusammen. Beaumarchais las in diesem Salon den dritten Teil seines *Figaro – La mère coupable* zum erstenmal vor. Die originelle Gatgeberin selbst stellte in ihrem Salon einen Thron mit dem königlichen Wappen der Stuart auf, ließ sich als Majestät titulieren und nahm teils ernst, teils ironisch die Hommagen ihrer gemischten Gästeschar entgegen.

1792 kehrte die Gräfin mit Alfieri nach Florenz zurück, wo sie, als Marie-Antoinette verkleidet, jeden Samstag Salon hielt. Die Stimmung des Dichters, dem die Zahl seiner Neider und Gegner innerlich sehr zusetzte, verdüsterte sich zusehends. Da trat ein Neuankömmling in die schwermütige Atmosphäre des Palastes am Arno ein. Den bekannten Porträtisten François Xavier Fabre (1766–1837), einen Schüler Davids, verband der Haß auf die Französische Revolution mit dem italienischen Dramatiker und seiner Geliebten. Bald entwickelte sich eine mehr als innige Freundschaft zwischen Luise und dem geliebten Maler – eine »Ménage à trois«, die reichlich Stoff für die europäische Skandalchronik lieferte. Alfieri starb, wie der Dichter Lamartine sagte, an »böser Laune«. Luise, die Erbin seines Vermögens und seines literarischen Nachlasses, ließ neben der Gruft Machiavellis ein Grabmal für Alfieri errichten, das Canova geschaffen hatte und wo auch sie später beigesetzt wurde. Mit ihrem jungen Maler führte sie weiterhin ihren Salon in Florenz, der unversehens eine politische Dimension erhielt, weil dort gegen Napoleon intrigiert wurde und Französisches jetzt allgemein in keinem guten Ansehen stand. 1809 befahl der Kaiser Luise von Albany, nach Paris überzusiedeln. Ein Widerstand gegen solche Befehle war zum damaligen Zeitpunkt nahezu unmöglich, doch bereits ein Jahr später konnte sie nach Florenz zurückkehren. Ihre Beziehung zu Frankreich hatte sich zwischenzeitlich erheblich verbessert, und so wurde der französische Dichter Lamartine, den sie mit ihrer Natürlichkeit und ihrem Charme bezaubert hatte, zum neuen Stern ihres Salons.

Nicht nur als Salonière hat die Gräfin Albany sich hervorgetan. Ebenso aufschlußreich und faszinierend ist ihre weitläufige Korrespondenz, die sie mit allen namhaften Literaten in Frankreich und Italien führte und die mit dazu beigetragen hat, daß ihre Florentiner Geselligkeiten schon zu ihrer Zeit als »europäischer Salon« bezeichnet wurden, wie es Madame de Staël verbürgt hat, die sich längere Zeit in Italien aufhielt. Die Verbindung der eigenwilligen Gräfin zum englischen Milieu blieb dagegen aufs rein Biographische beschränkt, zumal sie als Mitglied eines vertriebenen Königshauses sich nicht in England aufhalten durfte.

Insgesamt gesehen hat der literarische Salon in England nie wirklich Fuß zu fassen vermocht, denn die entscheidende Rolle haben stets die literarischen Cafés gespielt, eine auf Männer beschränkte Kulturgeselligkeit, die an einem »neutralen« Ort, außerhalb des eigenen Hauses stattfand. Diese Tendenz zu Öffentlichkeit und gleicherweise Anonymität grenzt die Cafés vom Salon ab, in dem die von der Gastgeberin ausgehende familiäre Vertrautheit existentiell ist. Ein anekdotenreiches, hinreißendes Beispiel für diese »Gegenkultur« stellt das Tagebuch des Samuel Pepys dar: »Mittags zu Anthony Joyces Stammtisch. Hatte anderthalb Dutzend Flaschen Wein dorthin schaffen lassen. Sehr lustige Gesellschaft, ich brachte die Rede darauf, daß ich keine Kinder bekomme, woraufhin man mir unter viel Gelächter zehn Ratschläge gab: 1. Drücke deine Frau nicht zu heftig und nicht zu oft. 2. Iß keine späten Mahlzeiten. 3. Trinke Salbeisaft. 4. Trinke Rotwein und iß Toast. 5. Trage kühle holländische Unterhosen. 6. Halte den Magen warm und den Rücken kalt. 7. Auf meine Frage, ob man es lieber abends oder morgens tun solle, wurde mir geantwortet, am wichtigsten sei es, daß beide Lust dazu hätten. 8. Die Frau sollte sich nicht zu fest schnüren. 9. Ich sollte starkes Gewürzbier mit Zucker trinken. 10. Mrs. Ward riet mir, die Stellung zu ändern oder wenigstens mit dem Kopf tiefer als mit den Beinen zu liegen.« Ton und Umgang in einem Damensalon waren gewiß entschieden anders.

Das Café als »Wartesaal der Poesie«, als »Schreibzimmer eines Poeten«, in der Vergangenheit meist dem männlichen Geschlecht vorbehalten (die schreibende Simone de Beauvoir im »Café de Flore« hat neue Weichen gestellt), wurde aus dem Orient eingeführt. Schon 1554 lassen sich in Konstantinopel Kaffeehäuser als »Schulen der Weisheit« nachweisen. Das erste europäische Café entstand 1647 in Venedig. Es folgte 1650 Oxford, 1652 London, 1654 Marseille, 1689 Frankfurt, 1683 Wien. Bald wurden sie zu beliebten Treffpunkten der Künstler, zu beseelten Stätten der Lebenskunst. Der Zustand latenter Gesprächsbereitschaft mit formloser Kontaktnahme kennzeichnete sie alle.

Eines der berühmtesten literarischen Cafés des 17. Jahrhunderts war »Will's« in London. Jahrelang bestimmte es den literarischen Geschmack Englands; Sonderlinge und Satiriker machten seinen Ruhm aus. Swift war dort ebenso täglich anzutreffen wie der Herzog von Buckingham und später der Beau Brummel. Parallel zu den Cafés entwickelten sich die Clubs; der erste wurde 1764 von dem Literaturkritiker und Lexikographen Samuel Johnson gegründet. Sie stellten eine offene Gesellschaft geistreicher Gentlemen dar, zu der sich Politiker, Earls oder »Virtuosi« wie der große Anekdotenerzähler Samuel Pepys allabendlich zusammenfanden.

Die zweite europäische Hochburg literarischer Cafés war Italien. Hier nahm das »Antico Caffè Greco« in Rom jahrhundertelang einen einzigartigen Rang ein. Literaten und Künstler aus aller Herren Länder, darunter Gogol, Wagner, Byron, Shelley, Stendhal, beehrten das »Antico Greco« mit ihrem Besuch.

Eine ähnliche Rolle spielte seit jeher das Wiener »Zentral«, wo Peter Altenberg, der »Wiener Sokrates«, Stammgast war. Auch Karl Kraus, Sigmund Freud und Leo Trotzky gehörten zeitweise diesem Kreis an, den Alfred Polgar folgendermaßen charakterisiert hat: »Eine skandalöse Gesellschaft war das, ergiebig an Witz, methodischer Narrheit und vielem Talent, das mit Vorliebe ins Leere verpuffte.« Was dieses Café für Wien war, war das »Cabaret Voltaire« für Zürich, ein Künstlertreff, der zur Stammkneipe von Tristan Tzara (Sami Rosenstock, 1896–1936) wurde. Hier begründete er mit einer Gruppe revolutionärer Dichter den Dadaismus.

Auch in Prag kam im 19. Jahrhundert die Kaffeehauskultur zum Aufblühen. Die meisten bedeutenden Persönlichkeiten des böhmischen Kulturlebens verkehrten im Lesecafé »Union« (»Unionka«, für Stammgäste), in dem sie unentgeltlich die wichtigsten Tageszeitungen des In- und Auslandes lesen durften. Zeitweise trennte die Kluft zwischen der tschechischen und österreichischen Bevölkerung das Kaffeehauspublikum. So blieb zum Beispiel das »Arco« fast ausschließlich den deutschsprachigen Intellektuellen wie Franz Werfel oder Max Brod vorbehalten. In den dreißiger Jahren wurden dann die Prager Cafés zu Orten politischer Bewußtseinsbildung und engagierter Diskussion, wo sich tschechische und deutschstämmige Künstler im gemeinsamen Antifaschismus begegneten.

Auch in der Seine-Metropole entstanden unzählige literarische Cafés. Die Berühmtheit des 1670 gegründeten »Le Procope« geht auf Molière und seine Truppe zurück, die sich dort allabendlich einfanden. Auch die Enzyklopädisten wählten es im 18. Jahrhundert zu ihrem Stammlokal. Das goldene Dreieck – »Deux Magots«, »Café de Flore«, »Brasserie Lipp« – in Saint-Germain-des-Prés wurde seinerseits zum Mythos durch die Surrealisten, später die Existentialisten, die dort zu Hause waren und, dem Lärm trotzend, stundenlang ihre Werke niederschrieben.

Salonkultur im Zeitalter der Romantik

Der französische Salon zwischen Revolution und Restauration

Neben dem Rationalismus der Aufklärung und gegen ihn entstand im ausgehenden 18. Jahrhundert eine Strömung, die das Gefühl zur wahren Quelle menschlichen Schaffens erklärte: die Romantik. Diese künstlerisch-philosophische Bewegung fand ihre deutlichste Ausprägung etwa zwischen 1794 und 1830. Nicht mehr Verstand und Willen, sondern den Gefühlskräften und der Phantasie wurde jetzt eine überragende Bedeutung eingeräumt. Daran wird deutlich, daß die Romantik vorwiegend im künstlerischen Bereich beheimatet war, was aber keineswegs in Frage stellt, daß sie eine philosophische Komponente hatte, die auf dem deutschen Idealismus beruhte. Aufklärung und Romantik, jene beiden großen europäischen Geistesströmungen vor und nach der Französischen Revolution, setzten gleichermaßen voraus, daß der Mensch veränderbar sei. Dieser Glaube schuf ein ungeheuer dynamisches, revolutionäres Potential, das schließlich die Ereignisse von 1789 auslöste. Die Französische Revolution, ein Kind der Aufklärung wie der Sensibilität der Romantik, deren vorrangiger Vertreter auf französischem Boden Jean-Jacques Rousseau war, wurde ein europäisches Ereignis ohnegleichen. Diese größere Dimension erlangte sie, als Napoleon daran ging, Europa zu unterwerfen und neben der politischen Einheit auch eine kulturelle begründen wollte, deren Mitte selbstverständlich Paris bilden sollte. All diese Umwälzungen blieben nicht ohne Folgen auf die Salons des 19. Jahrhunderts.

Madame de Genlis

Eine unvergleichbare Augenzeugin und Vermittlerin europäischer Kultur und Geistesart war Madame de Genlis (1746–1830), eine Länder und Epochen übergreifende, verbindende wie abgrenzende Gestalt. Ihr Leben stellt ein Prisma sowohl des 18. als auch des 19. Jahrhunderts dar. Obwohl sie nicht zu den berühmtesten Salonièren der französischen Vor- und Nachrevolutionszeit zählt, ist ihre Bedeutung als gesellschaftlicher und intellektueller Knotenpunkt europäischen Ausmaßes unbestreitbar.

Félicité Ducrest, spätere Gräfin de Genlis, hat unter elf verschiedenen Regierungsformen gelebt; sie hat Ludwigs XV. einflußreiche Mätresse, die Pompadour, ebenso erlebt wie die Proklamation der Julimonarchie. Nicht allein Paris, sondern auch England, die Schweiz und Deutschland waren Jahre hindurch die Bühne ihres gesellschaftlichen wie persönlichen Wirkens. Ihre Schriften umfassen einhundertvierzig Bände, von denen allein sechzehn ihren Memoiren gewidmet sind. Kurze Zeit war sie die Geliebte des Herzogs von Orléans, seit den Revolutionstagen Philippe Egalité, Jahre hindurch die Erzieherin seines Sohnes, des späteren »Bürgerkönigs« Louis Philippe; während des Empire fungierte sie als geheime Korrespondentin Napoleons. Madame de Genlis hat ungefähr zehn verschiedene Salons gegründet: den ersten 1761 in einer schlichten Wohnung in Paris, wo sie ihre Gäste mit Musikaufführungen ergötzte. 1767 empfing sie als Gräfin von Genlis in einem feudalen, großzügigen Ambiente im Stil des Ancien Régime, 1772 als Mätresse des Herzogs. 1786 hatte sie die Manier der Konversationssalons der Aufklärung angenommen. 1802 versuchte sie im »Arsenal« die Verbindung zwischen den vorrevolutionären Literaten und dem neuen Régime herzustellen. 1816 fand wohl ihre letzte Geselligkeit statt. Stets war sie bestrebt, in Umbruchszeiten vermittelnd einzugreifen und die geschichtliche Kontinuität aufrechtzuerhalten.

Der Anfang ihrer Salonkarriere stand jedoch unter dem Vorzeichen ihrer eigenen Kreativität. Schon als Kind hatte ihre Leidenschaft der Musik und dem Theater gegolten – beiden blieb sie auch später treu, und ihre Hauskonzerte ließen sie zu einem begehrten Gast mehrerer Salons werden. Ihr eigener, den sie nach kurzer Zeit eröffnete, widmete sich zunächst fast ausschließlich Theateraufführungen und wurde von Melchior Grimm in seiner *Literarischen Korrespondenz* hochgelobt. Das machte sie bald berühmt. Anders als sonst bei den Salonièren üblich, führte Madame de Genlis ihre Gäste nicht zum Zweck der Konversation zusammen, sondern um ihnen ihre eigene Kunstfertigkeit darzubieten. Ihre Abende gerieten zu Selbstinszenierungen – sie spielte Harfe, Theater oder las aus eigenen Werken vor.

Nicht der Zusammenhalt des Kreises war ihr dringliches Anliegen, sondern die Aufführung ihrer vielseitigen Talente. Ihre Empfänge in der Rue de Bellechasse glichen einem Abend in der »Comédie Française«. Die Künstlerin überlagerte gänzlich die Salonière, was ihrer gesellschaftlichen Ausstrahlung zugute kam – von Madame du Deffand bis zu Gluck, die Pariser Kulturszene strömte in ihren Salon. Als sie nach ihrer kurzen Affäre mit dem Herzog von Orléans die Gouvernante seiner Kinder wurde, verfaßte sie für diese einen pädagogischen Text im Geiste Fénélons: *Adèle et Théodore ou lettres sur l'éducation*, der eine Synthese zwischen traditionellen und fortschrittlichen, fast demokratischen Erziehungsprinzipien darstellt. In diesem Punkt war sie eine Anhängerin Rousseaus, im Literarischen hingegen stand sie Voltaire näher. Aber auch auf philosophischem Felde tat sich die vielbegabte Félicité de Genlis hervor – so gehört ihre Kritik an dem Gedankengut der Enzyklopädie zu den schärfsten ihrer Zeit. Ein solcher Ausbund an Klugheit mußte die Zeitgenossen fesseln, die ihr eine fast prophetische Rolle beimaßen. Der Herzog von Chartres nahm sie sogar als erste Frau in die Freimaurerloge von Paris auf.

Nicht allein die eigene Geselligkeit, sondern auch die literarische Darstellung des Salonmilieus nahm die Unermüdliche in Angriff. Ihr Text *Les dîners du Baron d'Holbach* (1822) spiegelt den Mikrokosmos der Pariser Gesellschaft auf höchst persönliche wie ironische Weise wider und bildet einen originellen Beitrag zur Geschichte der Salonkultur.

Die Revolution indes unterbrach jede Form kultureller Geselligkeit. Die politischen Umstände, das revolutionäre Engagement ihres ehemaligen Liebhabers, nunmehr Philippe Egalité, und sein Votum für den Königsmord bestürzten Madame de Genlis derart, daß sie Frankreich verließ.

Erstes Ziel ihrer Odyssee wurde England, wo sie auf einmal in fortschrittlichen Kreisen verkehrte. 1791 hielt sie sich in der Schweiz auf, wo sie mit Madame de Staël zusammentraf. Später in Hamburg geriet sie mit dem wegen seines royalistischen Standpunkts ebenfalls exilierten Rivarol, dem Verfasser des von der Berliner Akademie preisgekrönten Essays *Über die Universalität der französischen Sprache* so sehr in Streit, daß sie sich nach Sylt zurückzog. 1798 begab sie sich nach Berlin – der französische Einfluß war dank Maupertuis, des Leiters der Berliner Akademie, in der preußischen Hauptstadt gewaltig.

Trotz ihres unruhigen Umherziehens gelang es ihr, sich durch Musik- und Sprachunterricht finanziell über Wasser zu halten, nebenher schrieb sie Bücher. 1798 erschien *Les petits émigrés*, ein anrührender Roman über das Elend des Exils, der ihr in ganz Europa einen eklatanten Ruhm eintrug. Besondere Beachtung verdient auch ihr *Manuel du voyageur* (1799), ein Vorläufer des Baedeker, der den Franzosen die deutschen Gewohnheiten näherbringen sollte. Während der beiden Jahre, die sie in Berlin verbrachte, besuchte Madame de Genlis öfters die jüdischen Salons. Entweder bei der Familie Cohen oder bei den Ephraims lernte sie Rahel Levin kennen, ebenfalls Schlegel und Wilhelm von Humboldt sowie andere Mitglieder der geistigen Elite Berlins. Henriette Herz, die sich von ihr in französischer Literatur und französischem Stil unterrichten ließ, berichtete über die berühmte Französin, die in einem kleinen, armseligen Zimmer vor einem Windofen saß und Schokolade kochte: »Ihre ergrauenden Haare hingen unordentlich unter der wenig sauberen Haube herab. Eine schöne Harfe in einer

Ecke des Zimmers vermittelte einen Hauch der alten Pracht.«
Das Ganze habe den Eindruck eines »niederländischen Genre-
bildes der unfeinen Gattung« erweckt.

Madame de Genlis' Berliner Aufenthalt trug vielfältig Früchte
für den europäischen Kulturaustausch. Französische Elemente
fanden durch sie Eingang in die preußische Gesellschaft, sie
selbst erfuhr in den jüdischen Kreisen ihrerseits eine fruchtbare
Horizonterweiterung. Als die unerschrockene Salonière 1800
endlich nach Paris zurückkehren durfte, stellte sie mit Entset-
zen fest, daß die sogenannten Salons des Konsulats »anglorevo-
lutionäre« Sitten angenommen und das traditionelle französische »Savoir vivre« verbannt hatten. Bonaparte setzte alles
daran, das mondäne Leben und Treiben in seiner Metropole
anzukurbeln. Da der Adel, teils enthauptet, teils verbannt,
nicht mehr Träger des gesellschaftlichen Lebens war, kamen die
Salons der neuen Art sehr in Mode. Nicht mehr der künstlerische Müßiggang, sondern die politische Alltagsdiskussion beherrschte jetzt die Szene. Madame de Genlis zog sich merklich
zurück und lebte von nun an nur noch für ihre eigene Schriftstellerei. Napoleon, der ihr literarisches Prestige schätzte, ge-
währte ihr eine Wohnung im »Arsenal«, wo sie prompt einen
Salon im althergebrachten Sinne eröffnete, doch war dieser eher
ein geselliger Literaturkreis als ein »Bureau d'esprit«.

Napoleon begriff bald die historische wie kulturhistorische
Weitsichtigkeit und Bedeutung dieser Dame aus dem Ancien
Régime und ernannte sie zu seiner persönlichen Berichterstat-
terin. Vierzehntägig schickte sie ihm Briefe über Kunst, Politik
und bedeutsame Ereignisse des Pariser Lebens – eine Korrespondenz, die an die Melchior Grimms hätte erinnern können,
hätte sie nicht allmählich einen leichten Beigeschmack von Be-
spitzelung bekommen. Die Marquise war zu klug, um diese
Falle nicht zu durchschauen, und brach die Berichte ab. Ihr
Anliegen war ohnehin nicht länger die Vermittlung gesellschaftlicher oder politischer Kompromisse, sondern das Schreiben. Dabei war sie eigentlich keine »Femme de lettres«, denn
ihr ganzes Werk durchzieht eine philosophisch-didaktische In-

tention. In diesen Kontext gehört auch ihre Überarbeitung der Enzyklopädie und ihre tiefe Abneigung der Romantik gegenüber, die sie für eine »L'art pour l'art«-Bewegung hielt. Ihre wache und engagierte Auseinandersetzung mit Frauenproblemen ließ sie bereits zu ihrer Zeit, ähnlich wie Madame Lambert, als eine »feministische« Autorin gelten, und im 19. Jahrhundert zollte ihr deshalb eine gewisse Aurore Dupin alias George Sand große Verehrung.

Madame de Genlis war Zeugin und Repräsentantin des Niedergangs einer Gesellschaft in einer Person; ihr umfangreiches Werk ist zugleich Inventar wie scharfsinnige Analyse dieses geschichtlichen Prozesses. Als sie einmal in Berlin im Hause eines jüdischen Kaufmanns für ein meisterhaft dargebotenes Theaterspiel gelobt wurde, antwortete sie mit vieldeutigem Lächeln: »Ich habe mein Leben lang Theater gespielt!«

Madame de Staël

Zu den großen europäischen Frauengestalten der französischen Kulturgeschichte gehört auch die berühmt-berüchtigte Madame de Staël (1766–1817), die das geistige Erbe des 18. Jahrhunderts jenseits der Französischen Revolution fortgeführt und zugleich den bedeutenden literarischen und politischen Bewegungen des 19. Jahrhunderts einen Weg gebahnt hat. Sie verkörperte wie keine andere französische Salonière ihrer Zeit die aufgeklärte, universal gebildete und zugleich kühn-romantische Frau, die jahrzehntelang Europa in Atem gehalten hat. Das Rationale und Gefühlsbetonte schlossen sich bei ihr keineswegs aus.

Madame de Staël, Tochter einer einflußreichen Salonière des Ancien Régime, Madame Necker, war die stürmische Geliebte des Schriftstellers Benjamin Constant und die erbitterte Feindin Napoleons. In ihrer Person verschmolzen europäischer Geist und Gewissen zu einem originellen, stets provokatorischen Amalgam. Ihr Leben war pittoresk und exzessiv, ihr Denken scharf und unabhängig – eine an Widersprüchen reiche, schillernde Persönlichkeit, die sich selbst folgendermaßen definierte: »Ich bin ein Mensch, mit dem man ebenso wenig leben kann, wie ohne ihn.« 1766 wurde sie als Tochter des Genfer Geschäftsmanns Jacques Necker und seiner geistig wachen und gesellschaftlich regsamen Frau in Paris geboren. Der Salon der Madame Necker, der fast ausschließlich im Dienste der Karriere ihres Mannes stand – eine verblüffende Ausnahme im 18. Jahrhundert –, stellte einen Glanzpunkt des Pariser Gesellschaftslebens dar, ohne jedoch die intellektuelle Erlesenheit der Marquise du Deffand oder die wohlige Herzlichkeit und europäische Ausstrahlung der Madame Geoffrin zu erreichen. Die junge Louise-Germaine wurde bereits im Kindesalter mit großen Denkern wie Holbach, Helvetius, Diderot bekanntgemacht und entwickelte sich unter der ehrgeizigen Führung ihrer Mutter zu einer »lebenden Bibliothek« – ein Wunderkind, das auf dem kleinen Holzschemel neben der Gastgeberin saß und berühmten Persönlichkeiten schlagfertige, herausfordernde Antworten gab. Nicht allein geistige, sondern auch und vor allem politische Macht und Machtspiele bildeten den Rahmen, in dem sie aufwuchs, denn der mütterliche Salon entwickelte sich zunehmend zum Vorzimmer eines künftigen Ministers. 1777 wurde Necker zum »Directeur du trésor royal«, zum Finanzminister, ernannt und war damit der mächtigste Mann Frankreichs nach dem König.

Louise-Germaine faszinierte (und erschreckte) indes die Gelehrtenrepublik. Melchior Grimm berichtete so beeindruckt über das Wundermädchen in seiner *Literarischen Korrespondenz*, daß sein Ruf über die Grenzen Frankreichs hinweg drang. Schon als Fünfzehnjährige schrieb sie *Réflexions sur l'esprit des lois*, kurz darauf verfaßte sie einen verblüffenden Essay über die Briefe des Jean-Jacques Rousseau. Die Bezugsperson im Leben Louises war und blieb der Vater, den sie fast kulthaft verehrte. Abgöttisch liebte sie immer. Verzehrende Gefühle, gepaart mit einem kühlen Verstand, Melancholie und geistige Dynamik – ein zerreißendes Spannungsfeld zeichnete sie aus. Ihre Heirat – sie war kaum zwanzig Jahre alt – mit dem schwedischen Gesandten Baron de Staël-Holstein entsprach den gesellschaftlichen Arrangements ihrer Zeit. Hier von Liebe zu reden, wäre fehl am Platz.

Folgerichtig widmete sich die junge Madame de Staël mit allen Kräften ihrer für den schwedischen König Gustav III. verfaßten Kulturzeitung und ihrem eigenen literarischen Salon, den sie kurz nach der Hochzeit in Paris gegründet hatte und in dem sich eine Mischung aus konstitutionell-monarchistischen Tendenzen und jungen demokratischen Talenten zusammenfand. Flüchtige Liaisons, so zum Beispiel mit Talleyrand, blieben Marginalien der Geschichte. Affären wie die mit dem schwedischen Grafen Ribbing und dem französischen Schriftsteller Benjamin Constant (1767–1830) erhöhten ihre Sensibilität. Unbeugsam führte sie ihre Salongeselligkeit weiter, die ein Spiegelbild der Zeitgeschichte und der zeitgenössischen Literatur war.

Politisches gewann bisweilen die Oberhand. Die englische Verfassung bildete in den Augen der temperamentvollen Gastgeberin ein unübertroffenes Modell politischer Weisheit. Doch trotz ihrer fortschrittlichen Haltung blieb Madame de Staël eine treue Anhängerin des französischen Königshauses. Ihre »konspirativen« Pläne zur Rettung Ludwigs XVI. und Marie Antoinettes zwangen sie, selber ins Exil zu gehen. Zunächst nach England, wo sie Talleyrand wiederbegegnete, dann in die Schweiz, in das väterliche Schloß Coppet unweit von Genf, das bald zum europäischen Verschwörungszentrum gegen die Macht und Übermacht Napoleons wurde. Hier setzte Madame de Staël ihren Geist wie ihre finanziellen Mittel gegen den verhaßten »Empéreur« ein und verfaßte gleichzeitig einige ihrer bleibenden Werke, so zum Beispiel *Über den Einfluß der Leidenschaften*, das dank seiner psychologischen Modernität und seines nuancierten Feminismus eine noch heute gültige Analyse seelischer Vorgänge bildet.

1801 durfte sie nach Paris zurückkehren. Sofort entstand ein neuer, allerdings bescheidener Salon in der Rue de Grenelle, wo Napoleons selbstherrlicher Größenwahn und sein Verrat an der

Revolution gnadenlos hinterfragt wurden. Der Konsul erfuhr davon und verwies die gefährliche Stimme erneut des Landes. Deutschland wurde ihr nächster Zufluchtsort und das Objekt ihrer geistigen Auseinandersetzung. Ihr Buch *Über Deutschland*, das zuerst 1813 in London erschien, weil die Pariser Zensoren es einstampfen ließen, wurde zum Klassiker deutsch-französischer Verständigung oder des Mißverstehens: Die teilweise sehr subjektiv gefärbte Interpretation der Autorin und die widersprüchliche Rezeption, die das Werk erfuhr, lösen bis heute mannigfache Kontroversen aus. Jedenfalls leitete das Buch, bei dessen Niederschrift Madame de Staël maßgeblich den Fürsten de Ligne (1735–1814), den großen Europäer und fesselnden Memoirenschreiber, zu Rate gezogen hatte, die geistige Begegnung der Franzosen mit Goethe und den deutschen Romantikern ein. Anna Amalia von Sachsen-Weimar nahm daraufhin die legendenumwobene Französin herzlich bei sich auf. Sogar Frau von Stein ließ sich vom »Esprit multiforme« der Madame de Staël bezwingen, weniger jedoch Goethe: »Sie redet wunderbar, aber viel, viel zu viel...«

Den Höhepunkt ihrer Deutschlandreise bildete Berlin. Königin Luise erlag ihrer Brillanz, die jüdischen Salons nahmen die Wortmächtige mit Begeisterung auf. Allein Rahel Levin-Varnhagen betrachtete sie mit Skepsis: »Sie sieht nichts, versteht nichts. Hat überhaupt kein Talent, etwas wahrzunehmen.« In Berlin lernte die temperamentvolle Französin auch den Mann kennen, der ihr in lebenslanger Freundschaft als Hauslehrer ihrer Kinder überallhin folgte: August Wilhelm Schlegel.

Stimmungsvolle Eindrücke und Ansichten vom Berlinaufenthalt der Madame de Staël vermitteln die Notizen, die Henriette Herz, ebenfalls eine berühmte Salonière, niedergeschrieben hat: »Es ist nicht möglich, sich eine lebendigere und geistreichere Unterhaltung zu denken als die ihre. Allerdings wurde man von ihr fast bis zum Übermaß mit Geistesblitzen überschüttet. Und nicht minder lebhaft als im Antworten war sie im Fragen, ja ihre Fragen folgten einander mit solcher Schnelligkeit, daß es kaum möglich war, ihr genügend zu entgegnen. Ihr unersättlicher Durst nach Vermehrung ihrer Kenntnisse ließ ihr keine Ruhe, aber ihre Sucht, den subtilsten Geist, welcher aus den Tiefen der Wissenschaft aufsteigt, im Fluge von der Oberfläche wegzuhaschen, war schon bei ihrer Anwesenheit in Berlin Gegenstand leichten Spottes, und dieser blieb ihr nicht immer verborgen. Prinz August fragte sie einmal in meiner Gegenwart, ob sie denn nun schon glücklich in den Besitz der ganzen Fichteschen Philosophie gelangt sei? ›Oh, j'y parviendrai!‹ antwortete sie mit großer Entschiedenheit, zugleich aber auch mit einer Schärfe des Tons, welche bewies, daß sie die Meinung des Fragenden wohl verstanden hatte.«

Henriettes Bericht geht weiter: »Frau von Staël gab an jedem Freitag eine Soirée. Ich gehörte öfter zu den Eingeladenen und erinnere mich des letzten dieser Abende als eines vorzugsweise geistvollen und anregenden... Besonders geistreich und liebenswürdig erwies sich an diesem Abend Prinz Louis Ferdinand, wie er denn überhaupt einer der liebenswürdigsten Fürsten war.«

Doch auch von negativen Eindrücken weiß Henriette Herz zu berichten: »Kurze Zeit darauf, bei der Anwesenheit Schillers in Berlin, wendete sich das Gespräch zwischen ihm und mir auf Frau von Staël. Er verhehlte mir seine Abneigung gegen sie nicht. An Anerkennung ihrer geistigen Vorzüge ließ er es zwar keineswegs fehlen. Er sagte mir in dieser Beziehung unter anderem, daß er erstaunt über die Fortschritte gewesen sei, welche sie in kurzer Zeit in der deutschen Sprache gemacht habe. Sie habe Manuskripte, welche Goethe und er ihr zum Durchlesen gegeben, vollkommen verstanden, was sich aus ihren Äußerungen über sie deutlich erwiesen habe. Aber von Schillers Ideal von Weiblichkeit war freilich Frau v. Staël weit genug entfernt. Und eben der Mangel an Weiblichkeit, von welchem ich meinerseits zwar nicht glaube, daß ihr lebhaftes, rasches Wesen ihn mehr voraussetzen machte, als daß er wirklich vorhanden war, mochte ihn hauptsächlich gegen sie eingenommen haben. – Sie hatte in Jena in einem Hause gewohnt, welches wegen seines Spukes – eines Papiermännchens, welches darin umgehen sollte – anrüchig war, und wußte sich etwas damit, daß während ihrer Anwesenheit sich von diesem nichts habe merken lassen. Schiller erzählte mir davon. ›Aber‹, schloß er, ›hätte denn selbst ein Geselle Satans mit der zu schaffen haben mögen?‹«

Louise-Germaine de Staël-Holstein war eine einmalige Exponentin europäischer Kultur und Geselligkeit. Bald traf sie in Rom ein, wo sie die Malerin Angelika Kauffmann schätzen lernte, bald in Venedig, wo sie mit einer internationalen geistigen Elite intensive und diskussionsfreudige Beziehungen aufnahm.

Ihr Roman *Corinne oder Italien* (1807), eine Personifizierung der modernen Idealfrau, brachte ihr Weltruhm ein und rief Napoleons Empörung hervor. Madame de Staëls Darstellung der romantisch-exaltierten weiblichen Gefühlswelt berührte dagegen Lord Byron, der ihre Herzensklugheit und ihren psychologischen Feinsinn lobte: »Was Italien und England betrifft, hat sie manchmal recht, irrt sich aber öfters. Aber in Sachen des Herzens... irrt sie sich fast nie.« Gerade zu jener Zeit zerbrach die Freundschaft mit Benjamin Constant, der später Caroline von Hardenberg heiratete und im Bann seiner erlöschenden Leidenschaft sein eigenes Meisterwerk *Adolphe* (1816) schrieb, einen Roman von erschütterndem psychologischem Feinsinn, die Geschichte einer ausgehenden Liebe zwischen einem jungen Mann und einer nicht mehr jungen Frau.

Nach zehnjährigem Exil zog sich Madame de Staël, obwohl sie einen »magnifique horreur« vor der Schweiz empfand, erneut ins Neckersche Schloß Coppet zurück. Was Ferney für Voltaire war, wurde Coppet für sie, freilich im Rahmen einer grandiosen Lebensführung. Da die eigenwillige Salonière sich nicht in Paris niederlassen durfte (von 1792 bis 1814 hat jede französische Regierung diese intellektuelle Querulantin ferngehalten), kam Paris zu ihr in die Schweiz. Das Schloß im Schweizer Kanton Waadt wurde der brillanteste Salon Europas. Madame Récamier, die innig geliebte Freundin aus Paris, August von Preußen, die Malerin Vigée-Lebrun, Sismondi, Bonstetten, Henriette, die Tochter von Moses Mendelssohn, Tieck, Joseph

Madame de Staël (1766–1817) verkörperte wie keine andere französische Salonière ihrer Zeit die aufgeklärte, universal-gebildete und zugleich kühn-romantische Frau, die jahrzehntelang Europa in Atem hielt.

de Maistre – sie alle strömten dort zusammen und gaben sich unbeschwert dem Schreiben, Malen und Konversieren hin. Sogar Benjamin Constant verblieb jahrelang in diesem Kreis, obwohl seine Abnabelung von der leidenschaftlichen Gastgeberin immer wieder für Unruhe und Unbehagen sorgte.

Eine letzte Begegnung wurde für Madame de Staël persönlich entscheidend. In Genf lernte sie den zweiundzwanzig Jahre jüngeren John Rocca kennen, einen tapferen Husaren, der eher im Kriegsgeschehen als in der geistreichen Konversation zu Hause war. »Ich werde sie so sehr lieben, daß sie mich schließlich heiraten wird«, verkündete der vor Bewunderung Trunkene, der der reifen Frau abgöttisch zugetan war. 1811 geschah es: Rocca wurde Madame de Staëls Lebensgefährte und Ehemann. Eine Europareise wurde bald darauf unternommen, führte sie nach Wien, Sankt Petersburg, Stockholm, wo sie die »Phosphoriten«, eine junge romantische Bewegung, begeisterte. Weiter ging es, nach London, wo ihr, deren Vorliebe für England bekannt war, alle Tore und Türen geöffnet wurden. Lord Byron, die Herzogin von Devonshire, H. C. Robinson führten sie in die erlesensten gesellschaftlichen wie literarischen Kreise der Stadt ein. Überall wurde sie als Gesandte nicht nur französischer, vielmehr europäischer Kultur enthusiastisch gefeiert.

Napoleons Niederlage und Exil erlaubten ihr, 1814 endlich wieder nach Paris zu eilen. »Mein System« – sagte sie 1816 – »steht immer in vollkommener Opposition zu jenem, dem man gerade folgt, und meine herzlichste Neigung gehört jenen, die es verfolgt.« Ein neuer Salon zog alle Berühmtheiten Europas an, wobei sie zwischen Paris und Coppet pendelte. Sie war ein »ambulanter Salon«, dem ein Teil der Habitués folgte. Wellington, der nur zwei Tage in der französischen Hauptstadt weilte, verbrachte selbstverständlich einen Abend bei ihr, und Lord Byron, über den sie schrieb: »Ich halte ihn für genügend gefühlvoll und verfeinert, um das Glück einer Frau zu zerstören«, begab sich in die Schweiz nach Coppet. Auch der bretonische Dichter und spätere Außenminister François de Chateaubriand war oft Gast in ihrem Salon und knüpfte dort erneut Beziehungen zu Madame Récamier an – eine der berühmtesten Romanzen der Weltgeschichte nahm so bei Madame de Staël ihren Anfang.

Eine fortschreitende Lähmung fesselte ab 1817 die Salonière ans Bett, doch wurde weiterhin empfangen und konversiert. Als sie am 14. Juli 1817 starb, bemerkte Chateaubriand, der Verfasser der *Erinnerung von jenseits des Grabes:* »Trotz der Fehler ihrer Eigenart, wird sie der Liste jener Namen, die nicht dahingehen dürfen, noch einen hinzufügen.« Zwischen ihren Ideen und ihren Neigungen, ihren republikanischen Prinzipien und ihren aristokratischen Ambitionen gab es viel Inkongruentes, dennoch hat Madame de Staël es fertiggebracht, alle Widersprüche in ihrem Salon zu vereinigen und zur gegenseitigen Bereicherung einzusetzen. Die tragende Einheit all der Gegensätzlichkeiten, die sie in sich und um sich aufbrechen ließ, stand unter dem Leitmotiv »Leben«. Zeitgenossen stimmten darin überein, daß sie ihr Talent in ihre Bücher, ihr Genie in die Konversation eingebracht hat. Leben, das war das magische Wort der Louise-Germaine de Staël.

Madame Récamier

Stand der Salon der Madame de Staël im Zeichen des nachrevolutionären Aufbruchs und des ersten Empires, so spiegelte derjenige ihrer um elf Jahre jüngeren Freundin Juliette Récamier (1777–1849) insbesondere die royalistisch gefärbte Restaurationszeit wider. Die Abdankung Napoleons und die kurzzeitige Wiederherstellung der Monarchie zwischen 1814 und 1815 riefen eine nostalgische Sehnsucht nach dem Ancien Régime hervor, die nicht ohne Folgen auf die Pariser Salons blieb. Nicht wenige verklärten die vorrevolutionäre Zeit und suchten vergangene Lebensformen neu zu beleben. In den Salons trafen diese Anhänger des Ancien Régime mit Repräsentanten des neuen Frankreich zusammen.

Eine der berühmtesten Salonièren jener Zeit, weil legendenumwoben und von schillernder Persönlichkeit, war Madame Récamier. In Lyon als Juliette Bernard geboren, war sie fünfzehnjährig mit dem zweiundvierzig Jahre alten Bankier Jacques Récamier, dem Liebhaber ihrer Mutter, in Paris verheiratet worden. Die gefährlichen Zeiten, der damals wütende Terror waren der Grund für diese Eheschließung, die den Charakter einer Schutzstrategie trug. Récamier soll nämlich Juliettes natürlicher Vater gewesen sein, und so blieben ihre Beziehungen zeitlebens freundschaftlich. Als Récamier 1798 einen Hauskauf für Monsieur Necker abwickelte, lernte die junge Frau Madame de Staël kennen. Bald wurden beide unzertrennlich, und ein Jahr später eröffnete auch Juliette einen Salon. Generäle (Ber-

nadotte, Massena, Moreau), Maler (David, Gérard, die sie hin-
reißend porträtiert haben), Diplomaten (Metternich) gehörten
zu ihren Gästen. Anders als die Freundin blieb der Salon der
Récamier, die dank ihrer Anmut und betörend enigmatischen
Schönheit die berühmtesten Besucher anzog, politisch wie literarisch stets neutral. Ein verschwiegenes, fast kühles Temperament war der Gastgeberin zu eigen, womit sie das genaue Gegenteil der leicht entflammbaren, leidenschaftlichen Louise-
Germaine de Staël darstellte. Madame Récamiers Salon war ein
»Asyl der Schöngeister« (Sainte-Beuve), ein Heiligtum der europäischen Literatur, das sich neben jenen Zirkeln, die das Politische in den Vordergrund trieben, einen eigenen, romantisch-
künstlerischen Weg gebahnt hat. Ihre Begabung als Salonière
wird wiederum von Sainte-Beuve treffend auf den Punkt gebracht: »Verführerisch verstand sie es, zuzuhören.« Nicht nur
ihre unterschiedlichen Salons machten die beiden Damen in der
europäischen Gesellschaft berühmt; wegweisend wurden auch
ihre modischen Innovationen: Man trug Turbans à la Staël und
wallende Schals à la Récamier.

Einer der glühendsten Verehrer Juliettes war August von Preußen, ein Neffe Friedrichs des Großen; sie hatte ihn 1807 bei
Madame de Staël kennengelernt, und er bestürmte sie, sich
scheiden zu lassen, um ihn zu heiraten. Mit ihrer sanften Geschicklichkeit gelang es ihr, alle Herzen zu erobern; sie besaß,
wie Sainte-Beuve es formuliert hatte, die »Koketterie eines En-
gels«. Lucien Bonaparte, ein Bruder Napoleons, war die erste
»historische« Persönlichkeit, die in Leidenschaft für sie entbrannte. Er wurde nicht abgewiesen, aber auch nicht erhört.
Juliette vermochte es, »Liebe sozusagen unter der Hand in
Freundschaft zu verwandeln« (Sainte-Beuve). Der Herzog von
Laval, aus französischem Uradel, schrieb ihr: »Mein eigener
Sohn ist auch in Sie verliebt, Sie wissen, wie sehr ich es auch
bin, es ist eben das Schicksal der Montmorencys.«
 Benjamin Constant, der Lebensgefährte der Madame de
Staël, erlag ebenfalls ihrem Zauber und wurde zu einer wichti-

gen Stütze ihres Salons. Daß sie seine Passion nicht erwiderte, stürzte ihn in mannigfache Krisen und trieb ihn dazu, sich nicht den von ihr verehrten Royalisten, sondern den von ihr gehaßten Bonapartisten anzuschließen: »Alles ist also entschieden, und der abenteuerliche Schritt wird spätestens in 48 Stunden getan sein. Im Grunde ist es meine Liebe, die mich bestimmt. Ich hatte mich in meinen Hoffnungen auf Juliette getäuscht.« Selten hat die Liebe in der Politik eine so ausschlaggebende Rolle gespielt; immer wieder klingt das in Constants Tagebuchaufzeichnungen durch. »Mit dem Kaiser zusammengekommen. Lange Unterredung. Ein erstaunlicher Mann. Morgen bringe ich ihm einen Verfassungsentwurf. Werde ich endlich zum Ziel kommen? Soll ich es wünschen? Die Zukunft ist schwarz. G(ottes) W(ille) g(eschehe). Mit Juliette bei der Herzogin von Ragusa gespeist. Gearbeitet. Morgen werde ich den Entwurf vorlegen. Gerüchte um meine Ernennung. Wird sie erfolgen? Gallois. Mit ihm gespeist. Abends bei Juliette. Diese unnütze Liebe macht, daß ich alles vernachlässige.«

Madame de Staël hat diese Untreue nie überwinden können, ebensowenig wie Constants und Madame Récamiers gemeinsame Reise nach Italien. Auch den eigenen Sohn, August de Staël, ereilte ein ähnliches Schicksal. Ein ambivalentes Wort Louise-Germaines klang bedrohlich: »Ich bediene mich ihrer (Mme. Récamiers), um die zu belohnen, die ich liebe.«

Nach dem Tod ihres Mannes und mehrfachen Reisen in verschiedene europäische Metropolen ließ sich Juliette Récamier 1819 in dem ehemaligen Kloster »L'Abbaye aux Bois«, im Herzen des heutigen 6. Arrondissements, nieder. Hier gründete sie einen zweiten Salon. Die Seele dieses geistigen Mikrokosmos wurde Chateaubriand. Mit ihm verband Madame Récamier eine zunächst stürmische, nicht immer glückliche Liebe, die sie mehrmals in die Ferne trieb. 1823 eröffnete sie einen Salon in Rom an der Piazza di Spagna, kurz darauf einen weiteren in Florenz. Einige der Pariser Habitués folgten ihr getreu. Als aber 1824 Chateaubriand seines Amtes als Außenminister enthoben wurde, eilte sie nach Paris zu ihm zurück.

F. P. S. Gérard, *Madame Récamier* (Musée du Louvre). Generäle, Maler, Diplomaten gehörten zu ihren Gästen. Ihr Salon war »ein Asyl der Schöngeister«, ein
Heiligtum der europäischen Literatur.

Der Dichter Lamartine hat den Salon der Récamier mit einer Monarchie verglichen. Ein entschiedener Royalismus, der sich weniger in erregten Diskussionen als im Lebensvollzug, wenn auch mit liberalem Einschlag, äußerte, kennzeichneten die Gastgeberin und ihre Besucher. Die Damen saßen in Kreisen aufgegliedert, die Herren begaben sich von Konversationsgruppe zu Konversationsgruppe. Die berühmte Récamiere hat in diesem Kreis noch keine Verwendung gefunden. Ein Porträt der Louise-Germaine de Staël von Gérard schmückte nebst Harfe und Flügel den eher bescheidenen Salon, in dem auch Balzac und Stendhal verkehrten. Manchmal musizierte man, meistens aber wurden unveröffentlichte Texte vorgelesen, neben denen Chateaubriands auch diejenigen des J. J. Ampère und der Dichterin Delphine Gay.

Doch allmählich wurde der Salon zur Kapelle, denn Juliette stellte alles in den Dienst des Dichters Chateaubriand. Sie selber schrieb seine Manuskripte ab, besonders seine Memoiren, in denen ein Kapitel ihr gewidmet ist. Ihre Hingabe an den »Enchanteur« war grenzenlos, aber nicht ohne luzide Ironie: »Das ist die Pikanterie des Neuen: die anderen bemühen sich übermäßig um mich, er hingegen verlangt nur eines, daß ich mich ausschließlich mit ihm beschäftige...« In den Jahren, als Chateaubriand Gesandtschaftsposten in Berlin und London bekleidete, hatte Juliette Récamier mit der Herzogin von Duras, einer anderen langjährigen Geliebten, um die Gunst des fernen Angebeteten gewetteifert. Mit Hilfe der Herzogin, die ebenfalls einen Salon führte, in dem sich aristokratische Traditionen geschickt mit modernen politischen Ideen verbanden, erklomm der Dichter den Gipfel politischer Macht. Juliette hingegen inszenierte seine Dichterlesungen und -feiern und begleitete ihn bis zu seinem Tod. Als Chateaubriand seine eigene Frau verlor, schlug er Madame Récamier vor, ihn zu heiraten. Sie winkte liebevoll-müde ab: »Ne changeons rien à une affection parfaite.« Blind und gebrechlich saß sie an seinem Sterbelager. Das gesellschaftliche Treiben hatte längst aufgehört, die Zuneigung der außergewöhnlichen Frau nie. 1849, während einer Choleraepidemie, kam auch sie ums Leben.

Die jüdischen Salons in Berlin

Eine eigenwillige Variante stellen die jüdischen Salons der preußischen Metropole dar, die ein unvergleichlicher Bestandteil deutscher Kulturgeschichte sind. Weimars herzoglicher Musenhof wie der bürgerliche Salon Johanna Schopenhauers haben zweifellos einen gewissen Einfluß auf deren Entwicklung ausgeübt, doch war er gering verglichen mit dem Vorbildcharakter, der dem französischen Salon zukam. Für Berlin war und blieb Paris der maßgebliche Leitstern. Unmittelbare gesellschaftliche Brücken zwischen den beiden Metropolen hatten Madame de Genlis und Madame de Staël geschlagen; dies zeitigte nachhaltige Wirkungen. Zudem war Berlin durch die große Zahl zugewanderter Hugenotten ohnehin empfänglich für französische Lebensart. Der Kulturaustausch zwischen beiden Städten war zumal seit der Regierungszeit Friedrichs II. äußerst intensiv. Franzosen waren in Berliner Kreisen ebenso gern gesehene Gäste, wie deutsche Künstler und Literaten es in den Pariser Salons waren. Wenn sich auch die Berliner Salons zunächst fast ausschließlich am französischen Vorbild orientierten, so kristallisierte sich aber nach kurzer Zeit eine emanzipatorische, auch stärker gesellschaftskritische Tendenz heraus, die in ihrer Art einzigartig war.

Während Feingeisterei, Galanterie in einem elitären Rahmen die Pariser Salongeselligkeit des 17. und 18. Jahrhunderts auszeichnete, wurden in Berlin ganz eigene Töne angeschlagen. Der Geist der Aufklärung, verbunden mit dem Streben nach universaler Bildung und Toleranz führten dazu, daß bisher kaum zugängliche Freiräume geschaffen beziehungsweise entschieden erweitert wurden. Eine Randgruppe und nicht mehr ausschließlich ein exklusiver Kern bildete auf einmal den Mittelpunkt der Salonkultur. Zwischen dem Ende der Aufklärung und dem Beginn der Frühromantik, in einer Zeit also, in der den Juden nicht einmal die bürgerlichen Rechte zuerkannt waren und Selbstverständliches durch teure Schutzbriefe erkauft werden mußte, vollbrachte diese Minderheit ein gesellschaftliches Wunder: Sie wurde zum bedeutendsten Träger der Salongeselligkeit auf deutschem Boden und schuf dadurch eine einzigartige Symbiose jüdisch-preußischer Kulturtradition. In der Zeitspanne, da »der alte Judenhaß abgetan und der moderne Antisemitismus noch nicht geboren war« (Hannah Arendt), nämlich von 1780 bis 1806, haben die Juden dank ihrer Töchter in der geistigen wie gesellschaftlichen Emanzipationsbewegung Deutschlands Unvorstellbares geleistet.

Die sogenannten Intellektuellen Vereine der spätfriderizianischen Epoche gebärdeten sich elitär und exklusiv. Sie gaben sich strenge Statuten und wählten ihre Mitglieder sorgfältig aus. Frauen waren ausgeschlossen, von jüdischen Frauen ganz zu schweigen. Gerade diese aber brachten seit dem ausgehenden 18. Jahrhundert Altüberliefertes ins Wanken: Sie emanzipierten sich zunächst von ihren patriarchalischen Familienverhältnissen, profilierten sich gesellschaftlich als Salonièren und trugen damit zur Emanzipation des deutschen Judentums bei. Ihre Salons stehen in ihrer kulturhistorischen Bedeutung den französischen Vorbildern keineswegs nach. Im Gegenteil, sie haben deren Erbe übernommen und zugleich radikal modifiziert. Auch äußerlich manifestierte sich dieser Wandel: Die aristokratische, nicht mehr ganz junge Pariser Salonière weicht der gesellschaftlich nicht integrierten, blutjungen Berliner Jüdin.

In der preußischen Aristokratie ging es damals öde zu. Von Elisa von der Recke, die – aus baltischem Uradel stammend und der Langeweile überdrüssig – sich den Ideen der Aufklärung zuwandte und neben empfindsamer Lyrik auch Reiseliteratur verfaßte, stammt die Bemerkung, man könne ebenso Automaten in diese Hofgesellschaft schicken, ohne daß einer es bemerken würde. Als kaum weniger unergiebig präsentierte sich das vom preußischen Staat nicht gerade geförderte Bürgertum, dessen »literarische Teetische« eine Kleinkariertheit aufwiesen, die eher unterdrückte als freisetzte. Die rebellischen Töchter der reichen, aber rechtlosen Juden fanden hier einen Freiraum vor. Ihre Welt war die Literatur, Goethe ihr Abgott. Allesamt waren sie *Werther*-Begeisterte, der Verleger Nicolai nannte sie gar »Goethe-Sklavinnen«. Mit ihrer unkonventionellen, traditionelle Schranken sprengenden Art übten sie eine unwiderstehliche Anziehungskraft aus auf all jene, die jenseits von reglementierter Standesgesellschaft oder bildungsbürgerlicher Biederkeit geistige wie gesellschaftliche Inspirationen suchten. Gemeinsam war diesen fesselnden, meist exzentrischen jungen Damen eines: Sie verkehrten alle im gastfreundlichen Gelehrtenhaushalt von Moses Mendelssohn (1709–1786).

Er, der Begründer einer Familie, die wesentliche Beiträge zur europäischen Geistes- und Kulturgeschichte leisten sollte, hatte sich aus ärmsten Verhältnissen im Dessauer Ghetto zum Teilhaber einer Berliner Seidenmanufaktur emporgekämpft und sich nebenbei grundlegende philosophische, literarische und mathematische Kenntnisse angeeignet. Von Friedrich II. in den Status eines »außerordentlichen Schutzjuden« erhoben, galt er bald als Symbolfigur für das Bemühen der Aufklärung, die Isolation der Juden aufzubrechen. Denn trotz weitgehender kultureller Anpassung, trotz des teilweise recht beträchtlichen Reichtums und trotz nützlicher Geschäftsverbindungen waren rechtliche Gleichstellung und gesellschaftliche Anerkennung den Juden nach wie vor versagt. Auch als Philosoph beschäftigte Moses Mendelssohn die Frage nach einer Verbesserung der deutsch-jüdischen Beziehungen, wobei er die totale Assimilation unter Preisgabe der eigenen Religion entschieden ablehnte.

Sein Weltbild unterschied sich radikal von dem der meisten anderen Aufklärer. Ein unbedingter Glaube an Gott, an die Vorsehung und an die Unsterblichkeit bildeten seine Grundoptionen. Die Idee einer auf Vernunft und Toleranz basierenden Religiosität durchzieht seine Schriften. In der Abhandlung, die 1763 den Preis der Preußischen Akademie erlangte, bejahte Mendelssohn die Frage, ob die Metaphysik der gleichen Beweiskraft fähig sei wie die Mathematik, rückhaltlos. Eine enge Freundschaft verband ihn mit Lessing (1729–1781), der ihm in seinem *Nathan der Weise* ein literarisches Denkmal gesetzt hat, und mit dem Verleger Nicolai (1733–1811), dem Buchhändler-Philosophen und Begründer der ersten literarischen Zeitschrift Berlins: *Briefe, die neueste Literatur betreffend*.

Um die gesellschaftliche Isolierung der Juden aufzubrechen, führte Moses Mendelssohn, wie andere Berliner Juden auch, ein gastfreundliches Haus und lud Gäste aus den verschiedensten Lebensbereichen zu sich ein. Die Herren wandten sich, durch ihn angeregt, meist philosophischen Studien und Diskussionen zu, während die Damen die literarische Konversation pflegten.

Mendelssohn war nicht allein der Vater der originellen und eigenwilligen Dorothea Schlegel; Henriette Herz und Rahel Levin sind seine geistigen Töchter gewesen. Beide nahmen regelmäßig an seinen Lesegesellschaften teil, lernten dort Gelehrte und Schriftsteller kennen, sogen den Geist der Aufklärung begierig auf und entdeckten ihre Begeisterung für deutsche Kultur. Und sowohl ihr Bildungseifer als auch ihr Freiheitsdurst wurzelten in der Gedankenwelt des Moses Mendelssohn, der damit die Grundlagen für die später so berühmten jüdischen Salons schuf.

Salonartige und literarische Geselligkeiten gab es damals in Berlin zwar mannigfache: im hergebrachten aristokratischen Stil, wofür die Herzogin Dorothea von Kurland ein glanzvolles Beispiel bildete, in der Spielart der »ästhetischen Tees«, wie es zum Beispiel bei der jüdischen Romanautorin Rebecca Friedländer der Fall war, oder im großbürgerlichen Rahmen wie im Fall Amalie Beers, der Mutter des Komponisten Giacomo Meyerbeer, die in ihrem Stadtpalais große musikalische Darbietungen arrangierte. Auch die Töchter der Familien Itzig, Cohen und Solomon betätigten sich als freundliche Gastgeberinnen. Wenn aber von den berühmten Berliner jüdischen Salons die Rede ist, sind nicht diese gemeint, sondern die legendäre Dreierkonstellation: Henriette Herz, Rahel Levin und Dorothea Schlegel.

Den ersten, wenn auch nicht den berühmtesten Salon jener Zeit rief Henriette Herz ins Leben. Als Tochter des gläubig-jüdischen Arztes Benjamin de Lemos, dessen portugiesische Vorfahren auf der Flucht vor der Inquisition nach Deutschland ausgewandert waren, wurde sie 1764 in Berlin geboren. Sie brillierte schon als Kind durch eine rasche Auffassungsgabe und einen wachen Verstand; auf ihre Erziehung und Bildung wendete der Vater große Sorgfalt. Trotzdem wurde sie – der Tradition jüdischer Familien folgend – bereits mit fünfzehn Jahren verheiratet. Ihr Mann, der zweiunddreißigjährige Markus Herz, hatte eigentlich Rabbiner werden sollen, stattdessen aber in Königsberg Medizin und Philosophie studiert. Dort avancierte er zu einem Lieblingsschüler Kants und durfte später als erster mit ausdrücklicher Billigung des Philosophen dessen Lehren interessierten Zuhörern nahebringen. So hielt Markus Herz in seinem Berliner Haus Philosophievorlesungen ab, in denen er die Kantischen Axiome vorstellte. In diesem streng wissenschaftlich ausgerichteten Kreis, der sich neben philosophischen Diskussionen auch physikalischen Experimenten verschrieb, versammelten sich Ärzte und Diplomaten – darunter sogar der französische Graf Mirabeau, als er 1786 nach dem Tod Friedrichs des Großen zur Sondierung der politischen Lage nach Berlin kam –, junge wißbegierige Aristokraten wie die Brüder von Humboldt und der frankophile Prinz Louis-Ferdinand, Philosophen wie Schelling und Fichte, dazu Bankiers und wichtige Vertreter der Freimaurerlogen.

Neben diesem akademischen Zirkel formierte sich allmählich ein zweiter Kreis, eine aus jüngeren Leuten bestehende Lesegesellschaft, der es hauptsächlich um angeregte Geselligkeit ging. Auf diese Weise bildete sich im Haus von Markus und Henriette Herz eine Art Doppelsalon heraus, bei dem die Grenzen jedoch bisweilen fließend waren. Der Ehemann scharte in der »Mittwochsgesellschaft« die Gelehrtenelite um sich, seine junge Frau hingegen wurde zum Mittelpunkt der literarischen

Jeunesse dorée. Henriette begeisterte sich für die tugendhaften Romanheldinnen des Engländers Richardson und inszenierte Gesprächsrunden, in denen eifrig erörtert wurde, ob die Darstellung einer »schönen Seele« in einem bestimmten Roman gelungen sei. Ihre Geselligkeiten wurden schnell über die Grenzen Berlins hinaus bekannt und zogen auch ausländische Gäste an. Henriette Herz bestach nicht nur durch ihr Äußeres – als »Beauté angélique« bezeichnete sie die französische Salonière Madame de Genlis, und selbst die Siebenundvierzigjährige wurde noch mit Tizians Schönheiten verglichen –, sie verfügte zudem über eine ungewöhnliche Ausstrahlungskraft, die, mit ungezwungener Intelligenz und Menschenkenntnis gepaart, ihre Gäste faszinierte.

Ab 1784 erweiterte sich der fröhlich-unbekümmerte Herzsche Salon zu einem literarischen Salon im eigentlichen Sinne, der dem Sturm-und-Drang-Kult geweiht war. Goethe wurde zum Garanten eines neuen Zeitalters erhoben, das im Zeichen der Toleranz und der schöpferischen Persönlichkeit stehen sollte. Dies blieb auch fortbestehen, als der Dichter die Wende zur Klassik vollzogen hatte. Adolf Muschg hat den Goethekult der Berliner jüdischen Salons folgendermaßen definiert: »In ihm bekehrten sie sich weniger zum christlichen Glauben, zum preußischen Staat oder zur bürgerlichen Gesellschaft als zur deutschen Kultur, im Zeichen ihrer Universalität. Umgekehrt hat kaum eine Gruppe engagierter dazu beigetragen, Goethes Namen und Geltung über alle Grenzen zu tragen. Was ihn nicht davon abhielt, Frauen und Juden bei Gelegenheit gemeinsam seine Malice fühlen zu lassen.«

Henriette Herz hat über ihren eigenen Kreis berichtet: »Da der Hof damals viel um allerlei Prinzen und Prinzchen trauerte, die niemand kannte, auch er selber nicht, und man ihn daher kaum anders als mit sogenannten Pleureusen sah, so wurde der Hofadel in unserem Kreis gewöhnlich durch den Spitznamen ›Pleureusenmenschen‹ bezeichnet. In unserem Kreis war nach und nach wie durch ein Zauber alles hineingezogen, was irgend Bedeutendes von Jünglingen und jungen Männern Berlin bewohnte oder auch nur besuchte. Auch geistesverwandte weibliche Angehörige und Freundinnen jener Jünglinge fanden sich allgemach ein. Bald folgten auch die freisinnigen unter den reiferen Männern, nachdem die Kunde solcher Geselligkeit in ihre Kreise eingedrungen war. Ich meine, *pour comble* wurden wir zuletzt Mode, denn auch fremde Diplomaten verschmähten uns nicht. Ja, ebensowenig fürchte ich zu übertreiben, wenn ich ausspreche, daß der diesen Kreisen entsprossene Geist in die Gesellschaft selbst der höchsten Sphären Berlins eindrang, denn schon die äußere Stellung vieler, welche ihm angehörten, macht dies natürlich. Nächstdem aber fand dieser Geist fast überall leere Räume.« Eine Gesellschaftskritik, die zu der Elisas von der Recke parallel läuft.

Ungewöhnlich an Henriette Herz war auch ihre Sprachbegabung. Bereits als Kind von ihrem Vater unterwiesen, beherrschte sie nicht nur Hebräisch, Griechisch und Latein, Französisch, Englisch und Italienisch, sondern erlernte auch Sprachen wie Sanskrit, Türkisch und Malaiisch. Wilhelm von Humboldt (1767–1835), der spätere Gründer der Berliner Universität, wurde von ihr in Hebräisch unterrichtet und war bald in der Lage, Henriette beispielsweise auf Hebräisch mitzuteilen, wie sein Leben auf dem seiner Familie gehörenden Schloß Tegel aussah. In seinen Briefen gab er als Absender »Schloß Langeweile« an und tat öffentlich kund, man unterhalte sich besser in Gesellschaft jüdischer Frauenzimmer als auf dem Schlosse der Väter. Schon als Jüngling hatte Humboldt Henriette Herz feurig verehrt. Gemeinsam gründeten sie 1787 in Berlin den »Tugendbund«, einen Freundschaftspakt, dessen Mitglieder sich zur »gegenseitigen sittlichen und geistigen Heranbildung« verpflichteten, einander lange Briefe schrieben, Ringe und Schattenrisse tauschten und »priesterliche Küsse« wechselten – ein recht sentimentaler Freundschaftskult mit erotischen Einlagen, dessen Ideale ein hohes Maß an Innerlichkeit, an Subjektivität und Gemüt waren. Diese Verknüpfung von Glauben an die fortschrittlichen Ideen der Aufklärungsphiloso-

Anna Dorothea Therbusch, *Henriette Herz* (1764–1847). Henriettes Salon wurde bald zum Mittelpunkt der literarischen Jeunesse dorée in Berlin und ihre Geselligkeiten waren schnell über die Grenzen Berlins hinaus bekannt.

phie und Hingabe an die Gedankenwelt der Romantik, die eine Vorherrschaft des Traumes, des Gefühles, des Nostalgischen implizierte, war überaus zeittypisch. Das achtzehnte Jahrhundert ging zu Ende, das neunzehnte brach an. Der Salon der Henriette Herz spiegelt diese Nahtstelle wider.

Eine weitere gesellschaftliche Nahtstelle hinterließ hier ihre symbolisch-exemplarischen Spuren: die deutsch-jüdische Entente. Während viele Juden glaubten, durch kompromißlose Assimilation bis hin zum Verzicht auf die historische und religiöse Identität endlich den Ausbruch aus der Isolation geschafft zu haben, blieben die Deutschen in ihrer Haltung oft ambivalent. Der Adel besuchte zwar eifrig die jüdischen Salons, vermied aber weitgehend die Begegnung mit Juden im eigenen Palais. Eine Einheirat in die Aristokratie, wie sie von nicht wenigen Jüdinnen als Krönung endgültiger Emanzipation angestrebt wurde, galt meist als Mesalliance. Manch deutsch-jüdische Freundschaft wurde getrübt, als infolge der Eroberungszüge Napoleons nicht nur ein entschiedener Patriotismus, sondern auch ein seit jeher latenter Antisemitismus ausbrach. Nicht so verhielt es sich mit der Freundschaft zwischen Humboldt und Henriette Herz. Sie hatte lebenslang Bestand. In einem Brief an seine spätere Frau Karoline hat Humboldt das in Worte gefaßt: »...den größten Teil der Bildung meines Herzens verdanke ich unserer Jette.« Die Verbindung blieb selbst dann bestehen, als Humboldt Berlin verließ; Henriette besuchte ihn in Paris und London.

Eine möglicherweise noch engere, lebenslange Freundschaft verband Henriette mit dem Theologen Friedrich Schleiermacher (1768–1834), den sie 1796 während seiner Predigerzeit an der Charité kennenlernte und der über ihren Salon zum Kreis der Romantiker stieß. »Schleier«, wie sie ihn liebevoll nannte, suchte gegen den herrschenden Dogmatismus in den Religionssystemen die Individualität des religiösen Gefühls aufzuwerten. Mit Henriette Herz trat er in einen lebhaften Gedankenaustausch ein; gemeinsam lasen sie Shakespeare, parlierten Italienisch und diskutierten über seine Schriften.

Andere bedeutende Gäste des Herzschen Salons waren Prinz Louis-Ferdinand, ein exzentrischer Phantast, der sich ganz der Musik und dem Wein hingab und sich später als Führer des antinapoleonischen »Heiligen Krieges« profilierte, der konservative Staatsdenker und Publizist Friedrich Gentz, der Dichter Jean Paul, der Bildhauer Gottfried Schadow. Dorothea Veit, geborene Mendelssohn, lernte in Henriettes Haus Friedrich Schlegel kennen.

Doch nicht allen galt diese Salongeselligkeit als erstrebenswerter Treffpunkt erlesener Geister. Nicolai zum Beispiel war sie ein Dorn im Auge, er spottete über die »wöchentlichen

Witzmärkte«, wo »Schöngeisterei verhandelt und eingetauscht wird«, und karikierte allererst Henriette Herz: ». . . von etwas mehr als Weibergröße, mit ihrem braunen, knochenreichen Gesicht und einer langen Nase. Sie blickte mit ihren schwarzen Augen männlich herum, und die Stimme ist tief und etwas rauh; sonst aber ist die Frau so süß, so zart, so eingenommen von den Empfindungen des Herzens, daß sie alle Elegien aus den *Horen* auswendig gelernt hat.«

1803 starb Markus Herz, Henriette führte unter Entbehrungen ihren Salon weiter. 1805 erhielt sie das Angebot, die Erziehung der ältesten Tochter des Königs, der späteren Zarin von Rußland, zu übernehmen – unter der Bedingung, sich taufen zu lassen. Sie lehnte dies ebenso ab wie eine zweite Offerte, die Ausbildung einer Nichte von Joachim Murat, König von Neapel und Schwager Napoleons, betreffend. 1817, nach dem Tod ihrer strenggläubigen Mutter, trat Henriette aus eigener Überzeugung und frei von gesellschaftlichen Zwängen zum Protestantismus über. Die seinerzeit berühmte Schauspielerin Caroline Bauer hat über die alternde Henriette geschrieben: »Schon über sechzig Jahre alt, aber noch immer eine anmutsvolle königliche Erscheinung. Dabei milde und in der Unterhaltung zurückhaltend, hierin der stärkste Kontrast zu der sprudelnden Rahel. . .« In ihren letzten Lebensjahren widmete sie sich zunehmend der Aufgabe, junge Mädchen auf den Beruf der Erzieherin vorzubereiten. Henriettes Vermögensverhältnisse blieben seit dem Tod ihres Mannes bescheiden. Zwei Jahre vor ihrem eigenen Tod, 1847, setzte ihr der preußische König Friedrich Wilhelm IV. auf Bitten Alexander von Humboldts eine jährliche Pension aus.

Das literarische Werk der Henriette Herz ist unbedeutsam, ihre Memoiren gelten als unzuverlässig. Die Zeugnisse ihrer Freunde aber sind wirkungsmächtig. »Fünf Männer meinesgleichen könnte man aus ihr schnitzen und es blieben noch Späne genug übrig. Ein Juno!« – so ein glühender Verehrer, Ludwig Börne, der ihretwegen zwei Selbstmordversuche unternahm.

Die kulturhistorische Bedeutung der »tragischen Muse«, wie sie die Berliner am Ende ihres Lebens nannten, liegt zweifelsohne im Pioniercharakter ihrer Salongründung. Sie war die erste jüdische Salonière Berlins; darüber hinaus kam ihr eine vermittelnde Stellung zwischen verschiedenen, teilweise konträren Kulturepochen, kulturellen und geistigen Strömungen sowie zwischen lange Zeit hindurch sich ausschließenden Gesellschaftskreisen zu, die in ihrem Salon erstmals zu einer kreativen Einheit fanden.

Rahel Levin-Varnhagen

»Sprudelnd« war sie gewiß, die temperamentvolle und überaus geistvolle Rahel Levin, die – wie Hannah Arendt sie gekennzeichnet hat – »sich dem Leben so aussetzte, daß es sie treffen konnte«. Rahel (1771–1833), Tochter eines jüdischen Juwelenhändlers in Berlin und begeisterte Anhängerin der Französischen Revolution, gründete zu Beginn der neunziger Jahre in ihrer kleinen Dachwohnung im elterlichen Haus einen literarischen Salon, der zum renommiertesten der romantischen Epoche werden sollte. Eine Konkurrenz zum Salon der Henriette Herz gab es nicht, kleine Sticheleien gewiß. Während Henriette nur positiv über Rahel sprach, ironisierte diese die schöne und wohlhabende Freundin, die ausschließlich »geputzt« lebe. Spitze Zungen wandten hämisch den Gegensatz von »Schönheit und Geist« auf beide Damen an.

Der Salon der Rahel Levin war der erste, der von einer unverheirateten Frau geführt wurde, er setzte sich grundsätzlich vom »großen« oder »offenen Haus« der Henriette Herz ab. Die Dachstube in der Jägerstraße war schlicht, Rahels Mittel seit dem Tod des Vaters beschränkt. Eine alte, wunderliche Magd servierte Tee, der damals in den französischen Salons die Schokolade ersetzt hatte, und erlaubte es sich, sogar ihre Meinung zu äußern. Der prunkvolle Rahmen der »Bureaux d'esprit« war hier einer romantischen Gemütlichkeit gewichen, der fast etwas Kleinbürgerliches anhaftete. Rahel war weder groß noch schön,

Rahel Varnhagen (Gemälde von Hader nach einer zeitgenössischen Darstellung) führte in Berlin einen Salon, der als »Republik des Geistes« galt. Dort trafen sich Adlige, Bürger und Künstler christlicher wie jüdischer Herkunft.

aber äußerst lebhaft und unkonventionell. »Das Antlitz verkündet geistiges Übergewicht, die schnellen und doch dunklen Blicke ließen zweifeln, ob sie mehr geben oder aufnähmen, ein leidender Ausdruck lieh den klaren Gesichtszügen eine sanfte Anmut«, hat Henriette Herz über die Freundin geschrieben.

Rahel, die unermüdliche Fragestellerin, wollte nicht gefallen, sondern »wirken«. Ihre bescheidene Dachstube verstand sie als Freiraum zeitkritischer Diskussionen, als Versuch, eine humane und gebildete Gesellschaft im kleinsten Rahmen zu realisieren – eine »geschmackvolle Gesellschaft«, deren Mitglieder unterschiedlich in Stand und Rang, Interessen und Überzeugungen waren. Markus Herz und die kritische Intelligenz Berlins gehörten dazu, Prinz Louis-Ferdinand von Preußen pflegte auf Rahels Klavier seine frühromantischen Kompositionen vorzustellen, seine strahlende Geliebte Pauline Wiesel wurde bald Freundin der geistreichen Gastgeberin, in deren Salon adlige Damen mit sogenannten »zweifelhaften« Frauen in Kontakt kamen. Paulines Leichtfertigkeit fesselte nicht nur Rahel. Madame de Staël versicherte, sie hätte ihren ganzen literarischen Ruhm für nur eine einzige von Paulines Flitterwochen hergegeben.

Zum schillernden Spektrum dieses berühmten Salons, in dem große Freiheit und Behaglichkeit walteten, trugen ferner Wilhelm von Humboldt, der Fürst von Ligne, Jean Paul, Friedrich Schlegel, die Töchter Moses Mendelssohns u.a. bei. Rahel hat um ihr ausgeprägtes Talent zur Geselligkeit gewußt: »Ich liebe unendlich Gesellschaft und bin ganz überzeugt, daß ich dazu geboren, von der Natur bestimmt und ausgerüstet bin. Ich habe unendlich Gegenwart und Schnelligkeit des Geistes, um aufzufassen, zu antworten, zu behandeln. Großen Sinn für die Naturen und allen Verhältnissen . . .«

Manche tadelten ihre »Wahllosigkeit«, ihre provokativ gemischte Gesellschaft, zu der Adlige, Bürger und Künstler christlicher wie jüdischer Herkunft gehörten. Ihre uneingeschränkte Toleranz und neugierige Entdeckungsfreude mußten Konventionsverfechtern suspekt vorkommen. Sie strebte keine Ästhetisierung der Geselligkeit an, wie sie von Schleiermacher in seinem *Versuch einer Theorie des geselligen Betragens* (1799) vertreten wurde. Darin hat er die Fähigkeit zur »Elastizität«, die Redeformen von Ironie und Persiflage, Anspielung und Parodie als Urfundamente des »schicklichen Benehmens« definiert. Nicht so Rahel – ihr ging es um eine Freisetzung menschlichen und gesellschaftsumformenden Potentials. Unübersehbar bei ihr auch das Durchscheinen eines neuen Frauenideals, die Absetzung der drei preußischen Ks (Küche, Kinder, Kirche) zugunsten einer risikofreudigen Hinwendung zur Selbstverwirklichung – Einsichten der Aufklärung verbanden sich mit dem kühnen Aufbruch der Romantik.

Teegesellschaft bei Rahel Varnhagen. Holzstich von Erich M. Simon.

Rahels Salon, in dem man aufmüpfige junge Aristokraten über Themen wie Rechte der Frauen und Französische Revolution diskutieren hören konnte, galt als eine »Republik des freien Geistes«. Eine besondere Atmosphäre des Sich-Bildens kennzeichnete ihn. Entscheidende Impulse empfing sie aus Paris und aus der französischen Geisteswelt, zu der die Berliner Jüdin bewundernd aufblickte: »Wir, die Deutschen haben noch keine Sprache, so durch alle Geselligkeitsröhren getrieben, wie es die französische ist.« Als Vorbild galt ihr dabei vornehmlich der auch ihr zugetane Fürst de Ligne, der vollendet den Typus des gebildeten Europäers verkörperte.

Leitmotiv ihrer Kunstbegeisterung war und blieb stets Goethe, in dem sie den vollständigen, das heißt den androgynen Menschen erblickte. Für sie bestand zwischen ihnen beiden eine tiefe Übereinstimmung in Bezug auf Lebens- und Kunst-gefühl, was zwar eine Selbstüberschätzung von Seiten Rahels verrät, aber für ihre ästhetische Selbstbestimmung grundlegend wurde. Parallel dazu eignete sie sich mit Enthusiasmus die Fichtesche Ich-Philosophie an, die den schöpferischen Menschen als höheres Prinzip darstellt.

Neben der eigenen Gesellschaft suchte sie regelmäßig auch Freunde und Künstler anderer Kreise auf, so zum Beispiel die Gruppe um Achim von Arnim, Kleist, Fichte, Tieck. Dabei kristallisierte sich bei der genialen Jüdin immer deutlicher heraus, daß ihre Identität weniger durch die existentielle Zerrissenheit der Romantik geprägt war als vielmehr dadurch, daß sie sich als sozialen Außenseiter sah. Rahel konnte es nie verwinden, als Jüdin auf die Welt gekommen zu sein. Von allen Frauen der Emanzipation, deren bedeutendste sie war, litt sie am meisten an ihrem Judentum. Alles Unglück, alles Leid, die »Verblutung« ihres Lebens, schien ihr daher zu kommen. Oft äußerte sie sich scharf über die Juden als einer »zerrissenen, verwahrlosten, und noch mehr als all dies, verdient verachteten Nation«. Ambivalenz der eigenen Abstammung gegenüber überschattete ihr ganzes Leben. Seit ihrer Jugend trachtete Rahel mit aller Kraft danach, durch Einheirat in den preußischen Adel aus der verhaßten Herkunft auszubrechen, was ihr letztendlich auch gelang.

Rahels Beziehung zu Männern war nicht unproblematisch. Eine ideale Freundin war sie gewiß, Goethe nannte sie eine »schöne Seele«, und sie selbst verstand sich oft »als Freund und Freundin zugleich«. Das Feld der eigentlichen Liebe aber blieb ihr vielfach verschlossen. Zwei große Leidenschaften kreuzten ihren Weg: Karl Graf von Finkenstein und der spanische Legationssekretär Rafael de Urquijo. Die unkonventionelle jüdische Frau faszinierte sie aufs höchste, gewachsen waren sie ihr nicht. Die sozialen Vorurteile besorgten den Rest – leidvolle Erfahrungen, die Rahel schmerzhaft prägten. »Schmerzen erleben, heißt auch leben«, sagte sie lakonisch.

Nach Napoleons siegreichem Einzug in Berlin 1806 endete

Rahels erster Salon; jüdische Salons wurden plötzlich gemieden. Deutsch sein war alles. Fichte hielt seine *Reden an die deutsche Nation*, und Hetzschriften wie die des Pamphletisten Grattenauer, *Wider die Juden*, griffen weniger deren Religion als deren Rasse an, speziell auch die Salonièren, die so Grundsätzliches zur Emanzipation bewirkt hatten. Alte Freundschaften wurden vergiftet. Achim von Arnim provozierte einen jüdischen Gastgeber, lehnte aber das Duell ab, kein Jude habe die für einen Duellanten erforderliche Ehre. 1811 wurde von Clemens Brentano und Heinrich von Kleist die »Christlich-Deutsche Tischgesellschaft« gegründet, deren erklärtes Ziel die Bildung eines »neuen Rittertums des Geistes und der Wahrheit« war, dessen Kräfte der umfassenden sozial-politischen Reform Deutschlands zugute kommen sollte. Kein getaufter Jude und auch kein Nachkomme eines getauften Juden, von den ungetauften ganz zu schweigen, durfte in die Gesellschaft aufgenommen werden.

All diese Veränderungen wirkten sich auf Rahels Leben aus. Vereinsamung brach über die einst so gefeierte Salonière herein. Die Niederlage Preußens war zugleich die der Berliner Geselligkeit, der Hof verließ die Hauptstadt, die jüdischen Salons wurden zumeist geschlossen. Rahel berichtete 1808 ihrem Freund Brinckmann: »Bei meinem Teetisch sitze nur ich mit Wörterbüchern. Nie war ich so alleine. Absolut. Ich bin noch des Scherzens, der Freude und des höchsten Leides fähig, nur ganz umwerfen kann mich nichts, denn ich liege.«

Die antifranzösischen Ressentiments, die der militärische Zusammenbruch Preußens hervorrief, konnte Rahel nicht teilen, im Gegenteil: Sie studierte wieder Französisch, das sie Europäisch nannte, und plante sogar eine Reise nach Paris. Mehr denn je gelangte ihr Leitspruch: »Mein Leben soll zu Briefen werden«, zu seiner vollen Bedeutung. Ihre kärgliche Lebensweise, der nicht mehr vorhandene Salon kamen ihrem Briefwechsel zugute. Neue Kontakte wurden brieflich geknüpft, darunter zu dem in Tübingen studierenden Karl August Varnhagen von Ense. Der um vierzehn Jahre jüngere näherte sich

Rahel mit einer Leidenschaft, die sie zunächst verwirrte. Ihr Briefwechsel, der bis 1814, dem Jahr ihrer Heirat, dauerte, dokumentiert einen Bildungs- und Reifeprozeß und zugleich die Geschichte einer seltsamen Liebe. Achtung und gegenseitiges Vertrauen waren das Fundament. »Ich liebe in Dir, daß Du mein Wesen erkennst, und daß das Erkennen sich in Dir ausdrückt, und wirkt und äußert, wie es geschieht«, hat Rahel geschrieben. Keine Leidenschaft, aber die liebevollen Freiräume, die ein ungleiches Verhältnis ermöglichen kann.

Die Legende der Rahel Varnhagen wurzelt in der absoluten Verehrung, die ihr der junge sanftmütige Diplomat und Schriftsteller zollte. Probleme und Krisen fehlten jedoch auch in dieser Beziehung nicht. Vier Tage vor der Heirat trat Rahel zum Christentum über. Für die älteren Freunde blieb sie die unvergleichliche Rahel, für die neuen wurde sie Frau Varnhagen von Ense.

Die nächsten fünf Jahre verbrachte das Ehepaar in Wien, Frankfurt am Main, Karlsruhe. In Wien konnte Rahel als Diplomatengattin aus nächster Nähe die politischen Verhandlungen des Wiener Kongresses beobachten. Hier traf sie alte Freunde wieder wie den Fürsten von Ligne, Wilhelm von Humboldt, Dorothea Schlegel und viele andere. Sie stimmte mit der ebenso berühmten wie treffenden Bemerkung de Lignes überein: »Le congrès danse bien, mais il ne marche pas.« Ihre Briefe aus der damaligen Zeit belegen ihre kritische Einstellung der beginnenden Reaktion gegenüber.

1819 entstand ein zweiter Salon in Berlin an der Französischen Straße. Vergebens suchte Rahel nach den alten Freunden: »Der Tod hat unter unseren Freunden ... gewütet, vom Krieg unterstützt. Die ganze Konstellation von Schönheit, Grazie, Koketterie; Neigung, Liebschaft, Witz, Eleganz, Kordialität, Drang, die Ideen zu verwirklichen, redlichem Ernst, unbefangenem Aufsuchen und Zusammentreffen, launigem Scherz, ist zerstiebt. Es sind noch unendlich viele gescheite Leute hier; und ein Rest von Geselligkeit, die in Deutschland einzig ist. Aber *meine* sind weg!« Mit Hilfe Varnhagens wurde der zweite

Salon zu einem Treffpunkt erlesener Denker und Künstler. Rahel zelebrierte dort erneut einen überschwenglichen Goethekult. Opulente Diners und Musikabende kamen zur Konversationsgeselligkeit hinzu.

Eine Büste von Louis-Ferdinand und eine weitere von Schleiermacher gehörten zur Dekoration und verwiesen auf die Kontinuität zur alten Dachstube, obwohl die alten »Dachstubenweisheiten« einer mondänen Attitude gewichen waren. Politik, ein Thema, das im Salon wenig Bedeutung genossen hatte, wurde jetzt in der Restaurationszeit zu einem »heißen« Sujet. Die durch Zensur unterdrückte öffentliche politische Meinung fand hier ein Forum der Auseinandersetzung. Doch auch künstlerischen Exzentrizitäten wurde Raum zugestanden. Dafür sorgte schon Bettina von Arnim, die »rauschhafte Goethe-Närrin« (1785–1859), die seit etwa 1810 den Berliner Salonkreisen angehörte. Nach von Arnims Tod 1831 ließ sie sich ganz in der preußischen Hauptstadt nieder und begann, im eigenen Haus eine heterogene, unkonventionelle Gesellschaft zu empfangen, wobei die Musik eine große Rolle spielte. Sie verehrte Beethoven glühend, und Schumann widmete ihr die *Gesänge der Frühe*. Einen Salon im engeren Sinne des Wortes führte Bettina nicht, das war ihr zu traditionsgebunden; sie zog es vor, ihre Gäste einzeln oder in kleinen Gruppen zu sehen. Nebenbei trat sie mit literarischen Arbeiten hervor. Bettinas Leben war turbulent. »Häufen Sie Widersprüche auf Widersprüche, bergehoch, überschütten Sie alles mit Blumen, lassen Sie Funken und Blitze herausleuchten, und nennen Sie es Bettine«, ist in Varnhagens Tagebuch nachzulesen.

Zum zweiten Salon der Rahel gehörten ferner der Historiker Leopold von Ranke und der Philosoph Hegel, der gemeinsam mit Varnhagen und Eduard Gans die *Jahrbücher für wissenschaftliche Kritik* herausgab und vermutlich aus diesem Grund enger in diesen Kreis gezogen wurde. Ein weiterer Gast, Franz Grillparzer, hat das Bild der nicht mehr ganz jungen Salonière festgehalten: »Als wir die Treppe hinuntergingen, kam uns die Frau entgegen und ich fügte mich in mein Schicksal. Nun fing

Heinrich Heine (dritter von links) in einem Berliner Salon 1822.
Zeitgenössischer Holzstich.

aber die alternde, vielleicht nie hübsche, von Krankheit zusammengekrümmte, etwas einer Fee, um nicht zu sagen einer Hexe ähnliche Frau zu sprechen an, und ich war bezaubert. Meine Müdigkeit verflog, oder machte vielmehr einer Art Trunkenheit Platz (...), ich habe nie in meinem Leben interessanter und besser reden gehört.«

Konservative Denker wurden in diesem Salon mit den Thesen des Frühsozialisten Saint-Simon konfrontiert, junge Dichter erspürt, erkannt und gefördert. Zu ihnen gehörte Heinrich Heine, der dort am Fenster angesichts des Sternenhimmels sein berühmtes Gespräch mit Hegel geführt haben soll. Für den jungen Dichter, der sich 1821 mit einer Empfehlung seines Verlegers bei Rahel hatte einführen lassen, wurde sie zum Kulminationspunkt all seiner wehmütigen Erinnerungen an die Berliner Zeit, in der – wie er später schrieb – »die Flamme der Wahrheit mich mehr erhitzte als erleuchtete«. Rahel ermahnte den stets streitlustigen Poeten, er müsse »wesentlicher werden«. Er zollte ihr eine aufrichtige Bewunderung, widmete ihr »Die Heimkehr« in seinem *Buch der Lieder* und beschrieb ihre Bedeutung dahingehend, sie habe geholfen, »die alte Zeit zu begraben«, und habe für die neue »Hebammendienste geleistet«.

Heines bissige Kritik an der Steifheit und Sentimentalität der nachnapoleonischen Berliner Salons, an den eher biederen Teekränzchen, teilte Rahel ganz und gar; sie selbst klagte über das Verschwinden kosmopolitischer Grandezza zugunsten einer behaglichen Künstlichkeit. Heines Gedicht bedarf keines Kommentars:

> Sie saßen und tranken am Teetisch
> Und sprachen von Liebe viel.
> Die Herren, die waren ästhetisch,
> Die Damen von zartem Gefühl.
>
> »Die Liebe muß sein platonisch«,
> der dürre Hofrat sprach.
> Die Hofrätin lächelt ironisch,
> Und dennoch seufzet sie: »Ach!«
>
> Der Domherr öffnet den Mund weit:
> »Die Liebe sei nicht zu roh,
> Sie schadet sonst der Gesundheit«
> Das Fräulein lispelt. »Wieso?«
>
> Die Gräfin spricht wehmütig:
> »Die Liebe ist eine Passion!«
> Und präsentiert gütig
> Die Tasse dem Herrn Baron.

Um so mehr widmete sich Rahel auch in ihrem zweiten Salon der Aufgabe, geistreich-kritische Konversation zur Entfaltung zu bringen. Die »Lebensgeselligkeit«, der Versuch, Alltägliches in die abendliche Konversation, ins »Kunstgespräch« zu transponieren, wurde zu einem ihrer Hauptanliegen. Auch auf dem Feld der Musik ging sie generös dem Neuen nach und unterstützte, wo sie nur konnte, die jungen Talente. Felix Mendelssohn, der mit seiner Schwester Fanny Mendelssohn-Hensel einen Musiksalon in Berlin führte, Rossini, Carl Maria von Weber und Paganini gehörten zum Varnhagenschen Kreis.

Rahel, die sich selbst bezeichnete als »Jüdin, nicht hübsch, ignorante, ohne grace, sans talent et sans instruction«, ist nicht allein als Salonière, sondern auch als ungewöhnliche Briefschreiberin in die Kulturgeschichte Europas eingegangen. Ähnlich wie ihr Salon waren ihre Briefe in erster Linie dazu bestimmt, menschlichen Umgang zu fördern. Ihr großes Vorbild war bezeichnenderweise die Marquise de Sévigné, die berühmte Briefeschreiberin des 17. Jahrhunderts, die eine fast fortlaufende Chronik des höfischen Lebens ihrer Zeit verfaßt hat. Lebendigkeit, Unmittelbarkeit und Gefühlstiefe prägen den Gesprächscharakter ihrer Korrespondenz. Auch Rahels einzigartig sensible Briefe (an die zehntausend) sind als Ersatz oder Weiterführung ihrer Salonkonversation anzusehen, als eine fesselnde Mischung von Spiritualität und Körperlichkeit. »Alles versteht sie, alles empfindet sie, und was sie sagt, ist in amüsanter Paradoxie oft so treffend, wahr und tief, daß man es sich noch nach Jahren wiederholt und darüber nachdenken und erstaunen muß«, urteilte der schwedische Diplomat und Dichter K. G. von Brinckmann, ein langjähriger Habitué und Freund Rahel Levins.

Rahels Briefe sind kulturgeschichtlich wie individualpsychologisch von eindringlicher Relevanz. Dieser »öffentliche Erguß«, d.h. »eine stilisierte und nur durch Stil auch mögliche Emanation der Seele« (Caroline Bauer), war für Rahel das geeignete Mittel, ihr Leben als »Menschenmagnet« zu verwirklichen. Wilhelm von Humboldt hat 1833 über ihre Korrespondenz geschrieben: »Vorzüglich merkwürdig ist aber das darin waltende Leben. Ich kenne kein Buch, in welchem wie in diesem kein Buchstabe ein toter ist.«

Und ein Jahr nach ihrem Tod, also 1834, würdigte er die langjährige Freundin: »...Sie fragen mich nach Frau von Varnhagen, deren Briefe unter dem Namen Rahel von ihrem Manne herausgegeben worden sind. Ich habe sie allerdings viel gekannt von der Zeit an, wo sie noch ein ganz junges Mädchen war, ein paar Jahre, ehe ich auf die Universität ging, nämlich nach Göttingen. Sooft ich seitdem in Berlin war, habe ich sie viel und regelmäßig gesehen. Auch als ich mich mit meiner Familie in Paris aufhielt, war sie mehrere Monate dort, und es fiel nicht leicht ein Tag aus, wo wir uns nicht gesehen hätten. Man suchte sie gern auf, nicht bloß, weil sie wirklich von sehr liebenswürdigem Charakter war, sondern weil man fast mit Gewißheit darauf rechnen konnte, nie von ihr zu gehen, ohne nicht etwas von ihr gehört zu haben und mit hinwegzunehmen, das Stoff zu weiterem ernstem, oft tiefem Nachdenken gab oder das Gefühl lebendig anregte... Es war ihr ein eigenes Talent gleichsam angeboren, auch dem unbedeutend Scheinenden eine bessere und anziehende Seite abzugewinnen. Jede Individualität flößte ihr schon als solche ein gewisses Interesse ein, da sie sie zum Gegenstand ihrer Betrachtung machte und sich auch wirklich in jeder eine bessere und dadurch anziehende Eigenschaft herausfinden läßt. Die Varnhagen ging von jedem Punkt des täglichen Lebens gern zu innerem, tieferem Nachsinnen über, sie schöpfte selbst vorzugsweise gern ihren Stoff zu diesem aus der Mannigfaltigkeit der Wirklichkeit. Sie empfand und nahm auch die Erscheinungen des Lebens immer in ihrer vollen Wahrheit auf. Überhaupt war Wahrheit ein auszeichnender Zug in ihrem intellektuellen und sittlichen Wesen.«

Manch ein Besucher hat Rahels Salon eiligst verlassen, erschrocken über ihr »exzentrisches Wesen«, das so unheimlich wirken konnte. Ein weiterer schrieb: »Gott bewahre uns vor solcher Mutter, Schwester oder Tochter.« E. M. Cioran hat ihre Person wie ihre historische Bedeutung aus heutiger Sicht gewürdigt: »Denkt man an die Berliner Salons der romantischen Epoche, an die Rolle, die dort eine... Rahel Levin spielte, und sagt man sich dann, daß diese Frau in unserem Jahrhundert in einer Gaskammer geendet hätte, so kann man es sich nicht versagen, den Glauben an den Fortschritt als den falschesten und läppischsten Wahn anzusehen.«

Dorothea Schlegel

Nicht weniger »exzentrisch« und aufregend war das Leben von Brendel, der Tochter Moses Mendelssohns, die am Ende des Siebenjährigen Krieges 1763 geboren wurde und als Dorothea Schlegel 1839 in Frankfurt starb. Ihre Jugend wurde von den Widersprüchen der Zeit zwischen Aufklärung und Romantik geprägt. Sie erlebte noch den Alten Fritz und bereits das neue Industriezeitalter, sie nahm teil an den jüdischen Emanzipationsbestrebungen, deren Wortführer ihr Vater Moses war, an romantisch-schwärmerischen Freundschaftsbünden, und sie lernte rational-nüchternes, modernes Denken kennen.

Zunächst heiratete sie 1783 Simon Veit, einen wohlhabenden Berliner Bankier, den der heißgeliebte Vater für sie ausgewählt hatte. Zwei Söhne, die Nazarener-Maler Philipp und Johann Veit, entsprangen dieser Verbindung. Die hochgebildete Atmosphäre im väterlichen Hause hatte Brendel mit einem unbeugsamen, auf Neues ausgerichteten Selbstbewußtsein ausgestattet. »Mit dem alten Judentum, das ich sehr verabscheue«, wollte sie eigentlich nichts zu tun haben. Die Heirat mit Veit jedoch kettete sie daran – sie, die aufbrechen, fliegen, experimentieren wollte.

In den neunziger Jahren des 18. Jahrhunderts erlebten die zehn bis fünfzehn jüdischen Salons in der preußischen Hauptstadt, die sich im Gefolge von Henriette Herz und Rahel Levin-Varnhagen gebildet hatten, ihre Blütezeit. Mit Henriette war Brendel schon als junges Mädchen befreundet gewesen, und von der Berliner Ur-Salonière erhielt die Tochter des Philosophen entscheidende Anstöße für eine eigene literarische Geselligkeit. Bereits um 1783 gründete sie im Veitschen Palais zunächst ein literarisches Teekränzchen, dessen Anliegen vor allem die Herzensbildung im Sinne Mendelssohns war. Ein Salon im größeren Rahmen folgte 1790. Als die Assimilationstendenzen sich zunehmend verstärkten, änderte Brendel ihren Namen in Dorothea um. »Das unendliche Verlangen, nach Hause zu kommen, verwandelte sich bald in die ekstatische Illusion, zu Hause zu sein«, wie Gershon Scholem gesagt hat.

Das Jahr 1797 wurde für Dorothea Veit schicksalhaft. Der fünfundzwanzigjährige Friedrich Schlegel, einer der Herausgeber der literarischen Zeitschrift *Athenäum*, dem wichtigsten Organ der Frühromantik, siedelte von Jena nach Berlin über, wo er mit Schleiermacher eine gemeinsame Wohnung in der Charité bezog. Im Salon der Henriette Herz begegnete Schlegel der acht Jahre älteren Dorothea Veit. Das Männlich-Starke in ihr, das Weiblich-Zarte in ihm verband sie zu einer komplexen Liebesbeziehung, in welcher der Gegensatz von Vernunft und Gefühl enthusiastisch aufgehoben wurde. Dorothea beharrte auf ihrem Recht auf Glück; die Aussicht, eine skandalumwitterte Außenseiterin zu werden, erschreckte sie keineswegs. In ihrer rückhaltlosen Hingabe an das Gefühl personifizierte sie die Romantik, die als Kulturepoche gerade erst anbrach.

Dorothea zog aus dem Veitschen Haus aus und nahm sich eine eigene kleine Wohnung. Der Berliner Kreis entrüstete sich über die Unsittlichkeit des Paares. An Schleiermacher schrieb Dorothea: »Es scheint, die Berliner können nicht ruhen; sie können ebensowenig ein Leben als einen Roman sich ohne geschlossenen Schluß denken und nehmen nun gar bei mir die heilige Taufe als völligen Ruhestand und Auflösung an. Wie wäre es, wenn sie mich tot sein ließen? So wären sie aus der Ungewißheit, und mir geschähe auch ein kleiner Dienst damit.«

Veit, der zunächst von einer Trennung nichts wissen wollte, willigte 1799 schließlich ein. Eine Scheidung auf Betreiben der Frau war damals sehr selten, in Preußen überhaupt erst seit 1794 möglich. Dorothea bildete eine Ausnahme; sie war eine

Aussteigerin, die keine neue Sicherheit suchte, sondern freie Liebe in Ungewißheit und Entbehrung akzeptierte.

Christen wie Juden wurde sie ein Ärgernis. Jean Paul sprach verächtlich von ihr als der »Kebse«. Die jüdische Gemeinde empörte sich. Markus Herz urteilte über Schlegels Roman *Lucinde*: »Der eine Teil ist eine gemeine prosaische Schweinigelei, der zweite eine poetische und der dritte Unsinn.« Er bat seine Frau Henriette, den Verkehr mit Dorothea abzubrechen, was sie nicht tat. Im Gegenteil, sie und Schleiermacher setzten sich uneingeschränkt für die Freundin ein und vertraten öffentlich den Standpunkt, eine Ehe ohne Liebe sei unmoralischer als die Scheidung einer gescheiterten Ehe. Mehr noch als an der »Unmoral« des Paares stieß die Gesellschaft sich an *Lucinde*, dem 1789 erschienenen »Un-Roman«, in dem Dorothea, die Geliebte des Autors, für die sinnlich-herausfordernde Titelheldin Modell stand. Wegen seiner »Frivolität« und seiner »Enthüllungen« sorgte dieser moderne Roman, ein Vorläufer der »offenen Form«, die im 20. Jahrhundert Verfeinerung und Vervollkommnung erfuhr, für ästhetische wie menschliche Verwirrung. Schlegels Absicht, eine Einheit zwischen sinnlich-körperlicher wie geistig-seelischer Liebe zu stiften, wurde durch gehässige Rezensionen und anonyme Schmähschriften verstellt. Das Buch galt als Brevier der Libertinage, als Niederschlag des wüsten Verhältnisses zwischen Friedrich und Dorothea. »Wenn ich seine Geliebte wäre, so hätte es nicht gedruckt werden dürfen«, bemerkte die sonst nicht so zimperliche Caroline Schlegel, die damalige Frau von Friedrichs Bruder.

Als das Paar nach Jena übersiedelte, entstand jedoch zwischen den Brüdern und ihren Frauen eine »Geisterfamilie«, die bald zum Ideal einer marginalen Künstlerexistenz erhoben wurde. Schreiben, lesen, Konversation treiben füllte ihren Alltag aus. Ein elitärer Mini-Salon, an dem die Dichter Tieck und Novalis sowie der Philosoph Schelling regen Anteil nahmen. Die »Dame Luzifer«, Dorotheas weibliches Pendant in diesem Kreis, war ebenfalls eine gebildete, betörend unkonventionelle Frau. Als Tochter des Orientalisten Michaelis 1763 in Göttingen geboren, zog Caroline nach kurzer Ehe und Witwenschaft siebenundzwanzigjährig nach Mainz, um sich dort den Anhängern der Französischen Revolution um Georg Forster anzuschließen. Nach der Zerschlagung der Mainzer Republik durch preußische Truppen wurde sie auf der Festung Königstein inhaftiert, kam auf Bitten des Bruders hin frei und brachte heimlich das Kind eines jungen Franzosen zur Welt, das jedoch bald verstarb. 1796 heiratete sie schließlich August Wilhelm Schlegel, den späteren Reisebegleiter der Madame de Staël. Schnell wurde das gastfreundliche Haus in Jena zum Mittelpunkt der Frühromantiker. Caroline verstand es in einzigartiger Weise, durch Witz, Ironie und Geist Menschen zusammenzuführen, und die Jenaer Geselligkeit um diese »Femme fatale« gehört im weitesten Sinne zur europäischen Salontradition. Bereichert und erweitert wurde ihr Kreis durch Dorothea Veit.

Das intensive und künstlerisch produktive Zusammenleben der Brüder Schlegel mit ihren jeweiligen Frauen, dem sich Novalis als ständiger Hausfreund anschloß, wirkte wie ein Magnet. Dieses Künstlerhaus hatte aber zugleich Saloncharakter, indem nicht allein Eingeweihte und Schlegelanhänger Zugang hatten, sondern auch all jene, die sich unter der Führung der originellen Gastgeberinnen geistigen Höhenflügen hingeben mochten. Die stürmische Leidenschaft Carolines zum Philosophen Schelling zerstörte diese Idylle; der Freundschaftsbund zerbrach am Liebesbund. 1803 trennte sich Caroline von ihrem Mann und heiratete kurz darauf ihren Liebhaber. Und doch hat Caroline, deren Leitbild die aktiv lebende und sich auslebende Frau war, das Menschen- und Frauenbild der Frühromantiker verkörpert.

Nach Auflösung der »Geisterfamilie« zogen Dorothea Veit und Friedrich Schlegel mit Dorotheas ältestem Sohn Philipp nach Paris, wo die Jüdin 1804 zum evangelischen Glauben übertrat. Endlich wurde auch ihre wilde Ehe legitimiert. Schlegel hatte seiner Geliebten prophezeit: »Ich werde Dich zwei oder drei Jahre lang mit Leidenschaft lieben, und nach Verlauf dieser Zeit vernünftig mit Dir reden. Ich werde in meinem Hause Kälte und Langeweile blicken lassen; ich werde anderweitig zu gefallen suchen. Aber Du, die Du in der Regel mehr Einbildungskraft und Empfindsamkeit hast als ich; Du, für welche es weder eine berufliche Laufbahn noch Zerstreuungen gibt... Du sollst Dich begnügen. Sie hatte eingewilligt. Schriftstellerei, Übersetzungen, vornehmlich Bearbeitungen der Schlegelschen Texte waren ihre Lebensaufgabe. *Florentin*, der erste Band ihres Romans, war bereits 1801 erschienen, von Friedrich Schlegel herausgegeben ohne Angabe der Verfasserin...

Wie viele Intellektuelle waren die Schlegels Anhänger des republikanischen Frankreich. Während Napoleons Eroberungskriegen brach indes ein deutscher Patriotismus in ihnen auf, der ihnen das Leben in Paris bald verleidete. Friedrich nahm eine Dozentur in Köln an, wo er Vorlesungen über Literatur und Philosophie abhielt. Dorothea aber entbehrte in der rheinischen Stadt alles, was ihr Leben früher ausgemacht hatte: die Berliner Salons, die Jenaer Geselligkeit im Kreis der Romantiker. Persönliche wie gesellschaftliche Tiefpunkte veranlaßten das Ehepaar, 1808 katholisch zu werden – ein folgenschwerer Neubeginn.

Um Dorothea wurde es immer einsamer: »Warten ist der Grundton meiner irdischen Bestimmung.« Sie studierte Fremdsprachen, übersetzte und half Friedrich bei der Abfassung seines Werkes. 1808 zogen sie nach Wien, wo sie im Salon ihrer Berliner Jugendfreundin, Fanny Itzig, nunmehr Baronin von Arnstein, auch Henriette Herz und Rahel Varnhagen wiedertraf. In Schlegels eigenem Haus wehte jedoch ein anderer Geist, denn das Ehepaar hatte nach seinem Übertritt zum katholischen Glauben einen verblüffenden Wandel vollzogen. Nicht mehr geistreiche Diskurse über Philosophie und Literatur, sondern kirchliche Themen bestimmten die Atmosphäre ihres Wiener Kreises. Hohe Kleriker trafen sich in Schlegels Stube, die eher einer Kirchenversammlung denn einem Salon glich.

Aus der romantisch-sinnlichen Dorothea war eine fromme Gottesstreiterin geworden. Als sie von der Niederlage Napoleons bei Waterloo erfuhr, rief sie vor ihren Gästen aus: »Es lebe

Wahrheit und Ordnung!« Ein schärferer Kontrast zu der früheren Exzentrikerin war kaum vorstellbar. Restauration war auch hier der Revolution gefolgt, aus der rebellierenden Brendel war eine gehorchende Dorothea geworden. Henriette Herz hat die Stimmung im Schlegelschen Haus eingefangen: »Dann sah ich das Ehepaar im Jahre 1811 in Wien wieder. Ich fand ein zufriedenstellendes Verhältnis, aber wohin war die Poesie entschwunden, welche das frühere von der Welt so verpönte durchdrungen hatte! Freilich lag auch die poetische Jugendzeit hinter ihnen. Ich hatte meine Wohnung bei ihnen genommen, nachdem ich in dem etwas geräuschvollen Hause meiner Freundin, der Baronin Arnstein, vom kalten Fieber befallen worden war. Eines Abends war auch Dorothea leidend. Ich saß vor ihrem Bette. Wir klapperten beide ein wenig im Fieberfrost. Schlegel saß uns gegenüber an einem Tische, aß Orangen und leerte dazu eine Flasche Alicante! Ich weiß nicht, ob er uns auch dadurch von einiger südlichen Glut zu durchhauchen dachte.«

1819 verbrachte Dorothea Schlegel einige Monate in Rom, wo sie ihre beiden Söhne aus der Ehe mit Simon Veit besuchte. Sie hatten sich dem Nazarenerkreis um J. F. Overbeck angeschlossen, und Dorothea wurde schnell in die dortige Künstlerkolonie integriert. Mit Henriette Herz, die ebenfalls nach Rom gezogen war, gründete sie nicht nur einen gemeinsamen Haushalt, sondern darüber hinaus einen wahrhaft europäischen Salon. Maler, kirchliche Würdenträger und Diplomaten umgaben die einst so berühmten Berliner Salonièren. Die Gräfin Potocka schickte »Donna Schlegel« jeden Morgen eine Kutsche, um sie zur Messe abzuholen. Nach Schlegels plötzlichem Tod 1829 folgte Dorothea ihrem Sohn Philipp Veit, dem späteren Leiter des Städelschen Museums, nach Frankfurt. Dort entwickelte sie sich zur ehrbaren Großmama, die eine vergnügt-laute Kinderschar um sich versammelte. Brendel-Dorothea verbrachte ihr letztes Lebensjahrzehnt als Biedermeier-Oma, die mit der skandalösen Lucinde und der feurigen Geliebten Schlegels nichts mehr zu tun hatte. Aus der glanzvollen Salonière war eine gemütliche, in einen familiär-bürgerlichen Rahmen integrierte ältere Dame geworden.

Wiener Repliken

Die Beziehung der Donaumonarchie zu den auf ihrem Territorium ansässigen Juden war ungleich problematischer als das Verhältnis zwischen dem preußischen König und seinen Schutzjuden. Auf österreichischem Boden herrschte seit jeher eine judenfeindliche Haltung vor, die seit 1421 zu etlichen Vertreibungen geführt hatte. So war die jüdische Bevölkerung Wiens verjagt worden. Einzelne kamen jedoch zurück, als die ausgebluteten Staatskassen nach den Kriegen gegen die Türken und die Franzosen neue Geldquellen brauchten. Obwohl die Finanzkraft des Landes mit ihnen stand und fiel, waren die Juden nie mehr als geduldet. Adelstitel erlangten sie gewiß, aber einzig in Hinblick auf ihren tatkräftigen finanziellen Einsatz. Die berühmteste Wiener Salonière, eine preußische Jüdin, hat zeitlebens diesen Widersinn ertragen müssen. Trotz dieser bedrückenden Umstände ist es ihr gelungen, einen Salon zu führen, der eine aufgeklärte Gesellschaft nach dem Berliner Modell zu verwirklichen suchte.

Fanny von Arnstein und der »Congrès dansant«

Sie hat der Nachwelt kein Werk, keine Korrespondenz hinterlassen, stand auch keinem berühmten Mann zur Seite, gehörte aber dennoch zu den »interessantesten Frauen Europas«, wie sie die Mutter von Felix Mendelssohn kennzeichnete. In der Person von Fanny – eigentlich Franziska – Itzig hat »für eine kurze Zeitspanne das ganze biblische Volk eine heitere, zuversichtliche Gestalt angenommen«, wie Hilde Spiel es treffend formulierte. Fanny wurde 1758 in Berlin als achtes Kind des Hof- und Münzjuden und späteren Hofbankiers Friedrichs des Großen, Daniel Itzig, geboren. Zeitlebens fühlte sie sich als preußische Jüdin, ihr unbeirrbarer Wille zur Versöhnung zwischen jüdischen Glaubensbrüdern und Christen, zwischen Berlin und Wien, bestimmte ihr Dasein. Dank der gesellschaftlichen Stellung, die sie einnahm, und dank ihrer persönlichen

Überzeugungskraft gelang es ihr, manch unsichtbare Trennungslinie zu durchbrechen und Versöhnendes zu stiften.

»Sie war kein intellektuelles Phänomen wie die Rahel, kein romantisch-schwärmerisches wie Dorothea Schlegel, kein erotisch-sentimentales wie Henriette Herz. Sie war ein soziales Phänomen, das allein durch seine Ausstrahlung wirkte«, grenzt Hilde Spiel sie von den Berliner Salonièren ab. Als junges Mädchen war sie Schülerin und glühende Anhängerin von Moses Mendelssohn; zwischen den Itzigs und der Familie des Philosophen bestanden verwandtschaftliche Beziehungen. Für Fanny war er »Hausfreund und Hausgott in einer Person« (Hilde Spiel). Das prunkvolle Haus des »Judenfürsten«, wie Itzig genannt wurde, mit seinen wertvollen Gemälden, darunter Rubens *Ganymed* und Werke von Watteau, mit seinem Bethaus und seinen, damals eine Seltenheit, Badezimmern, gehörte zu den vornehmsten der Berliner jüdischen Gemeinde.

Franziska, im Reifrock und mit gepuderten Haaren, wuchs darin wie eine Prinzessin auf. Viel später schrieb Dorothea Schlegel über sie an Rahel: »Sie haben übrigens Recht, sie sollte eigentlich Kaiserin sein...« Das Itzigsche Palais war ein Mittelpunkt Berliner Geselligkeit. Die sechzehn Kinder, alle hochgebildet und musikalisch begabt, verkehrten heiter und ungezwungen mit Künstlern, Gelehrten und anderen Leuten von Welt, die dort regelmäßig zusammentrafen. Die Anmut und Schönheit der Töchter erhöhte in den Augen der Gäste den ästhetischen Genuß dieser Gesellschaften. Eine unbeschwerte Jugend, die in Fanny ein selbstverständliches Glücksgefühl entstehen ließ.

1776, im gleichen Winter, als Daniel Itzig von Friedrich II. zum »perpetuierlichen Oberältesten« der Berliner Judenschaft ernannt wurde, bekam die Tochter Franziska einen Trauschein für ihre Ehe mit dem einflußreichen Wiener Bankier Adam Isaak Arnsteiner, der später in den Adelsstand erhoben wurde. Zwar nahmen die Arnsteiners unter den Wiener Tolerierten, das waren etwa fünfundzwanzig Familien, eine Vorzugsstellung ein, doch wurde Franziska bald nach ihrer Übersiedlung zum erstenmal die tiefe Verachtung bewußt, mit der ihr Volk in Österreich teilweise betrachtet wurde. Maria Theresia schrieb 1777, drei Jahre vor ihrem Tod: »Ich kenne keine ärgere Pest von Staatt als dise Nation, wegen Betrug, Wucher und Geldvertragen, Leüt in Bettelstand zu bringen, alle üblen Handlungen auszuüben, die ein ehrlicher Mann verabscheüete; ...mithin sie, sovill sein kann, von hie abzuhalten und zu vermindern.« Diese grausamen Worte fielen, als Fanny gerade ein Jahr im Ehestand und noch nicht neunzehn war. Ihre anhaltende Sehnsucht nach dem aufgeklärten Berlin und ihr Unbehagen in Wien lassen sich unter anderem darauf zurückführen.

Grund zur Langeweile gab es jedoch in Wien nie, und der Hang der jungen Preußin zu den irdischen Freuden wurde hier voll zur Entfaltung gebracht. Nach der Geburt ihrer Tochter Henriette, 1780, machte Fanny einen Besuch in Berlin, wo Theaterabende mit langen Gesprächen in Henriette Herz' Salon abwechselten. Inspiriert von dem bewunderten Berliner Vorbild gründete Fanny Arnsteiner in den ersten Jahren der josephinischen Regentschaft, die eine innenpolitische Liberalisierung brachten, einen eigenen Salon in Wien, der seinem äußeren Gepräge nach an die großen Gesellschaftsempfänge im Hause Itzig erinnerte. Das mit seidenbespannten Möbeln, venezianischen Spiegeln, schweren Teppichen und Draperien ausgestattete Arnsteinersche Stadtpalais wurde schnell zu einem Treffpunkt vornehmer Kunstliebhaber und »Causeurs«. »Bei uns sind noch nie fanatische, eifernde, verfolgende Parteisalons entstanden, sondern der primitive Zweck herrscht noch immer mit seinen leichten Schwingen vor, nämlich der Heiterkeit« – auch auf Fannys Geselligkeiten traf diese Charakterisierung Adalbert Stifters zu.

Hausbälle mit mitternächtlichen Soupers, an denen manchmal vierhundert Gäste teilnahmen, literarische Abende und Konzerte ließen Fanny bald zur Wiener »Königin der Nacht« werden. Zwischenfälle wie mit dem bekannten Abenteurer und Memoirenschreiber Trenck, der einen ihn irritierenden Salongast apostrophierte: »Geist verlange ich, Geist und Kraft und Leben, nicht flache, matte, französische Nachahmerey!«, trugen heitere Provokation in die angeregte Gesellschaft und verwiesen auf Paris als Urform und oft verzerrtes Urbild des Salongeschehens. Joseph von Sonnenfels, der in Wien – ähnlich wie Mendelssohn in Berlin – zum Symbol der Aufklärung geworden war, gehörte zu den Habitués. Der *Mann ohne Vorurteil*, so der Titel einer seiner Zeitschriften, war ein leuchtendes Beispiel für eine äußerst geglückte Assimilation. Gesellschaftlich, versteht sich, keineswegs in der Lebenseinstellung. Auch Fanny blieb zeitlebens in ihrer Religion verwurzelt. Eine Konversion, wie die meisten jüdischen Salonièren sie vollzogen, kam für sie nicht in Frage.

Der junge Varnhagen rühmte sie als eine »liebenswürdige, tätige Frau, die alles um sich belebt und entzündet«. Gäste aus fast ganz Europa trafen hier mit jungen österreichischen Aristokraten und anderen Würdenträgern zusammen. Als »Vorsteherin« einer »Missionsanstalt«, die stets um neue, verblüffende und überaus ergiebige Vermittlungen bemüht war, deuteten sie ihre Zeitgenossen.

Privates lief diskret nebenher wie eine Liaison oder auch nur eine Tändelei mit Carl Fürst von Liechtenstein. Wann dieser erstmals Fannys Salon betrat, steht nicht fest. Im Sommer 1790 jedenfalls tauchte sein Name im Zusammenhang mit einer neuen Judenordnung auf: »Fürst Liechtenstein, ein Bekannter des Barons Arnstein...« Wie ihre preußischen Standesgenossen fühlten sich auch die jungen Wiener Aristokraten von den Salons der jüdischen Damen unwiderstehlich angezogen. Die Beziehung zu Carl von Liechtenstein nahm ein tragisches Ende, als dieser bei einem Duell mit einem anderen Bewunderer Fannys ums Leben kam. Obwohl schuldlos und lediglich unfreiwilliger Anlaß zu seinem Tod, veränderte sie sich zusehends, Gram und Gereiztheit überwogen. Sie, die eine ausgesprochene »Journalière« gewesen war, wurde auf einmal trübsinnig und verschlossen. Der Tod des geliebten Vaters, 1799, vertiefte ihre düstere Stimmung – dunkle Zeiten, in denen die Geselligkeiten in dem gastlichen Haus dennoch weitergingen. Die Trauer wurde für die Besucher kunstvoll überspielt – ein »Savoir-vivre«, das alle Salonièren kennzeichnete: Persönliches stand stets hinter dem Gesellschaftlichen zurück.

1803 gründete Fanny am Hohen Markt einen Konversationssalon im eigentlichen Sinn. Dieser zweite Salon wurde zum begehrten »Kunst-rendez-vous der Fremden«. Neugierde und Dynamik kennzeichneten diese neue Form des Austausches, die auf den ehemaligen großen gesellschaftlichen Rahmen verzichtete und eine Unterhaltung im »Petit comité« war. Politisches konnte so unverblümter zur Sprache gebracht werden. Seit dem Beginn der Eroberungskriege Napoleons verabscheute die Baronin die Franzosen, und speziell nach der Eroberung ihrer Heimat Preußen entwickelte sie einen so entschiedenen Patriotismus, daß der Wiener Hof irritiert sein Mißfallen äußerte. Doch in ihrem Salon wurde selbst dann noch gegen Napoleon konspiriert, als dieser den Habsburgern durch die Heirat mit der Kaisertochter nicht nur familiär, sondern auch politisch verbunden war.

Ein amüsantes Beispiel dieser ambivalenten Beziehung zu Frankreich erlebte auch ein Gast, der sechzehnjährig mit seinen Eltern im Hause des Baron von Arnstein Aufnahme fand: Arthur Schopenhauer. Irritiert mußte er feststellen, daß mit unerhörter Heftigkeit auf die Franzosen geschimpft wurde, und zwar auf französisch. Er entschuldigte es damit, »daß Französisch als Conversationssprache unstreitig alle anderen übertrifft und das Wiener Deutsch so schlecht ist...«

Seine größte Anziehungskraft erlangte Fannys zweiter Salon zur Zeit des Wiener Kongresses, als in der alten Kaiserstadt die Grenzen und Grundsätze des nachnapoleonischen Europa festgelegt werden sollten. Ein schwieriges Unterfangen, zu dem Dorothea Schlegel, die sich damals in Wien aufhielt, lakonisch bemerkt hat: »Man hofft, man wünscht, man fürchtet, man raissoniert und träumt und muß sich gestehen, daß man *nichts* weiß.«

Moritz von Schwind, *Ein Schubert-Abend bei Joseph von Spaun.*

Ergiebiger gestalteten sich exklusive Kunstgespräche und Salondiplomatie am Rande des Kongresses. Fanny von Arnsteins Haus wurde zum Treffpunkt von Gästen aus ganz Europa. Es war eine aufgelockerte Geselligkeit, die kaum mehr etwas zu tun hatte mit den Pracht- und Prunkabenden des Anfangs. Jeden Dienstag fanden sich dort ein der Herzog von Wellington, Wilhelm von Humboldt, seit 1810 als Staatsminister und preußischer Gesandter in Wien ansässig, die Grafen Pozzo di Borgo, Medici, von Bernstorf, der preußische Reformer Hardenberg, um nur einige zu nennen. Zum Lokalkolorit trug Karoline Pichler bei, die auf ihre etwas hausbackene Art in der Alservorstadt einen eigenen bürgerlichen Salon eröffnet hatte. Geistreiche Akzente setzten Rebecca, die vielleicht witzigste der Itzig-Töchter, »die wie ein Dichter sprach«, und Madame de Staël mit ihrem zahmen Philosophen August Wilhelm Schlegel. Weitere Gäste waren Lady Fitzgerald und die natürliche Tochter des Herzogs von Orléans, Philippe Egalité, und der Madame de Genlis, die Fanny in Berlin kennengelernt hatte.

Am wohlsten aber fühlten sich Fannys »Landsleute«. Sie war und blieb Preußin: »Eine der ersten, aber nicht die letzte ihres Stammes, die diese unerwiderte Liebe zum Ärgsten trieb« (Hilde Spiel). Fanny und das Preußische – ein weites Feld. Dazu gehörte auch, daß sie den Tannenbaum als weihnachtliches Symbol in Österreich einführte. Es war der erste Christbaum, den Wien zu sehen bekam! »Hier ist seine Feier nicht Sitte und das Haus Arnstein das einzige, wo die Frauen die Berliner Gewohnheit festhalten«, schrieb der Prinz Radziwill an seine Gattin.

Hatte Fanny von Arnstein mit ihrem Salon den Anfang gemacht, so ließen andere nicht auf sich warten, so zum Beispiel die bezaubernde, etwas exzentrische Fürstin Katharina Bagration, von den Wienern der »schöne, nackte Engel« genannt. Sie war eine Großnichte Katharinas I. und des Fürsten Potemkin und hat selber Metternich eine Tochter geboren. Ihr Salon gab sich im gleichen Maße betont russisch, wie sich die Herzogin von Sagan betont französisch im klassischen Sinne gab. Sie war ebenfalls eine enge Freundin Metternichs und des Zaren Alexander und teilte auch manch anderen Liebhaber mit der russischen Konkurrentin. Ferner gab es da noch die lässig-liebenswerte Laura Fuchs, in deren Salon »Fürsten und Grafen statt Butterbrot zum Tee serviert wurden« (Varnhagen).

Seliges Wien, das nach dem Ende des Kongresses in das Biedermeier hineinglitt! Verspielt, verträumt, verinnerlicht, das Kleine gewann an Wichtigkeit. 1818 starb Fanny an einer Lungenentzündung. Ihre letzten Gedanken galten der preußischen Heimat und den jüdischen Glaubensgenossen in Wien. Fannys Tochter Henriette, eine Freundin von Goethes Schwiegertochter Ottilie, versuchte, die Salontradition ihrer Mutter fortzusetzen. Jeden Freitag fand bei ihr eine »Künstlersoiree« mit musikalischen Darbietungen statt. Adalbert Stifter hat in seiner Schilderung der »Wiener Salonszenen« in *Wien und die Wiener in Bildern aus dem Leben* (1844) mit einem Augenzwinkern diese Biedermeier-Geselligkeiten beschrieben:

»Trete mit mir, geliebter Leser, in jenes Haus, von dem eine Reihe Spiegelfenster des ersten Stockes auf einen lichten Platz hinaussieht. Die Treppen sind sanft und mit Strohmatten belegt. Durch geräumige Vorzimmer treten wir in den Salon. Da wir beide unsichtbar sind, so können wir die bereits versammelte Gesellschaft um so ungestörter beobachten. Sie ist heute besonders zahlreich besucht. Jene ältliche Frau, die auf den rotseidenen Kissen leicht zurückgelehnt ist und mit geistreichen Augen, und fast mehr hausmütterlichem Aussehen, als sich eigentlich für einen Schöngeist schickt, auf den vor ihr stehenden jungen Mann blickt und seinen Reden lächelnd zuhört, ist die Frau des Hauses und eigentlich Präsidentin des Salons, obwohl sie nichts weniger als auf dem Präsidentenstuhl, nämlich dem unmäßig breiten und langen Sofa sitzt, dessen Mitte vielmehr ganz allein ein heiterer, bereits ergrauender Mann einnimmt, so ungeniert oder vielmehr so naiv, als wäre er eben eine Dame, die man hingenötigt... Jene streitende Gruppe am Fenster sind Glieder eines Kränzchens, das täglich den Mozart lobt, und täglich disputiert... Die andern, die nicht Genies sind, müssen eben zerrissen mit der Welt zerfallen und vorlaut sein, daß sie sich als Genies vorkommen. Auch Maler findest du heute hier; auch Musiker, obwohl eigentlich im strengsten Sinne jeder und jede von den hier Anwesenden ein Musiker ist; denn du wirst keinen finden, der nicht etwa Klavier spielt, geigt oder ein anderes Instrument handhabt... Als Zwang und Regel herrscht nur die, die jedem sein Takt und Zartgefühl von selbst auflegt, und in dieser Hinsicht wirst du bemerken, wie es jedem der Anwesenden ist, als fühle er sich durch sanfte, linde Fäden angeregt, aber nicht gebunden. Dafür ist es aber auch eine Auszeichnung, in diese Gesellschaft geladen zu werden.«

Karoline Pichler, die »Tricoteuse«

Die Verschiebung zu anderen Kulturinhalten verdeutlicht das Abklingen der eigentlichen Salonkultur, die vornehmlich literarisch und konversationsgebunden war. Adalbert Stifter trauert jenen Salons nach, in denen die »Kunst des Umganges«, das »Humanistisch-Kosmopolitische« zur vollen Blüte kam.

Nach dem Ende des Wiener Kongresses hatte das Biedermeier in Österreich begonnen. Ein neues Zeitalter brach an, den Blick nicht weiter als auf den vertrauten Kreis ausgerichtet. Alles vereinfachte sich; was herausfordernd ausgesehen hatte, nahm jetzt friedfertige Züge an. Nicht das überlebensgroße Maß galt mehr, sondern das menschlich-relative. Die literarische Gemütlichkeit mit didaktischen Nebentönen setzte sich bewußt vom französischen Grandezza-Muster ab – nach den Napoleonischen Kriegen nur allzu verständlich. Ein zeittypisches Beispiel dafür bildete der bürgerliche literarische Teetisch der Karoline Pichler (1769–1843).

Als sie ihren Salon gründete, war sie bereits eine bekannte Autorin aufgrund ihrer historischen Romane und Dramen, die teilweise am Burgtheater aufgeführt wurden. Aus dem literarischen Wien wurde 1801 gemeldet: »Karoline Pichler schreibt lieblich herzliche Dichtung unter dem Namen ›Gleichnisse‹.« Liebenswürdig und artig sollen die Zusammenkünfte im »Blauen Zimmer« gewesen sein, ironischerweise ein etwas unbeholfenes Echo auf Madame de Rambouillets »Chambre bleue«. Der Ton, der zwei Jahrhunderte später in Wien herrschte, war dem des ersten europäischen Salons radikal entgegengesetzt. Es waren eher literarische Strickstunden, ein strickendes Literaturkränzchen – dies aber fünfzig Jahre lang, was seine Anziehungskraft verbürgt. Madame de Staël kam einmal zur Pichler, sah und verschwand zwei Häuser weiter bei der Gräfin Wabna. Doch in ihrer Großzügigkeit lud die französische Grande Dame die verblüffte »Tricoteuse de la commune« doch zu den Theateraufführungen ein, die bei ihren Freunden Zamoiska und Liechtenstein in der Herrengasse stattfanden. Eine Freundschaft verband sie mit Dorothea Schlegel, doch hatte diese die Glut ihrer Jugendjahre bereits abgelegt und sich in eine rechtschaffene Dame verwandelt.

Als Gäste des Salons tauchten regelmäßig Grillparzer, Schubert, Stifter, der damals Vorleser der Fürstin Schwarzenberg war, und Wilhelm von Humboldt auf, der die Pichler als »äußerst häßlich, aber angeregt und sehr anregend, dabei gemütlich und einfach« schilderte.

Neben ihrer Rolle als Gastgeberin war Karoline von einem ungebrochenen Literatenstolz erfüllt. Ihren Roman *Agathokles*, der einen Angriff auf den englischen Historiker Gibbon darstellte, legte sie sogar Goethe vor, der sich einige Sätze zu »diesem liebenswürdigen Natur- und Kunstwerk« abrang. Den erhofften Besuch des Dichters in Wien aber soll sie mit ihrer salbungsvollen Schlichtheit verhindert haben. Denn darin glichen die Wiener Damen ihren Berliner Schwestern: Goethe war ihr Idol und Adressat unzähliger literarischer Briefe, und sie ließen nichts unversucht, ihn nach Wien zu locken, doch vergeblich. Auch Karoline Pichler bekam zu spüren, daß die Blütezeit der Salons vorbei war. Sie beklagte zunehmend die »Salonscheue« ihrer Gäste, die sich immer ungenierter ins Café absetzten. Das Zeitalter des literarischen Cafés hatte begonnen. Eine weitere Konkurrenz bildeten die in Wien aufblühenden musikalischen Salons wie der von Josephine von Wertheimstein, dessen Star Hugo von Hofmannsthal war, der Salon der Tänzerin Grete Wiesenthal und der spektakuläre Salon von Alma Mahler-Werfel.

Die russischen Salons

Auch im slawischen Raum fand das französische Vorbild begeisterte Anhänger, zumal die russische Gesellschaft seit jeher nach Frankreich, das für sie der Maßstab aller Kultur und allen Kulturlebens war, geblickt hatte. Das traf besonders auf St. Petersburg zu, jene Stadt, die für die »Europäisierung« Rußlands von unermeßlicher Bedeutung war und wo 1818 jeder neunte Bewohner ein Ausländer gewesen sein soll. Daß man hier schon früh, im 18. Jahrhundert, mit den Gedanken der Aufklärung vertraut war, belegt die Tatsache, daß von Voltaires *Geschichts-*

philosophie innerhalb einer Woche dreitausend Exemplare verkauft wurden. Im 19. Jahrhundert entflammte in der Stadt an der Newa der Streit zwischen Klassikern und Romantikern; Literaturzirkel und Freimaurerlogen wetteiferten um die intellektuelle Vormachtstellung. Auch die Dekabristenbewegung, die 1825 in einem Militärputsch gegen die zaristische Selbstherrschaft kulminierte, ist letztlich als Versuch zu verstehen, westliche Kultur und politische Errungenschaften in die slawische Gesellschaft zu integrieren. Zwischen ihren Anhängern und den in St. Petersburg entstehenden literarischen Salons gab es enge Berührungspunkte.

Schon 1757 hatte Jelisaweta Petrowna, die Tochter Peters des Großen, nach westeuropäischem Vorbild eine Akademie der Künste gegründet. Auch die »kleine Katharina«, wie die Prinzessin Daschkow (1743–1810), eine Hofdame von Katharina der Großen, genannt wurde, leistete einen wichtigen Beitrag zur kulturellen Integration Rußlands. Berühmt wurden ihre französisch geschriebenen *Memoiren*, ein Niederschlag ihrer zahlreichen Europareisen. Sie war politisch wie künstlerisch begabt, gründete mehrere Zeitschriften und besorgte die Herausgabe russischer Theaterstücke. Katharina II. ernannte sie zur Präsidentin der »Akademie der Wissenschaften«; später gründete die Prinzessin nach dem Vorbild der »Académie Française« die »Russische Akademie«. Ihre häufigen Besuche in Paris brachten sie mit bedeutsamen Salonièren, mit Künstlern und Philosophen zusammen. Sie machte sich die Gedanken der Aufklärung zu eigen; Denis Diderot war ihr freundschaftlich zugetan. Auch in London genoß sie großes Ansehen und wurde von Lady Hamilton in die intellektuell bedeutsamen Kreise eingeführt. Friedrich der Große warb ebenso wie Kaiser Joseph in Wien um die Bekanntschaft dieser außergewöhnlichen Frau, die nicht nur eine wache Beobachterin der europäischen Höfe und Gesellschaftsformen war, sondern viele der auf ihren Reisen gewonnenen Erkenntnisse in ihrer Heimat umgesetzt hat. Die Prinzessin Daschkow war sozusagen eine »wandelnde Kulturgeschichte«, dazu eine mutige Vermittlerin alles geistig

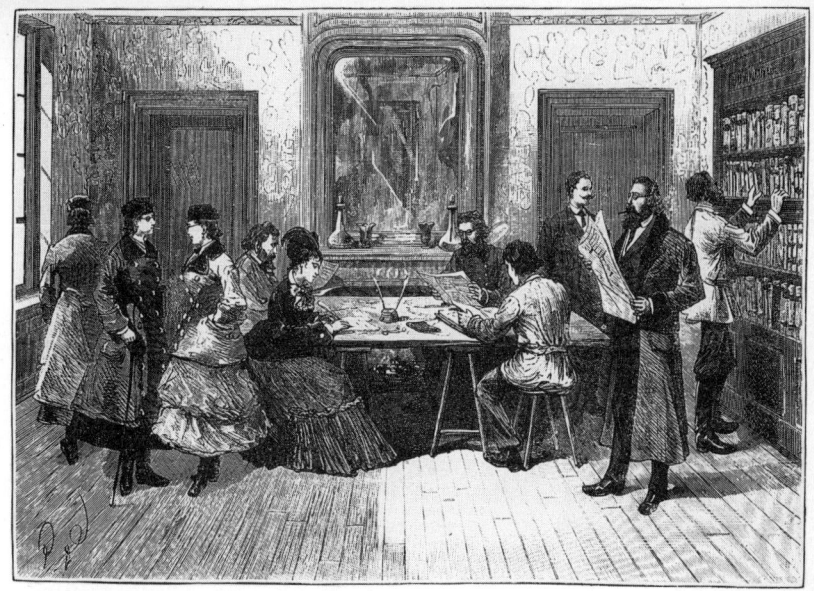

St. Petersburg wurde zur Wiege der literarischen Zirkel. In den Büchereien trafen Schriftsteller und Intellektuelle aller Prägung regelmäßig zu angeregtem Gedankenaustausch zusammen.

Neuen. Für einen eigenen Salon fehlte ihr gewiß die Muße, dennoch verdanken ihr die späteren russischen Salonièren entscheidende Anstöße und Einsichten. Ihre Rolle bei der kulturellen Selbstfindung der damaligen russischen Metropole war unermeßlich.

St. Petersburg wurde auch zur Wiege des russischen Buchhandels. In den Büchereien, denen eine ähnliche Funktion zukam wie den literarischen Clubs in England, trafen Schriftsteller und Intellektuelle aller Prägung regelmäßig zu angeregtem Meinungsaustausch zusammen. Einen literarischen Zirkel im engeren Sinne rief Alexej Olenin (1763–1843), der Leiter der Öffentlichen Bibliothek in St. Petersburg, 1814 ins Leben. Zweimal in der Woche bat er die bekanntesten Literaten und Buchhändler in sein großbürgerliches Stadtpalais, um über die Neuigkeiten der

Verlags- und Kulturwelt zu diskutieren oder um unveröffentlichte Texte vorzustellen und kritisch zu prüfen.

Die eigentlichen literarischen Salons entwickelten sich erst
gegen Ende des 18. Jahrhunderts. Mit einer gewissen Verspätung reihten sie sich in die französische Tradition ein und
setzten sich zugleich als mondän-höfische Variante oder als
Zentrum politischer Coterien von ihr ab. Drei wurden auch
jenseits der russischen Grenzen berühmt: die Salons der Jekaterina Karamsina (1780–1851), der Jewgenja Rostopochina
(1811–1895) sowie der Sinaida Wolkonskaja (1792–1862).

Der Dichter und Historiograph Nikolaus Karamsin
(1766–1826) war einer der ersten russischen Schriftsteller, der
ausgedehnte Bildungsreisen ins westliche Europa unternahm.
Sie führten ihn über Königsberg und Weimar nach Lausanne,
Genf, Paris und London. Die *Briefe eines russischen Reisenden*
(1791/92) sind deren literarisches, äußerst aufschlußreiches Re-
sultat. Was den liberalen Adligen Karamsin interessierte, war
das Ideal einer allumfassenden Harmonie auf der Grundlage
einer gebildeten Klassengesellschaft. In Paris jedoch stieß er auf
die Nachwirkungen der Revolution. »Vielleicht spielte doch die
Rücksicht auf die russische Zensur eine gewisse Rolle bei der
neutralen Haltung, die er in seinen *Reisebriefen* einnahm, denn
wir haben Grund anzunehmen, daß er damals noch insgeheim
mit gewissen Aspekten der Revolution sympathisierte. ›Sie sind
zu spät nach Paris gekommen‹, sagte bei einem Spaziergang
durch die Straßen der Weltmetropole einer seiner französischen
Freunde zu ihm. ›Die glücklichen Tage sind vorbei. La bonne
compagnie ist in alle Winde zerstreut. Die Marquise D. ist nach
London gereist. Die Gräfin A. ist in die Schweiz gegangen. Die
Baronin F. ist nach Rom gereist, um ins Kloster zu gehen.
Anständige Leute haben keine Unterkunft mehr und wissen
weder, was sie anfangen, noch wo sie ihre Abende zubringen
sollen.‹ Immerhin gelang es Karamsin, bei Madame G. einen
offenen Salon zu finden, wo er mit verschiedenen Marquis,
Rittern des St.-Louis-Ordens, Advokaten und englischen Tou-
risten zusammenkam.« (Stender/Petersen)

Seine Frau Jekaterina, die am literarischen Werk des Schriftstellers eifrig mitgearbeitet hatte, gründete nach dessen Tod in St. Petersburg einen Salon, der sich weitab vom Hofleben zu einer Oase ungezwungenen intellektuellen Austausches entwickelte. Mit seinem bürgerlich-fortschrittlichen Charakter erinnerte er ein wenig an die Geselligkeiten der Madame Geoffrin. Dichter und Wissenschaftler versammelten sich regelmäßig im »Roten Salon« um die kluge und herzliche Gastgeberin, die als erste und einzige einen Salon führte, in dem Russisch gesprochen wurde. Jekaterina Karamsina hatte nur anfangs das französische Vorbild kopiert, aber schon bald ein eigenständiges Modell entwickelt. Russische Literatur war ein Themenschwerpunkt ihres Salons; Puschkin, der »literarische Abgott« ihres Landes, und Turgenjew verkehrten bei ihr. Ebenso wichtig aber war Gastgeberin und Gästen die kritische Auseinandersetzung mit den aus dem Ausland einströmenden fortschrittlichen Ideen, und so wurde der politische Unterton, der stets mitschwang, zum Charakteristikum dieses Salons.

Zur gleichen Zeit wurde die Künstlerwelt von der eigenwilligen Dichterin Jewgenja Rostopochina in Bann gezogen, deren Musikabende und Soireen in St. Petersburg den festlichen Rahmen für kosmopolitische und extrem liberale Diskussionen bildeten. Ihre »Samedis littéraires« waren legendär, Tolstoj, Liszt, Glinka, Pauline Viardot nahmen daran teil. Die Gastgeberin verstand sich selbst als radikale Anhängerin der Gedanken der Aufklärung. Sie sympathisierte mit den Opfern der gnadenlosen zaristischen Polizeizensur, wurde selber sogar wegen eines zu gewagten Gedichtes für einige Stunden ins Gefängnis geworfen. Die russischen Nihilisten beriefen sich fast ein Jahrhundert später immer wieder auf diese eklatante, unerschrockene Persönlichkeit.

Diese Verquickung von literarischem und politischem Element war nicht ungefährlich. Ihre Funktion als politische Informationsquelle führte dazu, daß immer wieder Spitzel in die Salons eingeschleust wurden, um mögliche Verschwörungen aufzuspüren.

Die berühmteste russische Salonière war die Fürstin Sinaida Wolkonskaja. Ihr Salon, der sich zunächst im pittoresken türkischen Viertel von Odessa, später in Moskau befand, lehnte sich während der ersten Jahre stark an das französische Vorbild an, prägte im Laufe der Zeit dann eine kulturelle wie politische Eigenständigkeit aus. Man unterhielt sich allerdings weiterhin auf französisch, in der Sprache des damaligen gebildeten Europa.

Puschkin nannte die Fürstin »Königin der Musen«; andere betitelten sie in Anlehnung an Madame de Staël als »russische Corinne«. Ihr prachtvolles Palais in Moskau war ein glanzvoller Mittelpunkt künstlerischer Geselligkeit. Rauschende Soireen, Musikabende mit italienischen Opernensembles, Dichterlesungen (vornehmlich Puschkin), Theateraufführungen wechselten einander ab und dokumentierten die Großzügigkeit der lebensfrohen Mäzenin. Sie selbst verfaßte mehrere Novellen in französischer Sprache und schrieb sogar eine italienische Oper. Der polnische Dichter Adam Mickiewicz (1798–1855), ebenfalls ein Habitué der Sinaida, hat das prachtvolle Ambiente dieser Geselligkeiten wie folgt beschrieben:

»Es war ein riesiger Raum in klassizistischem Stil, weiß, mit griechischen Säulen und griechischen Skulpturen. Das eine Ende war die Bibliothek, mit Büchern in Empire-Glasschränken; da gab es die Werke Voltaires, Rousseaus, Chateaubriands, André Chéniers, Bücher von Bernardin de Saint-Pierre, Madame de Staël und vielen anderen, neueren und älteren französischen und englischen Schriftstellern. De Vigny und de Musset nahmen eine hervorragende Stellung im ersten Bücherschrank, vom Fenster aus gesehen, ein, und Byron ebenfalls. Es gab einige wunderschöne Möbelstücke von berühmten französischen Kunsttischlern und viele bequeme Sessel, in denen ältere Verwandte und Besucher dösten, die sich noch an die Tage Katharinas der Großen und Potemkins erinnerten. Das andere Ende des großen Salons wurde vom Klavier beherrscht, das offenbar dauernd benutzt wurde; es war der lebendige Mittelpunkt des Raumes... Bediente in blau-goldener Livree und roten Hausschuhen bewegten sich mit Tabletts voller Speisen und Champagner und anderen Getränken aller Art unhörbar zwischen den Gästen... Es war eine sehr luxuriöse Atmosphäre... Die Fürstin versammelte alle Größen der Kunst und Literatur ihrer Zeit um sich, und ihr Charme und ihre Gastfreundschaft machten diese Zusammenkünfte einzigartig. Sie stellte nur zwei Forderungen an ihre Gäste: ein Mindestmaß an Talent und Pünktlichkeit zu den Mahlzeiten.«

Da die Fürstin nicht nur eine ungewöhnliche Ausstrahlung in gesellschaftlich-kultureller Hinsicht besaß, sondern auch eine aufgeklärte und engagierte Frau war, die mit wachem Blick die politischen Ereignisse verfolgte, schien ihr Salon in den Augen der Regierung zunehmend ein »konspirativer« Treffpunkt zu sein. Eine zu offene Kritik an Zar Nikolaus I., der sich selbst als Meister des Absolutismus bezeichnete, und ihr Übertritt zum Katholizismus als »Reaktion gegen den engstirnigen Nationalismus und die Orthodoxie der russischen Kirche« machten sie endgültig zur Persona non grata. Nachdem sie Rußland verlassen mußte, ließ sie sich in Rom nieder, wo sie bald einen neuen Salon gründete, diesmal aber mit betont klerikaler und französischer Ausrichtung. Italienische Dichter wie Giuseppe Belli, der französische Graf Montalembert, der sich für die Wiedereinführung der religiösen Erziehung in Frankreich einsetzte, bedeutende Reisende wie Alexander Herzen gehörten zu ihren Gästen.

Ihrer aufgeklärten Wachheit gesellte sich eine mystische Frömmigkeit bei, die sie sogar an Wunder glauben ließ. Die Armen der Stadt nannten sie »La beata«, denn neben ihrer erlesenen Salongeselligkeit lag der Fürstin vornehmlich die Wohltätigkeit am Herzen. So setzte sie ihr beträchtliches Vermögen ein, um Schulen für mittellose Mädchen zu gründen. Als sie starb, folgten Hunderte von Armen ihrem Sarg. Mit ihr war eine glanzvolle europäische Salonière und eine generöse Wohltäterin gestorben.

Nachblüten: der Salon zwischen Restauration und Moderne

Das Hinübergleiten vom literarischen zum politischen Salon war nach 1806 auch in Deutschland festzustellen. Hatte bis zu diesem Zeitpunkt der künstlerische Damensalon überwogen, so setzten sich ab 1810 verstärkt politisch-patriotische Zirkel durch und parallel dazu ausgesprochene Herrenvereine und Literaturgesellschaften, die jetzt Goethe, die große Konstante der Salongespräche, »annektiert« hatten, deren akademischer Anspruch jedoch nichts mehr mit dem Goethekult der schöngeistigen Berliner Konversationsgeselligkeiten zu tun hatte. Einen Sonderfall stellte die »Serapionsrunde« dar, die der Dichter E. T. A. Hoffmann 1818 in Berlin gegründet hatte. Bei Punsch und Tee kamen die Serapionsbrüder zusammen, um unheimliche, bizarre Geschichten zu erzählen, Literarisches in rauschhaften Stunden zu gestalten und zu erkunden – ein Männerbund, der für E. T. A. Hoffmann zum Lebenselixier wurde, ohne das er weder leben noch schreiben konnte. Theodor Storm nahm ein halbes Jahrhundert später in seiner Rahmenerzählung zu der Spukgeschichte *Am Kamin* darauf Bezug.

In der zweiten Hälfte des 19. Jahrhunderts gewannen die politischen Salons eine immense Bedeutung. Ein prägnantes Beispiel für den deutschen Bereich bietet der Salon der Fürstin Marie Radziwill (1840–1915), einer gebürtigen Französin, Tochter des Marquis de Castellane. Eine engagierte Bejahung des Katholizismus und eine enge Verbindung zu polnischen Kreisen (ihr Mann war ein polnisch-litauischer Magnat) zeichneten die Fürstin aus. Ihr gastliches Berliner Haus, in dem überwiegend Politiker und Diplomaten verkehrten, wurde zu einem Kristallisationspunkt heftiger Auseinandersetzungen mit Bismarck, die im Kulturkampf ihren Höhepunkt erreichten.

In Paris, der Wiege der Salongeselligkeit, ließ sich eine ähnliche Entwicklung beobachten. Das gesellschaftliche Leben im zweiten Empire, das sich – wie schon das erste Kaiserreich – einer Revolution verdankte, war stets durch ein Spannungsverhältnis zwischen republikanischen und royalistischen Positionen geprägt, was nicht ohne Auswirkungen auf die Salonkultur blieb. Als ab 1852 ein allgemeiner wirtschaftlicher Aufschwung sowohl im industriellen als auch im landwirtschaftlichen Bereich einsetzte, ließen die gesellschaftlichen Folgen nicht auf sich warten. Unter anderem meldete sich auch eine neue Gruppe zu Wort, die nach gesellschaftlichen Freiräumen suchte: die Frauenrechtlerinnen, die sogenannten Suffragetten.

Die Erbinnen der Rahel

Die Glanzzeit der Berliner Salons war spätestens mit dem Tod Rahel Varnhagens, 1833, vorbei. Ihre geistigen Töchter feierten ihr Vermächtnis und den Legendencharakter ihres Salons; eigene Varianten zu entwerfen, gelang ihnen kaum. Erschwerend kam hinzu, daß man nach den Befreiungskriegen den Standesschranken erneut größere Bedeutung beimaß und die Freiräume wieder eingeengt wurden. Ein »Salon des Übergangs«, der letzte große des bürgerlichen Realismus, war der von Fanny Lewald, deren Lebenserinnerungen einen Schlußstrich unter die eigentliche Zeit der Salongeselligkeit ziehen.

Fanny Lewald

Zur Entrüstung ihrer Familie – der Vater war ein wohlhabender jüdischer Kaufmann in Königsberg – trat Franziska (1811–1889), genannt Fanny, siebzehnjährig zum evangelischen Glauben über, lehnte kompromißlos jede Vernunftehe ab und zog vierunddreißigjährig nach Berlin, um dort ihre literarischen Talente zu erproben. Ihr zweiter Roman *Jenny* (1843) sicherte ihr intellektuelle Anerkennung, die die finanzielle Absicherung nach sich zog. Die Gründung eines künstlerischen und zugleich politischen Salons ließ nicht auf sich warten, und bald wurde Fannys Geselligkeit zum Treffpunkt der Revolutionäre von 1848. Ihr besonderes Engagement galt der italienischen Einigungsbewegung, worin sie durch die persönliche Bekanntschaft mit dem Freiheitskämpfer Garibaldi sowie durch ihre häufigen Italienreisen bestärkt wurde.

Die Atmosphäre im Salon des »Großen Kurfürsten«, wie sie wegen ihrer majestätischen Erscheinung und ihrer Lockenfrisur genannt wurde, prägte eine gleichbleibende freidenkerische Toleranz, die die konträrsten Standpunkte zuließ und förderte. A prioris der Kantischen Pflichtethik und Bildungsideale der deutschen Romantik wurden bei den »Montagsabenden« mit kühnen Thesen der Frauenbewegung und sozialwissenschaftlichen Theorien verquickt. Der Glaube an den naturwissenschaftlichen Fortschritt, an einen schrankenlosen Liberalismus regte ihre Habitués an und provozierte heftige Diskussionen. Zwar gab Fanny Lewald auch musikalischen Veranstaltungen Raum, zwar zählten auch Hans von Bülow, Liszt und seine Töchter Cosima und Blandine d'Agoult zu ihren regelmäßig erscheinenden Gästen, doch blieb das Soziale, das Politische unzweifelhaft das Hauptanliegen der Gastgeberin. Dies bezeugte ebenfalls ihre umfangreiche Korrespondenz, wenn auch ein Hauch von Wehmut, die der in unerreichbare Ferne gerückten Zeit Rahels galt, darüberlag. Die kosmopolitische Zuversicht vergangener Epochen und die romantischen Ideale waren ebenso verschüttet wie die Muße, mit der man sich genußvoll dem Gedankenaustausch hingab.

»Man stellt sich die Gesellschaft, welche zu Ende des vorigen und zu Anfang dieses Jahrhunderts von so wesentlichem Einfluß auf die Kulturgeschichte unseres Vaterlandes geworden ist, immer nur als einen Kreis von Heroen vor und vergißt darüber, daß diese Heroen nicht wie die Minerva fix und fertig auf die Welt gekommen, sondern lange Zeit junge, werdende, irrende, strebende und sich entfaltende Menschen gewesen sind. Man hört die Namen Humboldt, Rahel Levin, Schleiermacher,

Varnhagen und Schlegel, und denkt an das, was sie geworden, und vergißt, daß die Humboldts ihrer Zeit nur zwei junge Edelleute, daß Rahel Levin ein lebhaftes Judenmädchen, Schleiermacher ein unbekannter Geistlicher, Varnhagen ein junger Praktikant der Medizin, die Schlegels ein paar ziemlich leichtsinnige junge Journalisten gewesen sind, und daß auch nicht immer Geister ersten Ranges, so doch mitunter manche große Bildung, manch große Begabung, manch lebhaftes Vorwärtsstreben unter der Jugend vorhanden sind, die uns umgibt. Aber die meisten unter uns wollen nicht säen, nicht pflegen, sondern nur ernten, und zwar in einer Weise ernten, welche oft weniger darauf berechnet ist, uns satt, als Dritten einen Eindruck zu machen.

Nicht der Geist ist es, der unsern Gesellschaften fehlt, sondern die Liebe und die wahre Teilnahme. Unsere Gesellschaft ist mehr oder weniger egoistisch geworden. Die Menschen wollen empfangen und nicht leisten, wollen sich unterhalten lassen und nicht unterhalten, wollen für den Aufwand an Geld und Zeit, den die Gesellschaft sie kostet, was haben, was Parade macht. Sie wollen Plüschmöbel und Bronzerahmen, die in Erstaunen setzen, Speisen und Getränke, die auf ihren hohen Preis schließen lassen, berühmte Namen, die den Gästen imponieren, und wenn sie das einmal oder ein paarmal im Jahre zusammengebracht haben, so fragen sie weiter nicht danach, ob ihre Gäste auf den Plüschsofas Langeweile oder Vergnügen gehabt, ob jene Zelebritäten noch Lust und Neigung für die Geselligkeiten fühlen, ob sie irgend jemandem eine wohlwollende Unterhaltung vergönnt, ob die Gäste mehr davon gehabt als die Ehre, sie von ferne zu betrachten, und ob die Wirte selbst mehr davongetragen als die Befriedigung einer leeren Eitelkeit und das Bewußtsein, die Sache nun glücklich hinter sich zu haben. Die Menschen sind Sklaven der Autorität geworden und haben es darüber verlernt, selbst zu denken, selbst zu suchen und das Geistige zu entdecken, wo es sich zu regen beginnt, ja es auch nur da zu erkennen, wo es sich bereits entfaltet hat.«

Zunächst war Fanny Lewald wie andere Salonièren, die sich

über den Kulturkampf empörten, eine entschiedene Gegnerin Bismarcks gewesen, wechselte später jedoch ins nationalliberale Lager. Politisches war überhaupt wichtigstes Thema der wachsenden Zahl der Berliner Salons im ausgehenden 19. Jahrhundert. Pro oder contra Bismarck lautete die Devise geselliger Abende. Literarisches wurde beiläufig weiter »betrieben« wie im von Cosima Wagner scherzhaft genannten »Olymp« der Anna von Rath (1839–1918), deren Mann zu den Gründern der Deutschen Bank gehörte. Frau von Rath war gleichzeitig ein prominentes Mitglied der Wagner-Gesellschaft; sie protegierte den Schriftsteller Gerhart Hauptmann, und doch entfernte sich auch ihr sogenannter Salon zusehends vom traditionellen literarischen Schema. Nicht Konversation, sondern Disputation über politische Standpunkte kennzeichnete ihre Abendgesellschaften. In den Finanzsalons der Wilhelminischen Zeit kristallisierte sich dieser Aspekt noch schärfer heraus.

Der eigentliche literarische Salon schien dem Aussterben geweiht. Das Verspielt-Unverbindliche, charakteristisch für die Konversation im 18. und teilweise noch im 19. Jahrhundert, war zugunsten des Zweckgebunden-Engagierten verschwunden. Die Salonière und ihre Gefährtinnen führten nicht länger subtile Gespräche, um eine männliche Persönlichkeit – meist eine literarische Berühmtheit – zu unterstützen oder herauszustellen – nein, sie selber standen nun als Künstlerinnen, Malerinnen oder Autorinnen im Mittelpunkt des kulturellen oder politischen Geschehens, oft harte Kontrahentinnen in einer fast »professionell« zu nennenden Diskussion.

Sabine Lepsius

Die dem George-Kreis nahestehende Malerin Sabine Lepsius (1864–1942) gehört nicht nur zu den letzten Salonièren im deutschsprachigen Raum, sondern auch zu den Salon-»Theoretikern«, die das Aussterben der Salons beklagten und sich in kleineren Schriften darüber ausließen: »Die Frauen, deren geistige Produktivität sich früher im Gespräch erschöpfte, deren

Empfindungsstärke mit dem Bedürfnis, wohlzutun und zu beglücken, sich so oft an wertvollsten Objekten Genüge tun durfte, zu denen die Problematischen, die Ringenden, die Starken, die Genialen flohen, die geborenen Begründerinnen eines Salons; sie pflegen heutzutage einen Beruf zu ergreifen, weil es nicht immer lohnend ist, den Umweg zur Idee über einen Mensch zu machen. Sie ziehen es oft vor, sich der Idee ohne Vermittlung hinzugeben.« (*Über das Aussterben der Salons*, 1913)

Sabine Lepsius, die den Thesen des Philosophen Georg Simmel und seiner Frage nach einer »weiblichen Kultur« sehr verpflichtet war, führte selbst gegen Ende des 19. Jahrhunderts im großbürgerlichen Berliner Haus ihres Mannes einen Salon, zu dessen Gästen neben Künstlern auch Mitglieder der Hochfinanz zählten und der zunächst die Musik in den Vordergrund stellte. Das Miteinander-Musizieren lief damals dem Miteinander-Konversation-Treiben fast den Rang ab. Ihre Freundschaft mit Stefan George (1868–1933) bewirkte jedoch eine Verlagerung zu einer »inneren Geselligkeit«.

Die erste Lesung des Dichters fand Mitte November 1897 in Anwesenheit von Rainer Maria Rilke und Lou Andreas-Salomé statt. Bald verwandelte sich der Salon in ein exklusives Forum des Berliner George-Kreises. Lesungen wiederholten sich in immer größerem Umfang, Schüler und Freunde des Dichters erweiterten den Zirkel und verengten ihn zugleich. George mit ihm wesensfremden Personen zusammenzubringen war heikel und unangebracht, er ertrug nur das Adäquate. Sabine Lepsius zollte dem Dichter eine uneingeschränkte Verehrung, aus ihrem Salon wurde infolgedessen eine andächtige Gemeinde. In seinem Gedicht *Blaue Stunde* hat George der Geselligkeit im Hause Lepsius ein Denkmal gesetzt; zugleich leitete er selbst ihr Ende ein.

Blaue Stunde

An Reinhold und Sabine Lepsius

Sieh diese blaue stunde
Entschweben hinterm gartenzelt!
Sie brachte frohe funde
Für bleiche schwestern ein entgelt.

Erregt und gross und heiter
So eilt sie mit den wolken – sieh!
Ein opfer loher scheiter.
Sie sagt verglüht was sie verlieh.

Dass sie so schnell nicht zögen
So sinnen wir • nur ihr geweiht –
Spannt auch schon seine bögen
Ein dunkel reicher lustbarkeit.

Wie eine tiefe weise
Die uns gejubelt und gestöhnt
In neuem paradeise
Noch lockt und rührt wenn schon vertönt.

(Aus: *Teppich des Lebens*)

Das für den Salon grundlegende Prinzip gleichberechtigter Geister wurde durch die »Mysteriengrotte«, durch die »Kultgemeinde« aufgehoben. Übersteigerter Idealismus, gepaart mit der Forderung nach blinder Anhängerschaft, brachten unweigerlich einen Hauch von Intoleranz mit sich und lösten die Axiome der Salongeselligkeit auf. Freiheit wurde von Autoritätsansprüchen geknebelt. Eine Verfallserscheinung, die das Aussterben der literarischen Salons vorwegnahm.

Die meisten »Neugründungen« in Berlin Anfang des 20. Jahrhunderts paßten sich dem Lepsius-Schema an und glichen allmählich Leseveranstaltungen im privaten Kreis. Hinzu traten erschwerend die von Sabine Lepsius in ihrem Aufsatz *Vom Aussterben der Salons* dargestellten Gründe wie Zeitmangel,

Großstadttrubel, neue Freizeitmöglichkeiten, vor allem die Unsicherheit hinsichtlich des Stils. Diese Unsicherheit, argumentiert die erfahrene Salonière, sei ein Zivilisationsmangel, der ein tolerantes, Gegensätze versöhnendes Gespräch erwürge und den »Gesprächstötern«, die unerschütterlich wie ein Konversationslexikon jeden fremden Ansatz im Keim ersticken, einen Vorrang einräume.

Die kulturelle Rezeptionsfähigkeit eines Salons wurzelte ebenso in der Kunst des Gespräches wie in der Kunst des Zuhörenkönnens, die beide von einer Atmosphäre des Geistes, der Galanterie, der Grazie getragen werden. Hatten die literarischen Salons zu Beginn ihrer Geschichte den Kastengeist der feudalen Gesellschaft durchbrochen, so hat die sich im 19. Jahrhundert entwickelnde wissenschaftlich-akademische Variante mit ihren Vorträgen, Gedenkfeiern, Fachsimpeleien die Salontradition ins Wanken gebracht und sie teilweise zu einem Relikt der Vergangenheit degradiert.

»Le tout Paris«: diplomatisch-mondäne Salongeselligkeit

Im Laufe des 19. Jahrhunderts fand in Paris ein soziokultureller Prozeß statt, der den feudalen, an das Ancien Régime gebundenen Lebensraum allmählich verdrängte. »Le tout Paris« – ein Ausdruck, der 1820 erfunden wurde – bezeichnete ein gesellschaftliches Konglomerat, das unter dem Kennwort »Elegantes Leben« eine weder homogene noch unflexible Variante jener Kultur repräsentierte, die Frivol-Mondänes mit Ernst-Engagiertem verknüpfte. Dies blieb nicht ohne Resonanz auf die Pariser Salonszene. Ein berühmtes, weil dank Marcel Proust in die Literatur eingegangenes Beispiel war die Gräfin Greffuhle (1860–1952), die dem Dichter als Vorbild für seine Herzogin in *Die Welt der Guermantes* (1920/21) diente. Ein Archetypus der literarisch überfeinerten Gesellschaft, die, in Reichtum und mondänen Müßiggang verwoben, verspielt auf dem Vulkan tanzte. Zu Unrecht würde man aber diese Grande Dame als nur mondän abqualifizieren; sie war vielmehr eine Vermittlerin französischer Kultur und Lebensart. »Refaire l'Europe«: Die Einheit Europas war ihr dringliches Anliegen. Die Gräfin besuchte Nikolaus II. in Rußland, Wilhelm II. in Berlin und bahnte neue Kontakte zwischen Frankreich und England an.

Prinzessin Mathilde

Weitaus berühmter als Salonière war die väterlicherseits mit Bonaparte, mütterlicherseits mit dem Hause Württemberg verwandte Prinzessin Mathilde (1820–1904), die der Anziehungspunkt kosmopolitischer europäischer Geselligkeit wurde.

Ihre Jugend verbrachte Mathilde zwischen Rom und Württemberg. Sehr jung noch wurde sie mit dem russischen Magnaten Anatol Demidow verheiratet. Sein Vermögen und ihre Familie öffneten dem jungen Paar die Tore aller Pariser Paläste. Bei ihrem Onkel, Paul von Württemberg, lernte Mathilde die schöne Spanierin Eugenia de Montijo kennen, die zukünftige Frau Napoleons III. Die Integration des Demidow-Paares in die Pariser Gesellschaft gelang, die Ehe zerbrach und wurde auf Befehl des Zaren 1845 geschieden. 1849 eröffnete die Prinzessin in der Rue de Courcelles einen literarischen Salon, der bald nicht allein die gesellschaftliche, sondern auch die geistige Elite von Paris anzog. Sainte-Beuve hat die Gastgeberin in seinen *Causeries de Lundi* skizziert: »Ihr Äußeres strahlt Adel und Würde aus, etwas Königliches haftet ihr an. Aber sie vergißt keineswegs, daß ihr Adel noch ganz neu ist und ruft selber lachend aus: ›Ohne die Französische Revolution würde ich jetzt in den Straßen von Ajaccio Orangen verkaufen!‹«

Mathilde verstand sich selbst als Vermittlerin des geistigen Erbes der Napoleonischen Zeit sowie als Vorkämpferin für neue Perspektiven. »On arrive chez elle comme dans un musée de souvenirs napoléoniens«, scherzte ein Besucher, doch im Grunde setzte sich ihr Salon bewußt vom politischen Zeitgeschehen ab und widmete sich primär der Kunst. Théophile

Der Salon der Gräfin d'Agoult (1805–1876). Er war sozusagen ein Vorzimmer für politische Karrieren sowie ein Freiraum für Informationsaustausch und Diskussion.

Gautier wurde ihr Bibliothekar, Flaubert, die Brüder Goncourt, Alexandre Dumas und Taine ihre Habitués. Außerdem gaben ihr berühmte Biologen wie Becquerell und Pasteur die Ehre, und selbst der legendäre Ferdinand de Lesseps, der gerade den Suezkanal hatte durchbrechen lassen, suchte ihren Salon auf. Die Prinzessin widmete sich der Malerei und förderte, ihren Möglichkeiten entsprechend, großzügig Literaten und bildende Künstler, darunter den Maler Ingres, Gustave Doré und Gavarni sowie den späteren Starfotografen Nadal. Wegen dieser Mäzenatenrolle, die sie ohne großes Aufsehen ausfüllte, wurde ihr Salon oft mit dem Hof der Medici verglichen.

Mathildes Leben fiel in zwei verschiedene Welten auseinander. Als Cousine des Kaisers wurde sie immer häufiger zur Repräsentation herangezogen, als Salonière gestaltete sie jeden Mittwoch und jeden Freitag einen künstlerischen Freiraum jeweils für Literaten oder Maler. Privat blieb sie einsam; eine kurze, heftige Liaison verband sie mit dem Frauenhelden Graf Nieuwerkerpe. Als diese vorbei war, blieben ihr der Salon und ihre Malerei als gültiger Ersatz.

Als 1863 einige ihrer Gemälde ausgestellt und sogar prämiert wurden, war sie überglücklich: »Endlich fühle ich mich etwas anders als nur ein Mitglied meiner Familie!« Unfreiwillige, beißende Ironie, wenn man bedenkt, daß ihre Bilder als schlechte Imitationen von Vigée-Lebrun galten und der Dichter Robert de Montesquiou ihren Rosenstrauß gar mit einem Nierengericht verglich. Nach Napoleons III. Niederlage im Deutsch-Französischen Krieg 1870/71 hörte das glanzvolle Salonleben der Prinzessin Mathilde jäh auf.

1871 wurde ein zweiter, viel bescheidenerer Salon in der Rue de Berry eröffnet. Der Dichter Théophile Gautier, der »Beste der Bande«, wie ihn Flaubert nannte, kehrte fast sterbend dahin zurück. Claudius Popelin, ein Schüler Ary Scheffers, der ihr unermüdlich bei der Reorganisation ihres Lebens half, gewann nunmehr ihr Vertrauen sowie ihr Herz.

Obwohl Büsten der Bonaparte-Familie diesen neuen Ort schmückten, weigerte sich die Prinzessin energisch, ihren Salon zu einem Treffpunkt enttäuschter Bonapartisten werden zu lassen. Ab 1873 wurden wieder nach alter Gewohnheit am Mittwoch die Literaten, am Freitag die Maler eingeladen und beköstigt. Wie es an diesen Abenden bisweilen zuging, ist in der folgenden heiteren Skizze festgehalten: »Man erhebt sich, geht ins Wohnzimmer und bittet Flaubert, den Narren des Salons zu tanzen. Er leiht einen Rock von Gautier, zieht seinen Kragen aus, was er mit seinen Haaren, seinem Gesicht, seinem Ausdruck macht, weiß ich nicht, aber auf einmal hat er sich in eine greuliche Karikatur des Stumpfsinns verwandelt. Gautier, vom Wetteifer gepackt, zieht seinen Überrock aus und tanzt schweißtriefend, seine feiste Rückseite bis zu den Kniekehlen biegend, den Tanz des Wucherers. Der Abend endet mit Zigeunerliedern, wilden Melodien.«

Mathildes Lieblingsroman blieb *La princesse de Clèves*; Zolas *L'assommoir* fand sie abscheulich. Dennoch förderte sie, ohne sie ganz bejahen zu können, die neue Ästhetik, die sich überall in Europa einen Weg bahnte. Oft wurde ihr ein starres, absolutes Urteil vorgeworfen, ein Mangel an Flexibilität und Geschmack, dennoch führte sie Konträres unerschrocken zusammen und betätigte sich als Vermittlerin zwischen verschiedenen Traditionen. Persönliche Krisen, verbunden mit depressiven Zuständen, warfen allmählich ihre Schatten auch auf den Freundeskreis. Das Unbehagen wurde vertieft, als Guy de Maupassant im Salon der Prinzessin einen Anfall von Wahnsinn erlitt, der zu seiner Einweisung in eine Irrenanstalt führte. 1904 fiel die einst so umworbene Salonière eine Treppe hinunter, was eine Lähmung und den baldigen Tod zur Folge hatte.

Pauline von Metternich

Zur gleichen Zeit glänzte ebenfalls in Paris eine andere Salonière. Ihre Ausrichtung war zwar weniger literarisch, dafür aber stiftete sie auf gesellschaftlich-kultureller Ebene eine europäische Entente: Pauline von Metternich (1836–1921), die Frau des österreichischen Gesandten in Paris, die 1859 im wahrsten Sinne des Wortes in die französische Hauptstadt »eingezogen« war. Die temperamentvolle Ungarin, eine geborene Gräfin Sandor, »der bestangezogene Affe von Paris«, wie sie zum einen aufgrund ihrer nicht gerade schönen Gesichtszüge, zum anderen wegen ihres Eintretens für den englischen Modeschöpfer Worth genannt wurde, stand in enger Beziehung zum kaiserlichen Hof Napoleons III. Ihre ausgelassene Lebensfreude und ihre Originalität zogen Prominente und Exzentriker in die österreichische Gesandtschaft in der Rue de Grenelle. Tanz und Musik waren die Leidenschaften der »Jolie-laide du second empire«; Paris erschien ihr als nie endendes, rauschendes Fest. Pauline war nicht nur eine große Dame von Welt, ihre Exzentrizitäten öffneten neue Freiräume. Sie ließ sich von berühmten Halbweltdamen einladen und nahm an Herrenabenden teil; ihre Aufmachung und ihre verblüffenden Manieren – sie rauchte dicke Zigarren bei Hofe – prägten den Begriff »Coco-dette«, kleine Schwester der berühmten Kokotten. Manche Dame von Welt geriet darüber ins Träumen.

Glanzvolle Musikabende, unter anderem mit Wagner und Liszt, fanden in der österreichischen Gesandtschaft statt. Oft überraschte die Hausherrin ihre Gäste auch mit eigenen Dar-bietungen, mit frivolen Liedern oder Can-Can-ähnlichen Tän-zen. Paulines kulturelles Engagement blieb nicht auf ihren Sa-lon beschränkt: Sie förderte junge Musiker, darunter Jacques Offenbach, und überzeugte Napoleon III., die Aufführung von Wagners *Tannhäuser* an der Pariser Oper zu ermöglichen. Der Spiritismus dagegen, der ganz Paris damals faszinierte, war ihre Sache nicht – ganz anders die Kaiserin Eugenie, die »Spanie-rin«, wie das französische Volk sie nannte, die dem Spiritismus letztendlich geradezu abergläubisch erlag. Douglas Home, das berühmte schottische Medium, verkehrte in den Tuilerien, als wäre er dort zu Hause. Auch der literarische Bereich wurde integriert, indem man verstorbene Dichter herbeibeschwor und befragte.

Pauline zog entschieden die Lebenden vor. Alexandre Du-mas war Habitué ihrer prunkvollen Kunstabende, ebenfalls der Dichter Prosper Mérimée, auf dessen Schloß sie sogar einmal Preisträgerin seiner erlesenen und gefürchteten Diktate gewor-den war und damit bewiesen hatte, daß sie nicht nur tempera-mentvoll, sondern auch geistreich war. Doch weil sie immer wieder für Aufsehen in der Pariser Gesellschaft sorgte, sprach die österreichische Kaiserin Elisabeth die Mahnung aus, sie möge doch auf mehr »Unauffälligkeit« bedacht sein. Als Pau-line 1870 nach Wien zurückkehrte, setzte sie zwar ihre Kultur-geselligkeiten fort, doch haftete ihnen allmählich etwas Gesetz-tes, fast Akademisch-Dozierendes an. Wichtiger Habitué war Arthur Schnitzler, der oft aus eigenen Werken las und für lite-rarisches Niveau sorgte.

In Frankreich hatte Paulines Vorbild andere Damen inspiriert. Dazu gehörte Mélanie de Pourtalès, eine rätselhafte Schönheit, die Pauline in inniger Freundschaft verbunden war. Auf ihrem Schloß La Robertsau schuf sie ein Zentrum künstlerisch-geselligen Umgangs – eine Art Salon in der französischen Provinz, der alles andere als provinziell war. Die Pariser »Fête imperiale« wurde dort rauschhaft fortgesetzt: Konzerte, Theateraufführungen, europäische Begegnungen, dazu die Jagd, die Gäste aus allen Ländern neben dem Kunstgenuß zusammenführte. Russische Fürsten, die Rilke-Gönnerin Prinzessin von Thurn und Taxis aus Duino, französische Aristokraten und Intellektuelle fanden sich dort zusammen. Trotzdem kann man nicht von einem Salon sprechen, denn die Geselligkeiten fanden nur sporadisch und mit jeweils anderen Gästen statt. Am Beispiel der Mélanie de Pourtalès wird wiederum deutlich, daß die Salonkultur letztlich ein Stadtphänomen war und sich außerhalb dieses Rahmens kaum entwickeln konnte.

Ebenfalls mit Pauline befreundet war die Dichterin Anna de Noailles (1876–1933), die »Königin der dritten Republik«. Anna de Brancovan, Sproß einer rumänisch-griechischen Familie, die in Paris zu den vornehmsten des ausgehenden 19. Jahrhunderts gehörte, ist in die Kulturgeschichte eingegangen als geistige Schwester von Maurice Barrès und Vorahnerin Nischinskijs. Marcel Proust zollte ihr eine uneingeschränkte Bewunderung und verewigte sie in *Jean Santeuil* als Vicomtesse de Reveillon.

Paris, Bukarest und Byzanz waren Stationen ihrer Jugendjahre. Ein Salon im Paris der Belle Epoque folgte fast zwangsläufig. Ihr Geist und ihre Schlagfertigkeit prädestinierten sie für die Rolle einer Salonière. Zunächst war ihr Salon, wie der Metternichsche, ausgesprochen mondän, aber immer entschiedener ging die Weltdame ihrer eigenen literarischen Begabung nach – ihr Gedichtband *Le coeur innombrable* (1901) löste heftige Kontroversen aus. Ihr glanzvolles Haus in der Avenue Henri Martin wurde von L. P. Fargue als »Versailles poétique« apostrophiert: Dichterlesungen wechselten mit prachtvollen Soireen ab; Maurice Barrès, Robert de Montesquiou, Anatole

France, Gide und d'Annunzio waren zu einer sie verehrenden und umwerbenden Dichtergruppe vereint. Anders Rilke, dem sie bei ihrer ersten Begegnung die Frage stellte: »Monsieur Rilke, was bedeutet für Sie die Liebe? Was denken Sie über den Tod?« Er soll ihr daraufhin aus dem Weg gegangen sein.

Ihre Redseligkeit erinnerte an die der Madame de Staël, deren höchster Genuß ein Tête-à-tête mit einem Taubstummen gewesen wäre, wie deren Freunde spöttisch unterstellt hatten. Anders aber als bei dieser großen Salonière hinderte im Fall der Anna de Noailles die eigene literarische Tätigkeit sie daran, ihrer Rolle als Gastgeberin gerecht zu werden. Einmal mehr stand die Literatin der Salonière im Weg.

Von der Salonière zur Suffragette

Neben dieser konservativen Spielform des »eleganten Lebens« Pariser Prägung profilierten sich im Laufe des 19. Jahrhunderts zunehmend intellektuell engagierte Salons wie jener der Gräfin d'Agoult, der hier eine Vorreiterrolle zukommt, und in entschiedenerer Ausprägung der ihrer Salonerbin Madame Adam. Ein wachsender Professionalismus bei den Damen und besonders ihre journalistische Tätigkeit schufen neue Horizonte, die mit der zweckfreien, sprachbezogenen Geselligkeit des vorangegangenen Jahrhunderts immer weniger zu tun hatten. Die Salonière wurde zur Publizistin, die matriarchalische Gastgeberin zu einer engagierten Feministin. Zwar blieb der Salon als gesellschaftlicher und kultureller Freiraum weiterhin Objekt des weiblichen Begehrens, aber die neuen Beweggründe der Geselligkeit veränderten maßgeblich die Form dieser Zusammenkünfte.

Marie d'Agoult

Marie de Flavigny (1805–1876), deren Mutter der protestantischen Frankfurter Bankiersfamilie Bethmann entstammte, verlebte ihre Jugendjahre zwischen Frankfurt, dem väterlichen Schloß bei Tours und Paris, wo sie im Sacré-Coeur erzogen wurde. Aus jener Zeit datiert ihre Freundschaft mit Henriette Mendelssohn, einer Tochter des jüdischen Philosophen, die in Frankreich als Erzieherin tätig war. Sehr jung noch wurde die musikbegeisterte Marie mit dem Grafen d'Agoult verheiratet. Zwei Kinder und ein Alltag voller Langeweile und Unbehagen, das Künstlerische stets dem Traditionell-Familiären geopfert, bestimmten mehrere Jahre hindurch ihr Leben. Ein erster Salon entstand Ende der zwanziger Jahre, der ganz der »Ambition suprême de la Parisienne« entsprach, wie sie es in ihren Memoiren später darstellte. Lamartine, Michelet und Renan zählten zu ihren Gästen. Alfred de Vigny las dort seine Gedichte vor, so auch *La Frégate*. Als auf den Vortrag ein eisiges Schweigen folgte, wandte sich der Dichter ironisch-gelassen an die Gastgeberin: »Mit meiner Fregatte habe ich in ihrem Salon Schiffbruch erlitten!«

Marie d'Agoults umfassende Bildung – sie wurde von manchen sogar als Blaustrumpf bezeichnet – zog Künstler und Gelehrte verschiedenster Sprachen und Provenienzen an. Ihr Pariser Salon huldigte der Konversation und der Literatur ebenso wie der Musik.

1832 fand die erste Begegnung mit Franz Liszt statt. Die nun beginnende Liaison gehört zu den turbulentesten unter den legendären Liebesbeziehungen der Weltgeschichte. Marie verließ Mann und Kinder, um mit dem sechs Jahre jüngeren Musiker in die Schweiz zu fliehen, wo ihre gemeinsame Tochter, Blandine, zur Welt kam. Cosima, das zweite Kind, wurde später die Frau Richard Wagners. Zunächst zog sich das skandalumwitterte Paar von der restlichen Welt zurück, um ganz seiner Leidenschaft zu leben. Doch Liszts Karriere verlangte auf Dauer einen tatkräftigen, öffentlichen Einsatz. Konzertreisen durch ganz Europa machten den Alltag des ungleichen Paares schier unlebbar. Marie d'Agoult kehrte nach Paris zurück, wo ihre enge Freundschaft mit George Sand ihr eine problemlose Integration in die dortigen Künstler- und Intellektuellenkreise ermöglichte. Beide Frauen führten sogar zeitweise gemeinsam einen literarischen Salon. Sand war der Star, Marie die ausgleichende Gastgeberin. Die Schriftstellerin, »un esprit androgyne et créateur«, wirkte wie ein Magnet auf ihre Umgebung, rief gleicherweise Faszination und Abscheu hervor; Flaubert nannte sie kategorisch »dieser große Mann«; Musset, ihr Liebhaber, hingegen sagte: »Sie ist die weiblichste Frau, die ich gekannt habe.« Sie versammelte stets bedeutende Männer um sich, war aber zu eigenwillig und zu kreativ, um einen Salon führen zu können.

1844 ging Marie d'Agoults Verbindung zu Liszt endgültig in die Brüche. Ihre eigene literarische Karriere begann, »in alta solitudine« – so lautete die Devise, die ihr Liszt in einen Ring hatte eingravieren lassen. Gleichzeitig gründete sie einen zweiten Salon, von dem bald ganz Paris als »une invasion de bel esprit et de romantisme« sprach. Ihrer Herkunft nach war Marie d'Agoult ein Kind des 18. Jahrhunderts, was aber ihre persönlichen Optionen anging, eine Frau der Romantik. Chateaubriand, den sie 1821 im elterlichen Frankfurter Haus kennengelernt hatte, und Sénancour waren ihre Lieblingsautoren. Madame Récamier gehörte ebenfalls zu ihrem Freundeskreis. Über sich selbst schrieb sie, als der Geliebte sie verließ, verzagt: »Das Herz bildet das Kernstück meines Wesens, aber dieser Kern besitzt keine Ausstrahlungskraft. Die Intelligenz beherrscht alles. Es fehlt mir an Zärtlichkeit, was im 18. Jahrhundert ›Sensibilität‹ genannt wurde, darum hat meine Freundschaft für so manchen Mann keinen Zauber. Meine Freundschaft ist eher viril ...«

Schreiben wurde nunmehr ihre Lebensaufgabe. Die Memoiren der Gräfin d'Agoult sind ein faszinierender sozialgeschichtlicher Spiegel sowie ein Exempel seelischer Selbstanalyse. Die Gesellschaft der Restaurationszeit bis zum zweiten Empire

Giraud, *Der Salon der Prinzessin Mathilde* (1820–1904). Die Prinzessin verstand sich als Vermittlerin des geistigen Erbes der Napoleonischen Zeit sowie als Vorkämpferin für neue Perspektiven. Sie war eine Meisterin der diplomatisch-mondänen Salongeselligkeit.

wird darin einzigartig evoziert, das Pariser literarische und politische Leben scharf beobachtet, die eigene depressive Verfaßtheit und deren künstlerische Überwindung berührend preisgegeben.

Unter dem Decknamen Daniel Stern begann die literarische Karriere der Gräfin d'Agoult. 1846 erschien ihr einziger Roman *Nélida*, der ihre Liaison mit Liszt thematisiert. Allmählich vollzog sich die Wendung zum Politisch-Engagierten. Sie schrieb zahlreiche historische Aufsätze, darunter eine *Geschichte der Revolution von 1848* und die für Emile Girardins *La Presse* verfaßten kunstkritischen Artikel. »Daniel Stern«, die ehemalige Royalistin, die man boshaft »eine Seele mit Haaren« nannte, setzte sich immer entschiedener für die republikanischen Ideale ein. »La maison rose« (so genannt wegen der üppigen Rosensträucher, die den Garten schmückten), nahe der Place de l'Etoile, galt während des zweiten Empires als beliebter Treffpunkt für Mitglieder einer gemäßigten Opposition, der damalige Außenminister und Dichter Lamartine war Mittelpunkt des Salons und Idol der Salonière.

Die Republikaner brachen also keineswegs mit der Salontradition; nach wie vor erfüllte diese nämlich mehrere Funktionen. Der Salon stellte ein Vorzimmer für politische Karrieren dar, einen Freiraum für Informationsaustausch und Diskussion und nahm letztlich auch noch eine unerläßliche Mittlerrolle auf dem Weg zu sozialem Ansehen ein. Allgemein galt für eine politische Karriere im Frankreich des 19. Jahrhunderts folgende Dreierkombination: Salon, Zeitung, politische Gruppe. Maupassant ging noch weiter in seinem Urteil: Um Diplomat zu werden, müsse man »un beau garçon« sein, in Salons verkehren, mit Frauen plaudern und sie verführen können.

Marie d'Agoult, deren Devise lautete: »Um einen Salon zu gründen, bedarf es zwanzig Männer und fünf Frauen«, übergab allmählich den ihren einer intellektuell äußerst wachen jungen Frau, Juliette Lambert, später Madame Adam, die ihre »Salonerbin« wurde. Sie selbst reiste viel; der Bruch mit Franz Liszt und der Tod zweier ihrer Kinder untergrub ihre zerbrechliche Gesundheit. Ein Blick in ihr Tagebuch enthüllt ihre seelische Verfassung: »Was hat er während der letzten achtundzwanzig Jahre getan? Und ich selber? Er ist der Abbé Liszt und ich bin Daniel Stern geworden. Wieviel Verzweiflung, Tod, Tränen, Schluchzen und Trauer zwischen uns!« Sie starb 1876 fast mittellos in Paris, wo sie im Friedhof von Montmartre begraben liegt.

Juliette Adam

Marie d'Agoults Salonerbin trat unerschrocken in die Spuren ihrer Vorgängerin. Bereits mit zweiundzwanzig Jahren hatte Juliette (1876–1936) im Kreuzfeuer des Pariser intellektuellen Geschehens gestanden. Gegen Proudhons Thesen, einzig der Mann sei als soziales Individuum zu betrachten, antwortete sie mit einer glühend-empörten Streitschrift, *Idées antiproudho-*

Jean Beraud, *Juliette Adam mit Léon Gambetta in ihrem Salon*, 1859.

niennes sur l'amour, la femme et le mariage, in der sie temperamentvoll die Ansicht vertrat, das Zivilisationsniveau eines Volkes hänge von der Rolle ab, die darin der Frau eingeräumt werde. Daraufhin wurde Juliette zur Anführerin einer feministisch-emanzipatorischen Bewegung. George Sand und Marie d'Agoult pflichteten den die französische Gesellschaft irritierenden Ausführungen bei. Im privaten Bereich dagegen war das Ende der Gemeinsamkeiten gekommen, denn die einstigen Freundinnen waren wegen Liszt mittlerweile zu erbitterten Feindinnen geworden und verlangten von ihren Bekannten jeweils Solidarität. Juliette zeigte taktisches Geschick nicht nur in ihren politischen Schriften, die meist in renommierten Zeitungen erschienen, sondern auch im praktischen Leben. Sie verkehrte intensiv in Marie d'Agoults Salon und führte eine umfangreiche Korrespondenz mit George Sand. 1880 ließ sie sich, dank des Vermögens ihres Mannes, im Boulevard Malesherbes ein Stadtpalais mit einem kleinen Privattheater im Parterre erbauen, wo Privataufführungen stattfanden.

Juliettes Schönheit war legendär. Der alternde Meyerbeer erlag ihr vollkommen, verzichtete jedoch zur Wahrung seines Seelenfriedens darauf, sie wiederzusehen. Statt dessen schickte er ihr bis zu seinem Tod täglich einen Veilchenstrauß. Doch sie war nicht nur eine romantische Erscheinung. Mit ihr nahm die Personalunion von Salonière und Suffragette ihren Anfang. Das Zeitgeschehen, besonders die Frauenbewegung, war ihr Anliegen. Ihr einflußreicher Salon, dessen politische Tendenz unüberhörbar war, stellte sich in den Dienst des französischen Staatsmannes Léon Gambetta (1838–1882), den sie am Tage ihrer eigenen Hochzeit kennengelernt hatte. In den folgenden Jahren initiierte Juliette Adam unter dem Eindruck dieser Beziehung eine Salonvariante, die im Laufe des 19. Jahrhunderts immer mehr an Bedeutung gewann – die Salonière, selber Autorin oder Publizistin, steht im Schatten eines berühmten Mannes, meist eines Politikers, den sie inspiriert und ermutigt, oft sogar führt. »Egerien« wurden diese Damen nach der altitalienischen Geburts- und Quellengöttin Egeria genannt, die einen beratenden und schöpferisch-inspirierenden Einfluß auf den sabinischen König Numa Pompilius hatte. Ein Hauch von Erotik und viriler Selbstbehauptung haftete der Egerie zweifelsohne an, ihre kulturhistorische Rolle als vorantreibende Kraft ist jedenfalls folgenschwerer gewesen als die einer »Belle écouteuse« (Valéry), deren Eigenart im Rezeptiv-Unterstützenden lag.

Für die Karriere des umstürzlerischen Republikaners war die Verbindung mit der tatkräftigen Salonière äußerst fruchtbar. Juliette Adam verstand Politik als Kunst des Kompromisses, darum versuchte sie den radikalen Gambetta mit dem gemäßigten Adolphe Thiers zu versöhnen. Die angestrebte Ministerlaufbahn ihres Geliebten machte sie zu ihrem Anliegen, oft fungierte sie als Beraterin, den langen Briefen nach zu urteilen, die er ihr schrieb, wenn ihn die Wahlkampagnen von Paris fernhielten – ironischerweise oft in Begleitung von Juliettes

Ehemann. Durch diese Verquickung wurde ihr Salon zunehmend politisch – oft wurden keine Damen zugelassen –, und auf diese Weise trug Juliette letztlich zur Geburt der Dritten Republik entschieden bei.

1870 gründete sie *La Nouvelle Revue*, eine glänzende Zeitschrift, die es sich zum Ziel gesetzt hatte, Bismarck zu bekämpfen und die nach der politischen Niederlage apathisch und mißmutig gestimmten Intellektuellen aufzurichten. Flaubert, Maupassant, Loti gehörten zu ihren Mitarbeitern. Die »Geheimagenten« der einflußreichen Dame sorgten für politische Enthüllungen, die ganz Europa in Atem hielten. Gambetta indes, ihr Idol, entfernte sich von ihr. Er suchte Verbindungsbrücken zu Deutschland und besuchte oft die berühmte Kurtisane La Paiva, die inzwischen Gräfin Henckel von Donnersmarck geworden war. Juliette wandte sich darauf ausschließlich der Politik und nicht mehr den Politikern zu. Aus der engagierten Republikanerin wurde allmählich eine verbissene Nationalistin, die bis zu ihrem Tod 1936 bisweilen in gefährliche Randzonen geriet.

Nicht allein das politische Engagement, auch das wissenschaftliche ersetzte im 19. Jahrhundert die freischwebende Geselligkeit und den galanten Umgang vergangener Jahrhunderte. Ein originelles Beispiel für diese zweite Variante bildete die französische Archäologin Jane Dieulafoy (1851–1916), eine enge Freundin Juliette Adams, die sich als Ethnologin und Reporterin vom Persischen Golf bis zum Schwarzen Meer einen Namen gemacht hat. Kaum war sie nach Paris zurückgekehrt, faßte sie den Plan, selber einen Salon zu gründen. Sie schloß sich Juliette Adam an und kaufte ein Hotel Particulier in Passy, um dort »Dimanches littéraires« zu inszenieren. Jane, die zweideutige Amazone, die stets einen Herrenhaarschnitt und Männeranzüge trug, verwirrte und bestach mit ihrem androgynen Gehabe. Ihr Salon erinnerte an einen orientalischen Prachtsaal, den persische Teppiche und Palmen üppig schmückten. Trotzdem wurde stets eine streng akademische Note beibehalten –

ganz im Gegenteil zu dem in eine Moschee verwandelten Arbeitszimmer von Piere Loti, der die Stütze des Salons der Dieulafoy wurde. Zwischen der sachlich-herben Archäologin und dem verquälten Dichter, dessen gelbe Verloursjacke, hohe Absätze und geschminktes Gesicht in ergänzendem Kontrast zur Virilität der Gastgeberin standen, entwickelte sich eine tiefe Freundschaft. Die gemeinsame Passion für den Osten wurde zum Leitthema ihrer Salongespräche. Zunächst war es eine gemischte Gesellschaft, die dort zusammenkam, doch bald überwogen ethnologische Vorträge und Zeitungspolemiken. Die Gäste wurden akademisch, der Ton wissenschaftlich-didaktisch. Solch professionell bedingte Verengung nahm der Salonkultur keineswegs ihre Anziehungskraft. Die Abende bei Delphine de Girardin und Rachilde sind das beste Beispiel dafür.

Delphine de Girardin

Lamartine beschrieb sie, die unter dem Pseudonym Vicomte de Launay ihren Weg als Schriftstellerin gemacht hatte, als eine romantische Heldin. Als Mademoiselle Gay verfaßte sie politische Texte, zu denen sich selbst Goethe lobend äußerte. Delphine de Girardin (1804–1855) war schon sehr jung durch ihren Mann in den Zirkel der bedeutendsten Journalisten eingeführt worden. Zugleich Mitglied und scharfe Beobachterin des »Tout Paris«, wurde die kritische Delphine bald zum Sprachrohr dieser Gesellschaftskreise. In ihrem Salon, der »ihre Coterie, ihre Eleganz, ihr Luxus« (Marie-Thérèse Guichard) war, versammelten sich Victor Hugo, de Vigny, Balzac, Rossini, Meyerbeer und viele Journalisten. Nebenbei veröffentlichte sie treffsichere Artikel im *Courrier de Paris* oder in den *Lettres Parisiennes*, die ein originelles und sehr farbiges Zeugnis vom intellektuellen Leben im Frankreich des 19. Jahrhunderts ablegen. Dort wird auf einzigartige Weise der hohe Grad an Zivilisation, der die französische Gesellschaft kennzeichnete, greifbar. Delphine de Girardins Bemerkungen zum Salonleben, das sie selbst intensiv betrieb und dessen Aussterben sie heftig beklagte, sind aufschlußreich: »Ein Salon muß wie ein englischer Garten sein, scheinbar unordentlich, aber diese Unordnung ist kein Zufall, sondern höchste, erhabenste Kunst.«

Ihr Mann Emile, der berühmteste französische Journalist seiner Zeit, bei dem soziale Utopie und persönlicher Ehrgeiz eine glückliche Symbiose eingingen, bildete mit der klugen Delphine ein anregendes intellektuelles Gespann. Boshafte Zungen deuteten das Paar als »Verknüpfung zweier Intelligenzen, die zwei Haufen Schreibfedern begünstigt«. Tatsächlich aber war ihre Ehe außergewöhnlich erfolgreich; Charme, Talent und Macht verbanden sich hier äußerst harmonisch. Je größer der Ruhm des Mannes, um so anziehender der Salon der Frau. Das bildete ein Novum in der Salongeschichte, wo der Ehemann fast immer eine »Quantité négligeable« und die männliche »Hauptrolle« dem bedeutendsten Habitué der Salonière vorbehalten gewesen war.

Esprit und Zeitgeschichte, fundamentale Fragen, die in den vermischten Nachrichten zum Ausdruck kamen, wie 1840 der bekannte Mordanschlag der Marie Lafarge, bildeten die Gesprächsthemen im Salon der Girardins. Literarische Sprichwörterspiele, ästhetisches Dekorum traten kontrapunktisch hinzu. Delphine hat in ihren Chroniken den Ton und die Eigenart der damaligen Salons wiedergegeben, am treffendsten natürlich die des eigenen. Sie war jedem »Salon de fusion«, d. h. einer undifferenzierten Mischung von Weltleuten und Intellektuellen, abgeneigt und setzte echte Begabung und waches Interesse als ausschlaggebende Kriterien für ihre Abende voraus. Nicht so sehr literarische Kreativität als vielmehr intellektuelle Auseinandersetzung war gefragt. Dem nur Ästhetischen oder dem Mondänen setzte sie eine bewußt engagierte intellektuelle Haltung entgegen. In ihrem Salon, der die Kontinuität zwischen Restauration und Julimonarchie versinnbildlicht, galt das zeitkritische Element als wesentliches Anliegen.

Rachilde, »Homme de lettres«

Eine weitere Salonière, die mit ihrem Nonkonformismus ihre Zeit teilweise sogar in Aufruhr versetzte, war Marguerite Eymery (1860–1953), Rachilde genannt. Sie gehörte zu den faszinierendsten Gestalten der europäischen Jahrhundertwende. »Mademoiselle Baudelaire«, wie sie von Maurice Barrès genannt wurde, verschlang bereits als Kind die Schriften Voltaires und de Sades. Sehr jung noch zog sie nach Paris, wo sie trotz materieller Schwierigkeiten eine schriftstellerische Karriere begann. Schon ihr zweites, gewagt »unmoralisches« Buch (*Monsieur Venus*, 1884) rief einen Skandal hervor.

Rachilde verkehrte in der Bohème-Szene, führte Schußwaffen mit sich, trug Männeranzüge und ließ auf ihre Visitenkarte drucken: »Rachilde, homme de lettres«. Mit ihrer umfangreichen literarischen Produktion wollte sie die »Nebenformen« der Leidenschaft auskundschaften und illustrieren: Sadismus, Vampirismus, Nekrophilie, männliche und weibliche Homosexualität. Sie verfaßte ebenfalls gnadenlose gesellschaftliche Satiren, grausame Beleuchtungen des bürgerlichen Sittenkodex. Ihre Bücher führten den Leser in die Dekadenz der Belle Epoque ein, eine Welt aus Blut, Sperma und Tränen, wo der Wahnsinn herrschte.

Rachilde selbst sah keineswegs aus wie eine Amazone oder eine Messalina; Verlaine nannte sie sogar »ma bonne petite bourgeoise« und schrieb ihr: »Liebes Kind, wenn Sie ein neues Laster erfunden hätten, wären Sie ein Wohltäter der Menschheit.« 1889 heiratete Rachilde Alfred Vallette, den Begründer des *Mercure de France*, einer literarischen Zeitschrift, die, von einer symbolistischen Schriftstellergruppe getragen, allen literarischen Novitäten offenstand. Rachilde wurde bald die »Seele« des Blattes. Jeden Dienstag empfing sie in den Räumen des *Mercure* Autoren und Freunde und trug dazu bei, die Symbolisten und »Décadents« bekannt zu machen. Der misanthropische Léautaud, von Walter Benjamin als »klassisches Charakterbild des großen Satirikers« bezeichnet, saß beobachtend in seinem Arbeitskäfig am Ende des Gangs; »Guignol de Rachilde« war sein gnadenloser Kommentar.

Es war eine Zwischenform von Salon und Verlagstreffen, die hier praktiziert wurde. Zu Entdeckende und bereits Entdeckte bildeten den Kreis der Habitués: Jules Renard, »le chasseur d'images«, Pierre Louÿs, Leon-Paul Fargue, Emile Verhaeren, der überschwengliche Liebhaber Maeterlincks, Henri de Regnier, Remy de Gourmont, Apollinaire, Jarry, der die letzten Passagen seines *Ubu roi* deklamierte, Huysmans – sie alle gehörten diesem Kreis an. Die Damen waren zwar nicht zahlreich vertreten, doch diejenigen, die dazugehörten, waren legendär – so Colette, die von Rachilde frühzeitig entdeckt und motiviert wurde: »Ich glaube, daß man immer würdig ist, wenn man sein Leben in voller Intensität, ohne Hypokrisie und Konzessionen führt«. Colette erfüllte die Erwartungen ihrer Gastgeberin und gewann ihre Freundschaft. Streng ging Rachilde hingegen mit Renée Vivien um, der sie vorwarf, die sapphische Mode auszubeuten, sowie mit Liane de Pougy, der bekannten Kurtisane, die zu Beginn an den Dienstagen erwünscht war, als verehelichte Prinzessin Ghika aber von der unbestechlichen Gastgeberin die kalte Schulter gezeigt bekam.

Rachilde trat stets in Lila auf, ihrer Lieblingsfarbe und die der Belle Epoque schlechthin. Ihre Widersprüchlichkeit faszinierte ihre Besucher – sie kämpfte gegen die Übermacht des Männlichen in einem fast ausschließlich männlichen Salon und war zugleich Antifeministin; sie verachtete die Menschheit und setzte sich unermüdlich für soziale Belange ein. Ihre engsten Freunde waren homosexuell, zugleich prangerte sie Gides Verhaltensweise an. Pazifistin und zugleich militante Preußenhasserin, stellte sie, um ihre Solidarität mit der französischen Armee zu bekunden, 1914 ihre literarischen Zusammenkünfte ein.

Wie keine andere Salonière repräsentierte sie die »Dekadenz«. Was Oscar Wilde für England, d'Annunzio für Italien, das waren Rachilde und ihre Freunde für Frankreich, nämlich Hauptexponenten dieser kulturellen Bewegung, die die Jahrhundertwende bestimmte. Provokation, Sezession, Aufbruch waren ihre Leitmotive. Während des Zweiten Weltkriegs stellte der *Mercure de France* seine Publikationen ein, die *Nouvelle Revue Française* übernahm später seine Rolle. Die literarischen Treffen der Rachilde und des *Mercure* gingen damit zu Ende.

Varianten und Ausläufer der Salonkultur im 20. Jahrhundert

Im gesamteuropäischen Rahmen gesehen, manifestierten sich die letzten Erscheinungsformen des Salons in sehr unterschiedlicher Weise. Ein kurzer Überblick sei im folgenden skizziert, wobei Frankreich, das erste und letzte Land dieses kulturgeschichtlichen Phänomens, zum Schluß beleuchtet wird, da sich dort diese Geselligkeitsform am längsten, bis in unsere Tage hinein, erhalten hat.

Der ausklingende Salon im deutsch-österreichischen Raum

Berta Zuckerkandl

Berta (1864–1945) entstammte einer wohlhabenden jüdischen Familie aus Galizien. Ihr Vater, Moriz Szeps, war ein bekannter Journalist, Gründer des liberalen *Neuen Wiener Tagblattes* und enger Berater, ja Freund des Erbprinzen Rudolf. Das Palais Szeps in der Liechtensteinstraße war ein vielbesuchter Treffpunkt der jüdischen Intelligenz Wiens. Schon als junges Mädchen begegnete Berta dort so bedeutenden Persönlichkeiten wie dem britischen Premier Benjamin Disraeli, dem Komponisten Jacques Offenbach, dem »Tiger« Georges Clemenceau. Politisches Engagement bestimmte den Alltag der Familie Szeps. 1883 heiratete Berta den Anatomieprofessor Emil Zuckerkandl aus Graz, der einen Knochen im menschlichen Organismus entdeckt hatte, der noch heute seinen Namen trägt. Ihre Schwester wurde die Frau von Clemenceaus Bruder, was zumindest teilweise den intensiven Gedankenaustausch zwischen Wien und Paris erklärt. Im Palais Clemenceau verkehrten die Gräfin von Noailles, Auguste Rodin, Maurice Ravel – sie alle lernte Berta dort kennen und schätzen, und von diesem Vorbild inspiriert, wurde auch das Zuckerkandl-Haus in der Wiener Nußwaldstraße in kurzer Zeit zu einem beliebten Treffpunkt Wiener Künstler und Literaten. Hermann Bahr, Gustav Klimt, Krafft-Ebing und die Avantgarde fanden sich hier regelmäßig bei »Tante Berta« ein, die Gesellschaftlich-Kulturelles vorzüglich zu inszenieren verstand und ein offenes Ohr für zeitgeschichtliche Strömungen hatte. Ihre nonkonformistische Geisteshaltung öffnete den jüngeren Gästen ungeahnte Perspektiven. In diesem Salon soll die Sezession entstanden bzw. entscheidend befruchtet, formuliert und unterstützt worden sein. Die Zuckerkandl stand sozusagen dem Jugendstil Pate. Widersacher, die nicht fehlten, schlugen heftig zu, so Karl Kraus, der sie als »Hebamme der Kultur« sarkastisch attackierte. Gewiß waren ihre Beweggründe nicht rein selbstloser Natur, ihr Salon war ihr Leben, ihre Aufgabe, ihr Besitz.

»Sie war ganz Farbe und Grazie, neu, das Neue stark empfindend. Eine Freundin von Klimt und Mahler, eine Vorkämpferin der Wiener Werkstätten. Wie eine exotische Blume wirkte sie in ihrem feinfarbigen Interieur von Hoffmann. Ihr rotes Haar glühte über buntgestickten Stoffen und Batiks, und ihre dunkelbraunen Augen funkelten von innerem Feuer. Meist fand man sie auf ihrem langen Diwan sitzend, umgeben von jungen Malern, Dichtern und Musikern, die sich immer wohl bei ihr fühlten, weil eine lösende, schwingende Luft dort wehte. Etwas Freies, Unwirkliches, nie Beschwerendes umgab sie wohltuend. Man war mit ihr immer optimistisch im Glauben an eine Zukunft, es mochte noch so düster aussehen. Diese Heiterkeit, von der man in Wien viel spricht und die mich manchmal doch nur wehmütig stimmte, fand man wirklich bei ihr. Dieses Tanzende, das Nietzsche als höchste und seltenste Tugend rühmt. Mit Hilfe ihrer ausländischen Beziehungen suchte sie in der Politik vermittelnd zu wirken. Auch in die Politik brachte sie diese bewegliche Grazie hinein, die eine Erstarrung unmöglich machte; und ihre Hilfe wäre in einer weniger hoffnungslosen Situation vielleicht von Nutzen gewesen.« (Helene von Nostitz)

Die Affäre Dreyfus schärfte ihr politisches Bewußtsein. Sie empfing zwar weiterhin großzügig die Gäste ihres literarischen Salons, doch das politische Engagement nahm wie einstmals bei ihrem Vater fortan die erste Stelle ein. Sie kämpfte verbal, ihr schriftlicher Einsatz war unermüdlich. Den politischen Artikeln folgten kunstkritische Aufsätze, zum Beispiel zur Verbreitung der Gedanken der Wiener Werkstätte. Allmählich verwandelte sich die Salonière in eine kritische Journalistin, was seit Mitte des 19. Jahrhunderts in ganz Europa ein weitverbreitetes Phänomen war. Häufige Reisen nach Paris, wo sie für Rodin entbrannte, eine nicht unproblematische Begegnung mit Gustav Mahler (»Ich komme nur, wenn Sie sonst niemand einladen, ich esse nur Vollkornbrot und Reinetten«) und mit Alma sowie ein nie versiegender Einsatz für Klimts Modernismus – all dies waren Meilensteine im Leben der Berta Zuckerkandl.

Nach Ausbruch des Ersten Weltkriegs führte sie dank ihrer Beziehungen zu Georges Clemenceau eine pazifistische Kampagne in Europa durch. Salzburg war ihr nächster Wirkungsort. Dort wirkte sie eifrig am Aufbau der Festspiele mit, zu denen sie französische Musiker, u. a. Ravel, einlud. 1922 eröffnete die »revolutionäre Hofrätin« einen zweiten Salon in Wien, der zwar viele politische Persönlichkeiten anzog, wegen seiner zunächst bewußten Neutralität jedoch nicht als politischer Salon im eigentlichen Sinne angesehen werden darf.

Das Herzstück der Zuckerkandlschen Wohnung in der Oppelgergasse bildete die riesige Bibliothek, in der die Gäste empfangen wurden – was den Vorrang des Intellektuellen vor dem Gesellschaftlichen herausstrich. Auf dem dunklen, mit Jugendstilblumen dekorierten Diwan, einem Prunkstück der Wiener Werkstätte, fanden zehn Gäste Platz. »Dieser Diwan bildet den Hauptteil meines gesellschaftlichen Lebens. Auf ihm wird Österreich lebendig«, scherzte die alternde Salonière. Hier saßen unter anderem Theodor Däubler und Egon Friedell.

Ab 1924 machte sie auch exklusive Interviews, die zur europäischen Völkerverständigung beitragen sollten. Der französische Schriftsteller Anatole France, Leonid Krassin, der sowjetische Botschafter in Paris, Jean Anouilh sowie der englische Premier MacDonald gehörten zu den Gesprächspartnern der Berta Zuckerkandl. Das politische Engagement verdrängte zusehends den kulturell-gesellschaftlichen Einsatz. Eine Institution wie der musikalische Salon der Alma Mahler beispielsweise wurde der aufmüpfigen Zuckerkandl immer fremder; sie wollte an der Zeitgeschichte mitwirken, das hauptsächlich Ästhetische schien ihr überholt. Der gewaltsame »Anschluß« Österreichs durch das Dritte Reich 1938 entsetzte und gefährdete die einstige Salonière aufs höchste. Über Paris, wo sie Annette Kolb und Franz Werfel traf, floh sie nach Algerien. Ihre Verwandtschaft mit Clemenceau hätte sie vor großen Gefahren verschont, aber sie zog es vor, sich nach Nordafrika abzusetzen. Einen Salon führte sie nie wieder.

Helene von Nostitz-Wallwitz

Im Berlin der zwanziger Jahre wurde mehrmals ein Versuch unternommen, den traditionellen literarischen Salon neu zu beleben. Der berühmteste dieser sich gegen das Aussterben behauptenden Konversationssalons war der von Helene von Nostitz-Wallwitz (1878–1944). Preußische Tradition, das väterliche Haus mit seinem großen Freundeskreis, ein kosmopolitischer Hintergrund durch die Großmutter, eine Fürstin Galitzin, prägten ihre Jugendjahre. Aufenthalte am Ligurischen Meer, in Paris bei dem Großvater Fürst Münster, in Florenz und Rom erweiterten schon in jungen Jahren ihren Horizont.

In der Zeit der Pariser Weltausstellung 1890 lernte Helene von Beneckendorff-Hindenburg, wie sie damals noch hieß, Auguste Rodin kennen. »Jamais plus beau navire n'a quitté le port«, schrieb der französische Bildhauer, als die junge Aristokratin das elterliche Haus verließ. Sie hingegen brachte mit ihren Memoiren vielen Deutschen den französischen Bildhauer nahe: »Er hatte einen so raschen Blick für das Wesentliche und wollte das Unwichtige im Leben nicht hören noch sehen. Den Kunstwerken gegenüber übte er immer eine große Enthaltsamkeit: ›Il ne faut pas multiplier les émotions.‹ Schaffen sollte man auch im Sehen und diese kühle Zurückhaltung üben, die vielleicht das Geheimnis aller großen Lebensäußerungen ist. Einmal in Lucca, wohin wir von Ardenza aus häufig hinüberfuhren, wies er alle weiteren Eindrücke ab. In einer Kirche liegt das Denkmal einer Jungfrau, einen Rosenkranz auf dem Haupt; zu ihren Füßen ruht ein kleiner Hund. Irgend etwas Rührendes ist in dieser ernst lächelnden Gestalt, die sich wie mit lieblichen Begleitern für die Todesreise umgeben hat. Aber Rodin war eher ablehnend gegen diese rührende Gruppe. Nachdem er so etwas bestimmt geäußert hatte, beugte er oft, das Gewicht seiner Worte spürend, das Haupt und sank in tiefes Nachdenken. Wie oft sagte er nach starkem Erleben: ›C'était un arrêt dans notre existence‹, und in diesem Gefühl stand man vor diesem Schweigen, das wie das Schweigen in großen Wäldern einem entgegenatmete, Ehrfurcht gebietend in seiner Fülle.«

Ein einfühlsames Bild hat sie auch von Rainer Maria Rilke entworfen: »Wir trafen uns in der Halle. Rilke war ganz grau und ausgelöscht. Sein großes blaues Auge blickte nach innen. Er hatte die Tarnkappe aufgesetzt, die ihn in einer nicht gemäßen Umgebung gleichsam unsichtbar machte – ein Vorgang, den ich in dem Maße nur bei ihm beobachtet habe. Unbemerkt schritten wir auf den lärmenden Platz hinaus. Doch bald hatte sich der Weg zum Buchenwald gefunden. Und plötzlich umgaben uns die festen, wohlgeformten, glatten Stämme, das tiefe Grün, hinter dem wiederum das Meer aufleuchtete. ›Hier ist der Frieden, von dem ich Ihnen geschrieben habe, das andere Treiben dauert nur noch wenige Stunden, bitte bleiben Sie!‹ Rilke blieb, und der Zauber seiner Welt folgte ihm nun hier wie überall nach ... Am Abend entschwand Rilke in seine Einsamkeit und zeigte sich nicht mehr. Wie für Rodin war der Schluß des Tages auch für ihn eine heilige Handlung. Unter dem unermeßlichen Dom der Nacht besinnt sich die Seele auf ihren Ursprung. Dann kommen die geheimnisvollen Stimmen, die schaffend in uns wirken. Wir müssen ihnen lauschen, unbeschwert vom Getriebe des Tages. Denn hinter dem lieblichen Vordergrund der Landschaft steht das Schicksal.«

Die Heirat mit Alfred von Nostitz-Wallwitz 1904 fügte Helene in den »Weimarer Kreis« ein, dessen Ziel es war, die Goethestadt europaweit wieder zu einem Zentrum des kulturellen Lebens zu erwecken. Häufige Reisen durch Europa und eine Vortragsreise nach Amerika machten aus der hochgebildeten und weltgewandten Frau eine Botschafterin jener Kulturwerte, die ein starrer Nationalismus gefährdete. In ihrem Memoirenbuch *Aus dem alten Europa* (1924), einer farbenprächtigen Porträtsammlung, die Zeugnis von der geistigen Einheit Europas ablegt, hat die Autorin den Kulturmikrokosmos eingefangen, der durch den Ersten Weltkrieg zerstört wurde.

In den zwanziger Jahren gründete sie in Berlin einen Salon, der an das Modell ihrer berühmten Vorgängerinnen anknüpfte. Helene von Nostitz' Spürsinn für neue Talente, junge, aufstrebende Musiker und Dichter sowie für die zeitgeschichtliche Entwicklung ließen ihr Haus in Berlin zu einem Zentrum aufgeschlossener Kulturgeselligkeit werden. Hier wurden auch deutsch-französische Kontakte geknüpft und vertieft, so zum Beispiel mit Jean Giono, Gabriel Marcel und Jean Paulhan.

Trotz allen Bemühens der Helene von Nostitz ließ sich die Salonkultur auf breiterer Ebene nicht wiederbeleben. Die »Auferstehung der Dame«, die »Auferstehung des Salons« wurde publizistisch zwar propagiert, blieb aber ohne praktische Nachwirkung. Die moderne, »professionelle« Geselligkeit entwickelte eigene Varianten und opferte selbstverständlich den früheren Salon. Als gesellschaftliches Pendant traten immer stärker die Kultursoireen in den Vordergrund. Eine Soiree, und mag sie gänzlich dem Kulturaustausch gewidmet sein, bleibt stets eine punktuelle Geselligkeitsform, ein geplanter Abend mit Programm, und steht darum im Gegensatz zum linear-kontinuierlichen Geschehen des Salons. Solche »Verfallserscheinungen« traten im gesamten europäischen Raum zutage.

München: literarische Gesellschaften und Vereine

Das Vereinswesen scheint seit jeher eine deutsche Tradition zu sein. Ein deutliches Beispiel dafür bildet die Stadt München, die von manchen »Zugereisten« als »deutsches Florenz« bezeichnet wird.

Die Kunstliebe und, damit verbunden, das großzügige Mäzenatentum der Wittelsbacher Könige ist legendär. Wenn München sich im Laufe des 19. Jahrhunderts zur kulturell interessantesten Stadt Deutschlands entwickeln konnte, so war dies das Verdienst der Könige. Ludwig I., dessen Liaison mit der spanischen Tänzerin Lola Montez einen Skandal auslöste, wollte mit seinen Bauten ein neues bayerisches Staatsbewußtsein repräsentieren und seinen Untertanen zugleich eine »ästhetische Erziehung« zukommen lassen. Sein Sohn Max berief Wissenschaftler und Dichter an seinen Hof und setzte ihnen ein auskömmliches Jahresgehalt einzig dafür aus, daß sie sich in München niederließen und an seiner »geistigen Tafelrunde« teilnahmen. Im Frack kam man zusammen, Poeten lasen ihre neuesten Gedichte vor, Gelehrte hielten wissenschaftliche Vorträge mit anschließender Diskussion, bei der deftig belegte Brote samt Bier serviert wurden. Diese königlichen Symposien gaben der Stadt einen unvergleichlichen literarischen Auftrieb. Für Musikförderung und architektonische Exzentrizitäten sorgte Ludwig II., der Freund und Gönner Richard Wagners.

Viele preußische und ausländische Künstler fühlten sich von München angezogen, zum Beispiel Andersen, Fontane, Kobell, Pocci, auch Heinrich Heine, der sich hier eigentlich mehr Freiheit erhoffte als in Berlin. Er blieb aber nur sechs Monate, weil er sich »umlagert von Feinden und intrigierenden Pfaffen fühlte«. Schwabing, das Montmartre Münchens, beherbergte zeitweise Strindberg und Ibsen, Pascin, Kubin, Jawlensky, Kandinsky; ferner war es Geburtsort verschiedener Kunstrevolutionen wie Sezession, Blauer Reiter und Frühnaturalismus.

Das alles trug dazu bei, der gemächlichen bayrischen Hauptstadt allmählich eine weltläufige Note zu verleihen. Literarische

Abende im kleinen privaten Kreis, die das Ritual und unter Umständen Geschäft der Dichterlesungen pflegten, wie es die Kreise um Stefan George, Ludwig Klages und später Thomas Mann taten, prägten die kulturelle Szene. Bezeichnend ist, daß nicht die jeweilige Gastgeberin, sondern einzig der Autor die Gäste zusammenhielt, was die Münchener Geselligkeitsform wesentlich vom Typus des literarischen Salons unterscheidet. Auch zahlreiche Dichtervereine wurden in der bayrischen Metropole ins Leben gerufen, denen es um literarische Anregung und Kritik ging. 1848 entstand der »Verein für deutsche Dichtkunst«, später »Die Krokodile«, 1898 die »Münchener literarische Gesellschaft«, die der Berliner Ernst von Wolzogen gemeinsam mit dem Heimatdichter Ludwig Ganghofer gründete. Auch nach dem Zweiten Weltkrieg führte München die Tradition des literarischen Vereins weiter. Heinz Werner Richter gründete in München die »Gruppe 47«, die wohl einflußreichste informelle Vereinigung von Schriftstellern, einen fachkollegialen Verein sozusagen, dem es um ein homogenes sozialberufliches Selbstverständnis zu tun war.

Literarische Tees, ein »Exportartikel« aus Berlin, der in München Furore machte, gab es ebenfalls, vornehmlich in Wolzogens Haus an der Werneckstraße. Im Hause des Malers Leopold von Kalkreuth, seit 1903 Präsident des Deutschen Künstlerbundes, fanden literarische Kaffeenachmittage statt. Kalkreuths führten ein intensives Bildungsleben in familiärem Rahmen: Die Dame des Hauses musizierte, deklamierte Dante, Eichendorff, Goethe und trug Gedichte von Baudelaire und Verlaine vor, ins Deutsche übertragen vom hochbegabten Sohn Wolf, der sich 1906 neunzehnjährig das Leben nahm.

Parallel dazu liefen die glanzvollen Künstlerempfänge in den Stadtpalais der Maler Kaulbach, Lenbach, von Stuck. Die Bohème bildete indes eine Gegenwelt, die mit dem an gesellschaftliche Regeln gebundenen Feiern der Kunst nichts mehr zu tun hatte, und traf sich in literarischen Cafés, Kabaretts und Brauereien. Die Tagebücher der Franziska von Reventlow vermitteln ein bestechendes Bild dieser »offenen« Freiräume.

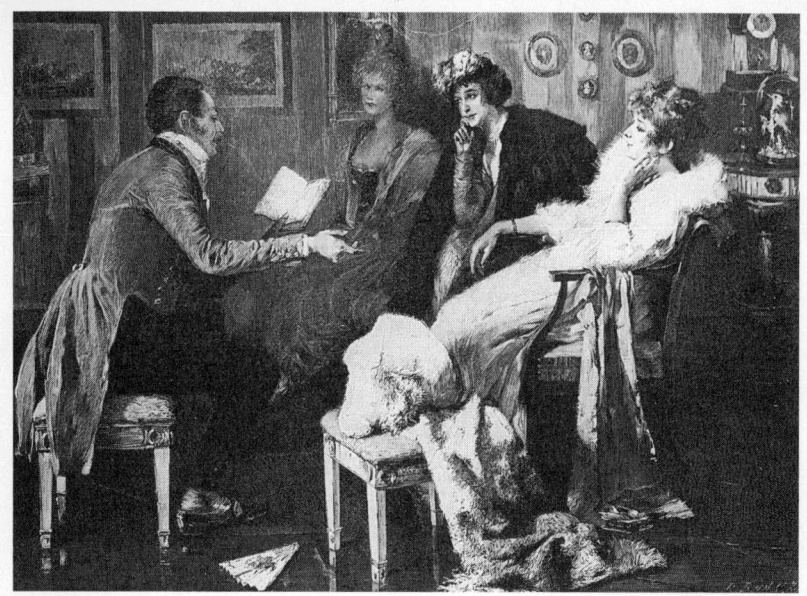

Friedrich Fehr, *Werneck-Vorlesung*. Holzstich nach einem Gemälde Ende des 19. Jahrhunderts. Im kunstfreudigen München fanden literarische Kaffeenachmittage statt.

Eigentliche literarische Salons waren in der kunstseligen Stadt München eine Seltenheit; darum galt derjenige der exzentrischen Romanautorin Carry Brachvogel fast als ein Exotikum. Die schlagfertige Dame des Hauses genoß es, Widersprüche herauszufordern und den Streit der Meinungen heftig hin und her wogen zu lassen. In ihrem Salon tauchte Mitte der neunziger Jahre Rilke, der frisch aus Prag kam und in Deutschland gänzlich unbekannt war, zum erstenmal in München auf. Was man in Bayern vom Damensalon hielt, der auf deutschem Boden in Berlin seine Blütezeit hatte, belegt ein spöttischer Ausdruck über jene Damen, die sich nur mit dem Gedanken an eine Salongründung trugen: »Das sind bloß übertünchte Gräber, in denen irgend etwas süßlich schwatzt und boshaft ratscht. Aufgetakelte Lemuren wollen sich wichtig machen.« (Josef Ruederer)

England und Virginia Woolf

In England war seit jeher der literarische Salon dem Kaffeehaus unterlegen gewesen. Dennoch bildeten sich im Laufe der Zeit Geselligkeitsformen heraus, die in unbestreitbarer Nähe zum literarischen Salon standen. Ein unübertroffenes Beispiel des englischen Kulturmilieus des späten 19. Jahrhunderts – einer redseligen, literarische Briefe schreibenden und Besuche machenden Kulturgesellschaft – ist der Schriftsteller und Herausgeber des *Dictionary of National Biography* Sir Leslie Stephen (1832–1904), der Vater Virginia Woolfs (1882–1941). Viktorianische Konventionen, widerborstiger Liberalismus und ein hochgezüchteter Intellekt liefen in dieser Familie zusammen. Die geistige Elite der Zeit saß, zunächst rein räumlich gemeint, in Leslies Salon: Thackeray, der Vater seiner ersten Frau, Thomas Hardy, Henry James, George Eliot. Die sogenannten »Heroen des Viktorianischen Zeitalters« gingen bei Stephens ein und aus.

Hyde Park Gate 22 war der Treffpunkt jener Leute, die Wichtiges auf dem Gebiet der Kunst und der Politik mitzuteilen hatten. Der Ton der Zusammenkünfte war akademisch-streng; ein geistreiches, zweckfreies Gespräch war hier nicht zu Hause. Die hochbegabte Tochter sprach sogar von einem Leben »mit angehaltenem Atem«. Der Vater dachte über das Leben nach, die Mutter inszenierte es, aber ausschließlich auf den Ehemann hin, der einen Kreis um sich versammelte, der eher an eine griechische Akademie erinnerte als an einen offenen, ungezwungenen Salon. Strenge Diskussionen, die dem Hinterfragen der Dinge galten, wurden ergiebig geführt, gesellschaftliche Konventionen außer acht gelassen. Die vier Stephen-Kinder, die an den abendlichen Treffen teilnahmen, wurden zu kritischen Geistern erzogen, und sie brachten in dieser Hinsicht einiges zustande.

Nach dem Tod des Vaters reiste Virginia nach Italien und Frankreich. In Paris lernte sie eine neue Lebensart kennen – sie stellte auf einmal fest, wie Freiheit aussehen konnte. Kurz darauf, 1904, zog sie mit ihren Geschwistern Toby, Vanessa und Adrian nach Bloomsbury, einem Londoner Stadtviertel, das in den Augen des Bürgertums keine »gute Adresse«, für Intellektuelle, Künstler und Bohemiens aber besonders anziehend war. Der Name Bloomsbury stand nunmehr für das Zusammentreffen talentierter Persönlichkeiten, deren Leistungen auf dem Gebiet der Literatur und der Kunst wegweisend wurden. Die jungen Menschen, eine Clique von Schriftstellern, Künstlern, Philosophen und Wissenschaftlern, die in wechselnden räumlichen und personellen Konstellationen zusammenlebten, schufen eine Form von Geselligkeit, die zur Lebensform wurde. »Sie begann als Coterie und endete als Geistesrichtung« (Hilde Spiel). Zu ihren Mitgliedern zählten: Virginia Woolf, die geniale Darstellerin menschlicher Beziehungen, ihre Schwester Vanessa, die Malerin, deren späterer Mann Clive Bell, der Romancier Desmond MacCarthy, der Essayist Lytton Strachey, der Nationalökonom John M. Keynes, Roger Fry, der Maler und Kunstkritiker in einem war und 1910 die erste nachimpressionistische Malerei nach England brachte, und Duncan Grant. Sie alle trafen sich regelmäßig in Adrians büchergesäumtem Arbeitszimmer und bildeten einen Kreis, eine Künstlergemeinschaft, die nach außen hin von einem akademischen Hintergrund, finanzieller Unabhängigkeit, entschiedener Begeisterung für das kontinentale Europa, von offenen Gesprächen über Sexualität und von exzentrischen Neigungen getragen wurde. Im Innern galt es, die äußerst komplizierte Balance zwischenmenschlicher Beziehungen zu wahren, dem Ideal einer absoluten Toleranz und einer rückhaltlosen Offenheit Rechnung zu tragen. »Alles war erlaubt, außer Dummheit, Stilbruch, Halbherzigkeit«, heißt es in einem Artikel von Petra Kipphoff. Ganz bewußt wurde darauf verzichtet, sich auf irgendeine Norm oder Pflicht zu berufen.

Das Donnerstagabendtreffen in Bloomsbury wurde geradezu ein Mythos; es ging dort um schöngeistige Themen, Literatur, Politik, letztlich um die Frage nach dem Wesen der Wahrheit, aber auch um Wandlungen des Kunstverständnisses, Vorahnung und Billigung von Sezessionen, die allerorten aufbrachen. Tabus gab es nicht, alles konnte aufgedeckt, durchdacht werden. Die beiden Stephen-Töchter akzeptierten dies am Anfang ohne Widerrede (Virginias Essay-Pamphlet *Ein Zimmer für sich allein* holte später, 1929, das Aufbegehren der Frau in der Kulturgesellschaft nach), bis sie allmählich zum uneingestandenen Mittelpunkt der Gruppe wurden, die in bezug auf Liebe recht exzentrisch war. Homosexuelle Beziehungen, das Durcheinander von Geschlechtern und Partnern, vollzog sich in aller Selbstverständlichkeit. Das Gesetz der Leidenschaft verlief dort kontrapunktisch zu dem der intellektuellen Neugier. Ein in allen Bereichen analoges Bedürfnis kennzeichnete sie alle, den Erscheinungen des Lebens tiefer auf den Grund zu gehen, die verborgenen Schichten der Realität hautnah zu berühren.

Ein Salon? Nicht eigentlich, aber sozusagen ein Mini-Salon, der in einem esoterischen Klima zum Aufblühen kam, gewissermaßen Inzucht trieb und doch zwei überragende Frauengestalten hervorbrachte. Die Devise der beiden Schwestern lautete: »Auf das Leben kommt es an, auf den Vorgang des Entdeckens, diesen ewigen und unablässigen Vorgang, nicht auf die Entdeckung selbst«, wie später die hochempfindsame Virginia schrieb.

Nach der Heirat ihrer Schwester, 1907, zog Virginia an den Fitzroy Square, wo sie als Gastgeberin die Abendversammlungen fortsetzte. Das neue Bloomsbury war eine Mischung aus Geist und Frivolität. »Mit der gleichen Erregung, mit dem gleichen Freimut, mit dem wir über das Wesen des Guten gesprochen hatten, sprachen wir jetzt über Beischlaf.« Lytton Strachey, mit dem Virginia zum allgemeinen Erstaunen eine Verlobung eingegangen war, stellte den Zeremonienmeister in diesem intellektuellen Tollhaus dar, wo Tolstoi und Dostojewskij vorgelesen, Strawinsky gehört und Seurat angebetet wurden.

Eine »Filiale« erhielt Bloomsbury 1909 im Landhaus der exzentrischen Lady Ottoline Morell, über die Virginia lakonisch bemerkte: »Sie hat das Haupt einer Medusa und schwärmt für

Kunst.« Eine intensive Beziehung entstand nach der ersten Begegnung zwischen den beiden Damen, obwohl Virginia eine kurze Liaison mit Philip Morell hatte. Ottoline war ihrerseits die langjährige Lebensgefährtin des Philosophen Bertrand Russell. Auf ihrem Landsitz Garsington Manor pflegte sie junge Intellektuelle zu versammeln und gründete dort einen »Weekend-Salon«, dessen extravaganter Stil auf Virginias Lebensart abfärbte. Man kleidete sich herausfordernd nach dem Vorbild von Gauguins Gemälden, scharlachroter Plüsch milderte viktorianische Strenge, und das Gerücht schlug Wellen, wonach Vanessa Bell vor aller Augen mit Maynard Keynes den Beischlaf vollzogen hätte. Virginias Beziehung zu Vita Sackville-West (1892–1962) ließ die öffentliche Entrüstung weiter ansteigen. In ihrer Novelle *Orlando*, einem Vexierspiel über ein die Geschlechter und Jahrhunderte überspringendes Wesen, setzte sie der Freundin ein Denkmal.

1912 kam es zur Heirat Virginias mit dem aus Ceylon zurückgekehrten Leonard Woolf. Lytton Strachey unterstützte diese Ehe, die, Virginias Zerbrechlichkeit entsprechend, eine besondere Form annahm. 1917 installierte das Ehepaar in seinem Haus eine Druckerpresse; publiziert wurden dort neben eigenen Texten auch die von Freunden wie Katherine Mansfield, E. M. Forster und Roger Fry sowie Übersetzungen, insbesondere aus dem Russischen. Der Verlag The Hogarth Press, einer der renommiertesten Englands, berühmt auch wegen seines Interesses an Avantgarde, wurde von beiden Ehepartnern betrieben. Virginia fungierte als Lektorin und entdeckte unter anderen T. S. Eliot.

Aus dem literarischen Zirkel wurde eine Werkstatt des Geistes. Schreiben als Lebensvollzug – die Geselligkeit wurde immer exklusiver, was mit Virginias sich zunehmend verschlechterndem Gesundheitszustand zu tun hatte. 1941 wurden ihre Wahnvorstellungen immer bedrängender, sie ertränkte sich in der Ouse. »In ihr verlor die Welt eines ihrer seltsamsten Güter: Ein weibliches Genie«, hat Hilde Spiel sie treffend gewürdigt.

Der Bloomsbury-Kreis war kein literarischer Salon im engeren Sinne, aber doch ein »Nachkomme« dieser Kultur, ein Gegenmodell gewissermaßen, das sich vom traditionellen Salon schon durch sein homogenes Elitedenken und durch seine Abkapselung als Arbeits- und Lebensgruppe abgrenzte. Und doch hat diese »einzige echte Bewegung in der kulturellen Entwicklung Englands« (E. M. Forster) eine kulturgeschichtlich relevante Symbiose von künstlerischer Arbeit und exklusiver Geselligkeit, eher Lebensgemeinschaft, entworfen, die im 20. Jahrhundert ohnegleichen geblieben ist.

Italien und Spanien: Literaturpreise und Tertulias

In Italien liefen stets zwei Traditionsstränge nebeneinander her. Der eine führte zu den griechischen Hetären zurück, der andere zu den Renaissancefürstinnen. Oder, wie der Volksmund amüsiert bemerkte: Zwei Sorten von Damen hielten in Italien Salon – jene, die sich der Poesie, und jene, die sich den Poeten hingaben. Bezeichnend ist, daß die Salons der Ausländer dort oft berühmter waren als die der Einheimischen, so zum Beispiel der des preußischen Gesandten Wilhelm von Humboldt und seiner Frau Karoline, die in dem römischen Palazzo Tomasi Künstler aus ganz Europa empfangen haben, so Angelika Kauffmann und Madame de Staël.

Wenn sich auch salonnahe Geselligkeit bis heute auf italienischem Boden ausmachen läßt, so liegt der Akzent im wesentlichen doch auf literarischen Versammlungen, die in der Verleihung eines Literaturpreises gipfeln. In den ersten Nachkriegsjahren trafen sich in der römischen Wohnung der Schriftstellerin Maria Bellonci und ihres Mannes, des Kritikers Goffredo Bellonci, regelmäßig die führenden Persönlichkeiten der römischen Literaturszene. Den Höhepunkt dieser Abende bildete die Übergabe des von einem Likörfabrikanten gestifteten Premio Strega. In diesem Kreis schreibender und publizierender Personen war die ernste intellektuelle Auseinandersetzung maßgebend, die

Konversation im Sinne der Pariser Ur-Salons trat in den Hintergrund. Ähnliches galt bereits in den dreißiger und vierziger Jahren für die in Comologno (Schweiz) stattfindenden Künstlertreffen im Hause von Wladimir Rosenbaum und Alice Valangin, die nicht allein die schweizerische, sondern auch die europäische Kunst und Literatur des Exils zusammenführten.

In Spanien sah die Lage ganz anders aus. Hier hat die Salonkultur nie wirklich Fuß fassen können, was mit der im Lauf der Geschichte oftmals heftig aufflammenden Abneigung gegen Frankreich zu tun haben mag. Die »Tertulias«, literarische Stammtische, bilden auf der Iberischen Halbinsel seit Jahrhunderten eine Variante literarischer Treffen. Sie entstanden im 18. Jahrhundert, vornehmlich in Madrid und Barcelona, und fanden zunächst in Cafés statt. Als Forum intellektueller Auseinandersetzung wurde sie bald zum Freiraum politischer Konspiration, teilweise zum Treffpunkt der Freimaurerbewegung. Den Damen war der Zutritt verboten. Nebenher entstanden allmählich auch »Tertulias« im privaten Bereich. Die berühmtesten unseres Jahrhunderts fanden beim Philosophen Ortega y Gasset (1883–1955) statt, dem Vermittler deutscher Philosophie auf spanischem Boden und Gründer der renommierten »Revista de Occidente«. Einige herausragende Frauen bahnten sich einen Weg in diese exklusiven Herrenabende, so Rosa Chacel, die Schülerin Georg Simmels und Max Schelers. Diese spezifisch auf intellektuelle Erkundung und philosophische Disputationen beschränkte Form des geistigen Austauschs hat aber nur entfernt etwas mit dem literarischen Salon zu tun.

Literarische Cafés mit ihren eigenen »Tertulias«, wie in Madrid das berühmte »Gijón«, das abends einer Milieudarstellung von Pérez Galdós ähnelt, gibt es noch heute. Hier und anderswo sammeln sich Schriftsteller und Publizisten aller Couleurs und spiegeln die verschiedenen Ausformungen des spanischen Kulturlebens wider.

Französische Schlußvariationen

Die »Professionalisierung« der literarischen Geselligkeit griff nach den Weltkriegen immer stärker um sich. Frankreich, das Land des Salons schlechthin, bildete darin teilweise eine Ausnahme. Eine nostalgische Sehnsucht nach unbekümmertem literarischem Austausch und geistreichem Dilettantismus hat dort bis in unsere Tage die traditionelle Salonkultur am Leben erhalten. Neu aber ist, daß dieses Modell oft mit linksgerichteten Kreisen eine enge Verbindung einging – Literatur und Politik lassen sich nach so viel geschichtlichem Grauen nicht mehr voneinander trennen. Einige Salons der althergebrachten aristokratischen Art standen dem französischen Außenministerium nahe, andere eher emanzipatorischen Randgruppen. Ein Beispiel der ersten Variante bildete der Salon der Gräfin Marthe de Fels, in dem die hohe Diplomatie verkehrte, so auch Paul Claudel und Saint-John Perse. Eine faszinierende Mischung von Uradel, Modernität und politischem Bewußtsein präsentierte ihre Schwägerin, die Herzogin de La Rochefoucauld.

Edmée de La Rochefoucauld

Zum traditionsreichen Namen gesellte sich das Erbe der Zuckerfabrik Lebaudy. Edmée de Fels, die spätere Herzogin de La Rochefoucauld (1895–1991), personifizierte einen letzten, durchaus geglückten Versuch, die französische Salongeselligkeit neu zu beleben. Ihr Palais im Herzen des 16. Arrondissements öffnete sich jahrzehntelang jeden Mittwoch von 17 bis 20 Uhr für Literaten, Wissenschaftler und Diplomaten aller Herkunft.

Bereits 1924 hatte sich die temperamentvolle, rothaarige Grande Dame für das Frauenwahlrecht eingesetzt. 1944, nach der Befreiung Frankreichs von der deutschen Besatzung, stand sie ganz selbstverständlich an der Seite General de Gaulles. Literarisch hatte sie eine Vorliebe für Goethe, sie selbst verfaßte an die dreißig Bücher; Idol ihres Salons war der Dichter Paul

Valéry. Neben »L'art pour l'art«-Diskussionen waren physikalische und astronomische Theorien ein besonderes Steckenpferd dieser eindrucksvollen Zeitzeugin.

Der Salon der Herzogin de La Rochefoucauld bewahrte sich trotz der intellektuellen Dynamik stets einen betont klassischen Charakter. Jahrhundertealte Kunstgegenstände und kostbares Mobiliar aus vergangenen Prunkzeiten, ein erlesenes und elegantes Zeremoniell, ein von Urahnen überliefertes »Savoir-vivre«, verbunden mit einer wachen, aufmüpfigen Neugierde, einer herausfordernden Aufgeschlossenheit, besonders die Menschen- und Frauenrechte betreffend. Edmée de La Rochefoucauld war eine unbestechliche, geistvolle und geistreiche Dame, eine wahrhafte Europäerin und ironisch-verschmitzte Menschenkennerin.

Marie-Laure de Noailles

Fast gegenüber der Residenz der Herzogin befand sich das Stadtpalais der Marie-Laure de Noailles (1902–1970), einer Urenkelin des Marquis de Sade. Wie bei Marie d'Agoult gingen hier ein Frankfurter Bankiersgroßvater (Bischoffsheim) und eine französische Großmutter aus der Sippe des »Divin Marquis« eine glückliche Verbindung ein. Marie-Laures Nonkonformismus trat in den dreißiger Jahren eklatant zutage, als sie *Sang d'un poète* von Cocteau (der ihre große Liebe gewesen sein soll) und dann Buñuels Film *L'âge d'or* finanzierte. Dieser Film bewirkte wegen seiner antiklerikalen Szenen beinahe die Exkommunikation ihres Mannes, des Grafen de Noailles. Während der Ehemann die raffinierte Eleganz des Ancien Régime aufrechterhielt, verkörperte Marie-Laure die Moderne; und so stellte sich ihr Haus gleichzeitig als Museum wie als Anti-Museum dar. Goya, Rubens und van Dyck im Treppenhaus, Chirico, Max Ernst und Dali in der Zimmerflucht. Manuskripte von Max Jacob und René Crevel, dem »Poète maudit«, lagen in der Bibliothek aus. Auch die Musiker Poulenc und Igor Markewitch wurden von der eigenwilligen Hausherrin geschätzt und gefördert.

Marie-Laure de Noailles war Mäzenin sowie Salonière und verstand sich selbst als Malerin. Sie liebte es zu provozieren, zu überraschen und sich tatkräftig zu engagieren. Seltenes, Exzentrisches war ihr Element – die Pariser Gesellschaft verzieh ihr nur zu gerne, wenn sie einmal einen Fauxpas beging. Die Gräfin unterstützte in den Dreißigern die spanischen Republikaner mit großzügigen Geldspenden, und 1968 eilte sie in die Sorbonne, um den revoltierenden Studenten Kunstvorträge zu halten. Sie veranstaltete intime »Déjeuners littéraires« mit nie mehr als acht Literaten (auch mit dem französischen Psychoanalytiker Jacques Lacan) und nebenher großartige Soireen und Bälle mit über zweihundert Gästen, die an die rauschhaften Feste der Herzogin du Maine erinnerten. Poulenc gab in ihrem Palais einige Konzerte, und Peter Brook inszenierte dort mehrere seiner berühmten Theateraufführungen vor – eine Exzentrikerin, die Künstler nicht nur unterstützte, sondern auch prägend fesselte. Die kreative Unabhängigkeit war für sie ein Credo, vermutlich ihr einziges.

Florence Gould

Ähnlich sind auch die »Déjeuners littéraires« der Florence Gould (1895–1983) zu sehen, der Frau des Eisenbahnmultimillionärs F. J. Gould, eines Erben der »Robber barons«. Erst als Mittvierzigerin entdeckte die leutselige Amerikanerin in Paris die Literatur und die Literaten, vornehmlich Marcel Jouhandeau (1888–1979), der zur Stütze ihrer literarischen Treffen wurde. Die Gouldschen »Déjeuners du jeudi« erlangten bald den Rang einer begehrten literarischen Institution. Zunächst fanden sie im Hotel Bristol statt, während der Besatzungszeit in einem Luxusappartement, später im Hotel Meurice gegenüber den Tuilerien. Der äußere Rahmen versinnbildlichte den sich vollziehenden Wandel. Das amerikanische »Lunch« ersetzte die ausgedehnten Pariser Abende, ein Luxushotel das persönliche Ambiente.

Florences Lehrmeisterin war Marie-Louise Bousquet gewesen, die Leiterin der französischen Ausgabe von *Harper's Bazaar*. Der Pariser Salon dieser kultivierten Dame, Place Bourbon, war nach dem Zweiten Weltkrieg ein Hort der Wiederbegegnung, denn »La France reconciliée« traf sich dort. Hier fand man eine zivilisatorische Zuvorkommenheit vor, die durch Umwälzungen und Krieg verloren zu sein schien. Seltene Manuskripte, kostbare bibliophile Bücher und musikalische Darbietungen ergötzten die zahlreichen Gäste. Madame Bousquet, diese Nachfahrin der Salonièren des 18. Jahrhunderts, brachte nun Florence bei, wie man »Le tout Paris« erfolgreich vermischt, um das bestechende Amalgam von »Gens du monde« und Künstlern zu erzeugen. Für Florence war dies ein leichtes, denn ihre Schwester war durch ihre Heirat eine Princesse de Sagan geworden, die Verbindung zur Aristokratie damit selbstverständlich hergestellt. Florence selber wirkte überdies durch ihre kulturelle Aufgeschlossenheit und ihr großzügiges Mäzenatentum wie ein Magnet auf die zeitgenössischen Künstler aus aller Welt, die sich damals in Paris aufhielten.

Sehr konträre Persönlichkeiten gehörten zum Kreis von Florence Gould: von Paulhan, dem Leiter der *Nouvelle Revue Française* und einem der intellektuellen Anführer der Résistance, bis zu dem deutschen Offizier und Schriftsteller Ernst Jünger, einem der Liebhaber der Gastgeberin, der ihr unter dem Decknamen »Lady Orpington« ein literarisches Denkmal gesetzt hat; ferner der düstere, verquälte und mit einer Unzahl von Katzen lebende Léautaud, der Dramatiker Giraudoux, der Diplomat und Schriftsteller Paul Morand mit seiner rumänischen Frau, einer Prinzessin Soutzo. Besonders war die unermüdliche Mrs. Gould der Schauspielerin Arletty zugetan, die später, nach dem Krieg, wegen »horizontaler Kollaboration« festgenommen wurde. Eine mondän-künstlerische Gesellschaft war das, der manch einer wegen der politischen Nebentöne zwiespältig gegenüberstand, die für andere hingegen das Europa des Geistes darstellte. Nicht allein Luxuriöses wurde bei Florence genossen oder Literarisches gefördert; in den düsteren Zeiten der Besatzung wurden bei ihr Nachrichten aus aller Welt gesammelt und verantwortungsvoll weitergeleitet. Ernst Jünger, damals Sonderführer der Propagandastaffel, stand ihr zur Seite. So mancher Denunzierte wurde dank ihres Einsatzes gerettet und mancher Gefährdete rechtzeitig benachrichtigt, zum Beispiel Paulhan, der über die Dächer von Paris fliehen konnte. Nach der Befreiung wurde Paulhan zum Mittelpunkt der »Déjeuners«, die nun in alter Pracht in der Suite des Hotels Meurice zelebriert wurden, die ehedem der spanische König Alfons XIII. bezogen hatte.

Mitglieder der elitären *Nouvelle Revue Française* und der »Académie Française« trafen dort mit jungen Dichtern wie Henri Thomas, Henri Michaux, Marcel Béalu zusammen. Viel später wurde der Kreis durch Françoise Sagan und den nicht weniger renommierten Nouveau-Roman-Autor Alain Robbe-Grillet erweitert. Auch bunte Paradiesvögel fühlten sich bei der temperamentvollen, trinkfesten Amerikanerin zu Hause, ganz zu schweigen von den berühmt-berüchtigten Amazonen Natalie C. Barney, Marguerite Yourcenar und der durch ihre stürmische Beziehung zu Vita Sackville-West bekannten Violet Trefusis.

Ab 1940 entstand neben Paris auf dem Herrensitz »La Vigie« in Juan-les-Pins (und später im »Patio« bei Cannes) ein zweiter geselliger Kreis, eine sonnige Filiale sozusagen. Die Côte d'Azur wurde seit der Jahrhundertwende von einer kosmopolitischen Gesellschaft bevölkert; die engsten Freunde aus Paris wurden selbstverständlich ebenfalls eingeladen, und für die finanziell weniger Abgesicherten war es ein Paradies: Literatur am Meeresstrand in einer ästhetisch wie kulinarisch traumhaften Umgebung. Hier ging Florence auch ihrer Sammlerleidenschaft nach. Sie besaß eine bestechende Gemäldesammlung: Gainsborough, Fantin Latour, van Gogh, Toulouse-Lautrec, Monet. Auch zwölf kostbare Porzellanteller, die Katharina die Große ihrem Favoriten Graf Orlow geschenkt hatte, gehörten zu der Gouldschen Sammlung.

Neben aller Prachtentfaltung und bei allem mondänen Gehabe blieb Florence stets eine auf echte Kreativität achtende

Mäzenin. So stiftete sie den Literaturpreis Max Jacob (Jacob hatte trotz seines Übertritts zum katholischen Glauben den Judenstern getragen und war in der Abtei Saint-Benoît, wo er als Küster tätig war, 1944 von den Nazis festgenommen worden), unterstützte auf Paulhans Bitten hin die *Editions de Minuit* sowie die umfangreichen Restaurierungsarbeiten am Schloß von Versailles und am Monet-Haus in Giverny, die Gerald van der Kempf durchgeführt hat. 1961 verlieh de Gaulle dieser exemplarischen Vertreterin eines aufgeklärten Kapitalismus den Orden »Légion d'honneur«. Als sie 1983 an einer bösartigen Krankheit starb, hinterließ sie die Florence-Gould-Stiftung, die um einen beständigen Brückenschlag zwischen der amerikanischen und französischen Kulturwelt bemüht ist.

Florence Gould war gewiß zu laut, zu naiv. Man kann ihr vorwerfen, ihre Form von Geselligkeit sei immer entschiedener ins Mondäne abgeglitten. Anregende Mittagessen und oftmals Soireen – interessant allemal, aber die legendäre Intensität des geistreichen Austausches wurde nie erreicht. Nicht französische Subtilität, sondern amerikanische Unbekümmertheit kennzeichnete ihre Welt. Dennoch ist ihr Engagement für die französische Literatur und die interkulturelle Vermittlung in einer Zeitspanne von dreißig Jahren nicht hoch genug zu bewerten. Wie sagte Dominique Aury, die Lebensgefährtin Paulhans und Verfasserin der *Histoire d'O*, abschließend über Florence Gould: »Nous étions sa faune de prédilection. Nous étions aussi son spectacle et pourquoi pas?«

Suzanne Tezenas

Im Umkreis von Florence Gould war eine junge Französin zu entdecken, der es bis in die neunziger Jahre hinein gelungen ist, einen literarisch-musikalischen Salon in der Art der legendären Konversationssalons des 18. Jahrhunderts zu führen. Suzanne Tezenas (1899–1991), einstige Geliebte des umstrittenen Schriftstellers Drieu La Rochelle, war eine talentierte Gastgeberin. Ihre vielseitigen, unterschiedlichen Habitués waren sich des »End«-Charakters dieser Kulturgeselligkeiten bewußt und verstanden sich als letztes Glied einer traditionsreichen Kette, als »dernier salon littéraire«.

Nach dem Zweiten Weltkrieg war das gastliche Haus im 16. Arrondissement zum Treffpunkt von Künstlern geworden, die aus aller Herren Länder erneut nach Paris strömten: Moravia, Graham Greene, Gatti, Bonnefoy, Vertreter der südamerikanischen Literaturszene, an der Spitze Jules Supervielle, Vitoria Ocampo, der einzelgängerische Cioran, die Dichter J. P. Jouve und Saint-John Perse, später Ionesco und andere mehr. In diesem Salon sollen René Char und der russische Maler Nicolas de Staël ein gemeinsames Ballettprojekt, der Orientalist Henri Corbin vor dem verdutzten Henri Michaux seine Thesen über die Existenz der Engel erläutert haben. Die Malerin Vieira da Silva unterhielt sich heftig mit dem Surrealisten André Masson, und der Regisseur Vilar fand hier tatkräftige Unterstützung, um das erste Stück von Adamow aufzuführen.

Die angeregten Diskussionen, die das geistreiche Gespräch erweiterten und vertieften, zielten stets auf Kulturelles. Eine ästhetische Gesellligkeit, die – um Streit und Kontroversen zu vermeiden – sich auf die Ebene der Kunst »beschränkte«. Politisches wurde mit Vorsicht behandelt, denn die gemischte Nachkriegsgesellschaft, die bei Madame Tezenas verkehrte, hätte unmittelbar nach dem Krieg zu konträre, sich ausschließende Standpunkte verfochten. Zukunftweisende Projekte jedoch wie Raymond Arons Thesen zu einem vereinigten Europa wurden mit Begeisterung aufgenommen.

Die »Seele« des Salons war zweifelsohne Pierre Boulez, mit dem die Gastgeberin später, 1954, »Le domaine musical« ins Leben rief, einen Musikverein, der – auf Mäzenatentum gründend – junge Musiker aus aller Welt und ihre Werke förderte. Schon einige Jahre zuvor hatte sich Madame Tezenas tatkräftig für umwälzend Neues auf diesem Gebiet eingesetzt. 1949 gab der Musiker-Poet John Cage in ihrem Salon sein erstes Pariser Konzert auf einem »präparierten« Klavier, d.h. auf einem mit Nadeln, Nägeln, Gummibändern und mit kognakübersprühten

Saiten aufbereiteten Instrument, das neue Klangeffekte erzielen sollte. Der schüchterne Amerikaner wurde von Pierre Boulez mit einem brillanten Kurzvortrag der Pariser Gesellschaft vorgestellt. Weitere Gäste aus dem musikalischen Bereich waren Olivier Messiaen und Igor Strawinsky. Nach den abendlichen Konzerten pflegte Madame Tezenas ihre Gäste zu einem köstlichen Souper zu bitten, das in der althergebrachten Art bis zum Morgengrauen dauerte. Der Ehemann der Madame Tezenas beugte sich ebenfalls den Gepflogenheiten des 18. Jahrhunderts. Obwohl er den großbürgerlichen Rahmen finanziell ermöglichte, blieb er selber stets im Hintergrund. Oft soll er erst nach Mitternacht nach Hause gekommen sein und sich unbeachtet, wie einst Monsieur Geoffrin, schnell in die oberen Stockwerke geflüchtet haben.

Die Illusion der Gegensätze ausgleichenden, scharfe Widersprüche beschwichtigenden Geselligkeit fand im Salon der Madame Tezenas einen letztgültigen Ausdruck. Nach einem umstürzlerischen Jahrhundert war der Geist der französischen Aufklärung ein letztes Mal wieder aufgeflammt. Die äußerst bunt gemischte Gesellschaft wurde von dem getragen, was Cioran als einen »intimen Abstand« bezeichnet hat. Regelmäßige Treffen, gemeinsame Passionen und Obsessionen, radikale Abgrenzungen und konträre Positionen wurden stets von einer nuancierten Distanz begleitet, die gesellschaftliche Nähe ermöglicht und schützt. Persönliches war nicht gefragt, es ging um ein Kulturgeschehen, an dem jeder einzelne Gast beteiligt war. Als Suzanne Tezenas im Frühjahr 1991 starb, spielte Pierre Boulez im calvinistischen Tempel, wo das Totenamt stattfand, zwei Klarinettenstücke, eines von Messiaen und eine eigene Komposition. Das letzte Symbol einer Zivilisation, die nunmehr nur noch in Büchern fortlebt, wurde zu Grabe getragen.

Nachruf auf ein »verlorenes Paradies«

Das Salonleben als einzigartiges kulturelles Phänomen ist im gesamten europäischen Raum zu Ende gegangen. Die neu erkämpfte Stellung der Frau in der modernen Gesellschaft und das sich daraus ergebende Selbstverständnis haben unweigerlich dazu geführt, daß berufliches Engagement und persönliche Karriere erstrebenswerter und notwendiger geworden sind als eine elitäre Kunstgeselligkeit, die mit ungeheurem Zeitaufwand auf kosmopolitische Urbanität und geistreiche Unterhaltung ausgerichtet ist.

Die moderne Frau lehnt die jahrhundertelang ihrem Geschlecht gesetzten Grenzen ab und verlangt die gleichen Freiheiten, die seit jeher dem Mann eingeräumt worden sind. Sie möchte nicht mehr ausschließlich Vermittlerin sein, sondern selbst das Geschehen bestimmen und leiten. Dieses Emanzipationsstreben zwingt ihr bisweilen männliche Verhaltensmuster auf. Die Symbole der Männerwelt wie »kämpfen«, »meistern«, »erobern«, die zum kriegerischen Vokabular gehören, sind auch die ihrigen geworden. Die Hofhaltung einer Dame, bei der Intuition und Sensibilität die Waffen der Frau waren, die besondere Rolle der Salonière als Menschenmagnet – dies alles scheint heutzutage unmöglich angesichts des immer gnadenloseren »Struggle for life«.

Aber nicht allein solche Veränderung des weiblichen Selbstverständnisses erschwert die Ausübung einer Geselligkeitsform, die jahrhundertelang von Frauen getragen wurde, in der sie uneingestandener Mittelpunkt und bewegende Kraft waren. Das gesellige und kulturelle Überangebot sowie besonders die ganz praktischen Einschränkungen sind mit am Aussterben des Salons beteiligt. Wo Zeit, wo Raum herzaubern, um einen Hort der Geselligkeit, ein Laboratorium geistvoller Konversation zu

gründen? Die Ruhe zum Genießen wird durch die Kurzlebig-
keit modernen Lebensvollzugs erdrosselt. Literarische Abende
mit geladenen Gästen und anschließendem Abendessen gibt es
gewiß, solche elitären Zusammenkünfte erleben geradezu eine
Renaissance. Aber offene »Jour fixe« mit den jeweiligen Habitués entsprechen kaum mehr der Zweckorientiertheit des heutigen Menschen, dem zumeist Sport und Reise als Freizeitbe-
schäftigung mehr liegen dürften als die Kunst der Konversation, bei der das zweckfreie Ausbalancieren entgegengesetzter
Meinungen im Vordergrund steht.

Der Sinn für die Rituale der Geselligkeit geht verloren, wenn
die zivilisatorischen Umgangsformen, ohne die sich kein Stil
herauszukristallisieren vermag, vernachlässigt oder sogar als
überholt abgelehnt werden. Das läuft unweigerlich auf Kosten
jener Lebenskunst, die vom spielerischen Element, der rück-
sichtsvollen Ironie im sokratischen Sinne getragen wird. Die
kulturfördernde Konversation, die sich ohne Zeitlimit und
ohne Einigungszwang entfaltet, ist hinter die durch die Massen-
medien ausgeübte Meinungsbildung zurückgetreten. Das re-
kreative Gespräch hat sich immer deutlicher auf das Zwiege-
spräch verlagert, dessen Idealisierung schon Nietzsche formulierte, als er vom »spielerischen Äther der Humanität« sprach.
Die schriftliche Mitteilung hat über den Umgang im Gespräch
gesiegt – die unermeßliche Bedeutung, die der Presse heutzutage eingeräumt wird, verdeutlicht das hinreichend. Kulturdis-
kussionen werden nunmehr größtenteils in den Redaktionen
von Zeitungen und in TV-Sendungen geführt, nicht mehr in
Privathäusern. Hatte früher das Gespräch im Salon die erst an-
satzweise existierenden Zeitungen ersetzt bzw. vorweggenommen, so ist es nunmehr von ihrer wachsenden Übermacht er-
schlagen worden.

Hinzu kommt der Hang zur Spezialisierung – ein tödlicher
Hieb für den »Honnête homme« –, die die Medienmüden in
literarische Vereine und Lesungen mit fast geheimbündleri-
schen Zügen treibt. Verbanden sich im literarischen Salon
Kunst und Geselligkeit zu einer kulturträchtigen Symbiose, so

bricht dies jetzt in mehrere Stränge auseinander. In Deutschland, dem »didaktischen Volk par excellence« (Cioran), ist ein Anwachsen von Kulturgesellschaften und -vermittlern festzustellen. Stätten des Diskurses wie der »Frankfurter Zirkel« um Jürgen Habermas, Heidi Schoellers Münchener »Round-table-Gespräche«, der »Frankfurter Salon für politische Kultur« des grünen Realo Joschka Fischer im Hinterzimmer einer Szenenkneipe, der monatliche Jour fixe der Hamburger Schriftstellerin Genoveva Hartlaub oder die Teegesellschaften des Berliner Schriftstellers und Salon-Betreibers Nicolaus Sombart gewinnen an Einfluß. Ausnahmen, die auf die Wiedererweckung der versunkenen Salonkultur hoffen lassen, gibt es gewiß, so zum Beispiel in Berlin bei Trixi Lüpertz, der Ehefrau des Malers Markus Lüpertz, die in lockerer Folge Freunde und Bekannte zu literarisch-geselligen Soupers einlädt und darauf bedacht ist, »Begegnungen zu schaffen und unterschiedliche Temperamente auf anregende Weise gegeneinander zu setzen«.

In Frankreich hingegen, im Land der »theatralischen Geste« (Cioran), wird das gesellschaftliche Moment, die »Société du spectacle«, noch enthusiastisch gefeiert, sogar hochgejubelt, wenn auch in verflachter Form. Ausnahmen wie die erlesenen Zusammenkünfte der »Société d'Études Staëliennes« bei der Comtesse de Pange bestätigen die Regel. Unzählige literarische Cocktails fügen das Pariser Intellektuellenmilieu zusammen oder entzweien es. Preisverleihungen und literarische »Lunchs«, Mondänität statt Geselligkeit sind nun die Informationsträger. Die Kulissen des Kulturbetriebs werden dort verschoben, aufpoliert oder ausrangiert. Geistreiche Konversation weicht dem Milieujargon.

Auch das Fernsehen präsentiert sich heute als Literaturbetrieb – das legendäre »Apostrophes« von Bernard Pivot und seine Nachfolger »Caractères« und »Ex libris« bieten in Frankreich ein schlagendes Beispiel dafür. Autoren werden allwöchentlich zum literarischen Gespräch eingeladen, das begeisterte oder entrüstete Publikum übernimmt die Rolle der Habitués. Die

Aktion bleibt auf den Moderator und seine Gäste beschränkt, der Zuschauer läßt sich als Gesprächszeuge literarische Konversation passiv ins eigene Wohnzimmer servieren. Letzte Sprößlinge dieser Gattung sind der »Salon littéraire« der Soziologin und Schriftstellerin Julia Kristeva, der einmal im Monat nunmehr im deutsch-französischen Kulturfernsehen gesendet werden wird ebenso wie das »Literarische Quartett« mit Marcel Reich-Ranicki im Deutschen Fernsehen.

Der literarische Salon ist endgültig vorbei. Nostalgische wie kritische Stimmen laufen beide fehl, wenn sie ihn nur als ein lange sich behauptendes Relikt vergangener Zeiten ansehen, denn der Salon ist ein für Europa einzigartiger Raum kulturhistorischen Geschehens und sozialer Entgrenzung gewesen. Ausgehend von einem feudalen System, hat er die Öffnung zur intellektuellen bürgerlichen Gesellschaft vorweggenommen und teilweise eingeleitet. Wie keine andere Geselligkeitsform hat er die Tradition und den Geist der »République des Lettres« weitergereicht und auf weibliche Weise originell verändert. In dieser Enklave der großen Geister und künstlerischen Talente haben die Salonièren etwas Unvergängliches geschaffen: »L'art de vivre«. Esprit und Urbanität waren die einzig verpflichtenden Kriterien. Gleich welcher Herkunft wurde dem Gebildeten die Möglichkeit geboten, an einer offenen, freien Konversationsgeselligkeit teilzunehmen und sie mitzuprägen. Der Salon verkörperte auf einzigartige Weise die Kultur des nach Aufklärung und Humanität strebenden Europa.

Die Beschäftigung mit dem Salon ist nach seinem Aussterben nicht allein eine Erkundung vergangener Kulturphänomene, sondern stets auch eine Auseinandersetzung mit zukunftweisenden Fermenten. »Wir denken daran wie an ein verlorenes Paradies.« (Cioran)

Literaturhinweise

d'Agoult, Comtesse Marie: *Mémoires, Souvenirs, Journaux.* I und II. Paris 1990

Arendt, Hannah: *Rahel Varnhagen. Lebensgeschichte einer deutschen Jüdin aus der Romantik.* München 1959

Ahrens, Rüdiger: *Literaturtheorie und Aristokratie in der Tudorzeit. Ein Beitrag zur Funktion des Mäzens im England des 16. Jahrhunderts.* In: Anglia, Tübingen 1981

Aretino, Pietro: *Kurtisanengespräche.* Frankfurt a. M. 1986

Arnaud, Claude/Minoret, Bernard: *Les Salons.* Paris 1985

Arnaud, Claude: *Chamfort.* Paris 1988

Aron, Jean-Paul: *Misérable et glorieuse. La femme au 19ème siècle.* Paris 1980

Aronson, M./Rejser C.: *Literaturnye kružki i salony.* Leningrad 1929

Badinter, Elisabeth: *Emilie, Emilie. L'ambition feménine au XVIII siècle.* Paris 1983

Bandello, Matteo: *Novellen.* 2 Bände. Berlin 1988

Barry, Joseph: *Infamous Women. The Life of George Sand.* New York 1977

Berdrow, Otto: *Rahel Varnhagen. Ein Lebens- und Zeitbild.* Stuttgart 1900

Bled, Victor du: *La société française du XVI siècle au XX siècle.* 4 Bände. Paris 1903–1908

Bode, Wilhelm: *Amalie, Herzogin von Weimar.* 3 Bände. Berlin 1908

Boehm, Max von: *England im XVIII. Jahrhundert.* Berlin 1920

Broglie, Gabriel de: *Madame de Genlis.* Paris 1985

Burckhardt, Jacob: *Die Kultur der Renaissance in Italien.* Leipzig 1908

Cartwright, Julia: *Isabella d'Este, Marchioness of Mantua.* London 1903

Castelnau, Jacques: *La reine Christine de Suède.* Paris 1981

Castillon du Perron, Marguerite: *La Princesse Mathilde. Un règne feménin sous le second Empire.* Paris 1953

Castries, Duc de: *La scandaleuse Madame de Tencin.* Paris 1987

ders.: *Julie de Lespinasse.* Paris 1985

Catteau, Jean-Pierre: *La vie de Renée, Duchesse de Ferrare.* Berlin 1781

Chamfort: *Oeuvres complètes.* Paris 1808

Charlyte, Thomas: *Geschichte Friedrichs des Zweiten, genannt Friedrich der Große.* Berlin 1918

Chateaubriand, François René: *Mémoires d'outre-tombe.* Paris 1951

Châtelet, Emilie du: *Discours sur le bonheur.* Paris 1961

Chaunu, Pierre: *La civilisation de l'Europe des Lumières.* Paris 1971

Chennèvieres, Philippe Marquis de: *Souvenirs d'un ancien directeur des Beaux-Arts.* 5 Bände. Paris 1883–1889

Chledowski, Casimir von: *Der Hof von Ferrara.* Berlin 1910

ders.: *Rom, die Menschen der Renaissance.* München 1912

ders.: *Das Italien des Rokoko.* München 1915

Choiseul, Duc de: *Mémoires.* Paris 1982

Cioran, E. M.: *Précis de décomposition.* Paris 1949

ders.: *La tentation d'exister.* Paris 1956

ders.: *Ecartélement.* Paris 1979

Cloulas, Ivan: *Laurent le Magnifique.* Paris 1982

ders.: *Cathérine de Médicis.* Paris 1987

Conrady, Karl Otto: *Goethe.* 2 Bände. Königstein 1982/1985

Colloque de Coppet: *Madame de Staël et l'Europe.* Paris 1970

Cornut-Gentille, Gilles/Michel-Thiriet, Philippe: *Florence Gould.* Paris 1989

Craveri, Benedetta: *Madame du Deffand e il suo mondo.* Milano 1982

Daschkoff, Princesse: *Mémoires.* Paris 1966

Dauphiné, Claude: *Rachilde.* Paris 1991

Deffand, Marquise du: *Correspondance complète.* 2 Bände. Paris 1865

Desanti, Dominique: *Daniel ou le visage secret d'une comtesse romantique, Marie d'Agoult.* Paris 1980

Doscot, Gérard: *Madame du Deffand ou le monde où l'on s'ennui.* Paris, Lausanne 1967

Drewitz, Ingeborg: *Berliner Salons.* Berlin 1979

Dubrovic, Milan: *Veruntreute Geschichte. Die Wiener Salons und Literaturcafés.* Frankfurt a. M. 1987

Duisit, Lionel: *Madame du Deffand epistolière.* Genf 1963

Erlanger, Philippe: *Le Régent.* Paris 1938

Estrée, Paul d': *Le Maréchal de Richelieu.* Paris 1917

Farge, Arlette: *La vie fragile.* Paris 1986

Febvre, Lucien: *Autour de l'Heptaméron.* Paris 1944

Federn, Karl: *Der Chevalier von Gramont.* München 1911

Ferval, Claude: *Madame du Deffand. L'esprit et l'amour au XVIIIè siècle.* Paris 1933

Flaubert, Gustave: *Lettres inédites à la Princesse Mathilde.* Paris 1927

Förster, Friedrich: *Höfe und Cabinette Europas im 18. Jahrhundert.* Potsdam 1839

Funck-Brentano, F. Liselotte: *Duchesse d'Orléans, mère du Régent.* Paris 1936

Fürst, F.: *Henriette Herz. Ihr Leben und ihre Erinnerungen.* Berlin 1850

Gadd, David: *The Loving Friends. A Portrait of Bloomsbury.* London 1974

Galiani, Abbé: *Briefe.* 2 Bände. München 1907

Garde, Comte de la: *Gemälde des Wiener Kongresses 1814–1815.* München 1912

Garnett, Angelica: *Freundliche Täuschungen. Eine Kindheit in Bloomsbury.* Berlin 1990

Gay, Sophie: *Salons Célèbres.* Paris 1864

Gleichen-Rußwurm, A. von: *Das galante Europa.* Stuttgart 1911

Glotz, Marguerite/Maire, Madeleine: *Salons du XVIIIè siècle.* Paris 1949

Goncourt, Edmond et Jules de: *La femme au dix-huitième siècle.* Paris 1896

Gougy-François, Marie: *Les grands salons feménins.* Paris 1965

Grand, Serge: *Ces bonnes femmes du XVIIIè!.* Paris 1985

Grauert, W. H.: *Christina von Schweden und ihr Hof.* 2 Bände. Bonn 1837

Gregorovius, Ferdinand: *Lucrezia Borgia.* Stuttgart 1875

Grimm, Melchior: *Correspondance Littéraire.* Paris 1813

ders.: *Paris zündet die Lichter an. Literarische Korrespondenz,* hg. von Kurt Schnelle. München 1977

Gugenheim, Suzanne: *Madame d'Agoult et la pensée européenne de son époque.* Florenz 1937

Guichard, Marie-Thérèse: *Les égéries de la République.* Paris 1991

Hamilton Antoine d': *Mémoires du comte de Gramont.* Paris 1965

Hazard, Paul: *La crise de la conscience européenne 1680–1715.* Paris 1935

Herriot, Edouard: *Madame Récamier.* Paris 1934

Hertz, Deborah: *Die jüdischen Salons im alten Berlin.* Frankfurt a.M. 1991

Herz, Henriette: *Berliner Salon. Erinnerungen und Portraits,* hg. v. Ulrich Janetzki. Frankfurt a.M./Berlin 1984

Hillairet, Jacques: *Les Mazarinettes.* Paris 1976

Hirsch, Helmut: *Bettine von Arnim.* Hamburg 1987

Jähn, Karl-Heinz (Hg.): *Das Prager Kaffeehaus.* Berlin 1988

Kaltenthaler, Albert: *Die Pariser Salons als europäische Kulturzentren.* Diss. Nürnberg 1960

Kesten, Hermann: *Dichter im Café.* Frankfurt, Berlin, Wien 1983

Ketton-Cremer, R. W.: *Horace Walpole.* London 1940

Kipphof, Petra: »Bloomsbury: ein Stadtteil, eine Clique, ein Mythos.« In: »Die Zeit«, 5. 7. 1974

Klerks, Wilhelm: *Madame du Deffand. Essai sur l'ennui.* Leiden 1961

Krockow, Christian von: *Friedrich der Große. Lebensbilder.* Bergisch-Gladbach 1986

Kühn, Paul: *Die Frauen um Goethe.* Leipzig 1911

Kupferberg, Herbert: *Die Mendelssohns.* Tübingen/Stuttgart 1972

Lacouture, Jean: *Julie de Lespinasse.* Paris 1980

Lauts, Jan: *Isabella d'Este, Fürstin der Renaissance.* Hamburg 1952

Lehmann, John: *Virginia Woolf and Her World.* London 1975

Lepsius, Sabine: »Über das Aussterben der Salons«, in: »März«, 1913

dies.: *Stefan George. Die Geschichte einer Freundschaft.* Berlin 1935

dies.: *Ein Berliner Künstlerleben um die Jahrhundertwende.* München 1972

Lewald, Fanny: *Meine Lebensgeschichte.* Frankfurt 1980

Lewis, W. S.: *Horace Walpole's Correspondence with Madame du Deffand and Wiart.* 39 Bände. London 1937–1974

Lopez Campillo, Evelyne: *J. Ortega y Gasset y la Revista de occidente.* Madrid 1972

Luzio, A./Renier A.: *Mantova e Urbino. Isabella d'Este e Elisabetta Gonzaga.* Turin 1883

Macchia, Giovanni: *I fantasmi dell' opera.* Milano 1971

Magne, Emile: *Ninon de Lenclos.* Paris 1927

Mancini, Hortense et Marie: *Mémoires.* Paris 1965

Malraux, Clara: *Rahel, ma grande soeur. Un salon littéraire au temps du romantisme.* Paris 1980

Mariotti Masi, Maria Luisa: *Elisabetta Gonzaga, Duchessa di Urbino.* Milano 1983

Marmontel, Jean-François: *Mémoires.* Paris 1806

Martin-Fugier, Anne: *La vie élégante ou la formation du Tout-Paris 1815–1848.* Paris 1990

Maurois, André: *Quatre études anglaises.* Paris 1927

Mauzi, Robert: *L'idée du bonheur dans la littérature et la pensée française au XVIIIè siècle.* Paris 1964

Merlin, Comtesse de: *Souvenirs et Mémoires.* Paris 1990

Metternich, Princesse Pauline de: *Souvenirs.* Paris 1922

Meysenburg, Malwida von: *Memoiren einer Idealistin.* Berlin 1876

Meysels, Lucian O.: *In meinem Salon ist Österreich. Berta Zuckerkandl und ihre Zeit.* Wien 1984

Montagu, Mary Wortley: *Lettres de Milady W. Montagu écrites pendant ses voyages en diverses parties du monde.* London/Paris 1764

Montagu, Lady Marie W.: *L'Islam au péril des femmes.* Paris 1981

Morellet, Abbé: *Mémoires.* Paris 1821

Mugnier, Abbé: *Journal (1879–1939).* Paris 1985

Nostitz, Helene von: *Aus dem alten Europa.* Frankfurt 1978

Nostitz, Oswald von: *Muse und Weltkind. Das Leben meiner Mutter Helene von Nostitz.* München 1991

Ormesson, Jean d': *Mon dernier rêve sera pour vous.* Paris 1982

Oulié, M.: *Le Prince de Ligne. Un grand Seigneur cosmopolite au XVIIIè siècle.* Paris 1926

Paléologue, Maurice: *Entretiens de l'impératrice Eugénie.* Paris 1928

Pepys, Samuel: *Memoirs of Samuel Pepys Comprising His Diary from 1659–1669*. London 1825

Pfalz, Liselotte von der: *Briefe*. München 1911

Pange, Pauline Comtesse de: *A. W. Schlegel und Frau von Staël*. Hamburg 1940

Petitfils, Jean-Christian: *Madame de Montespan*. Paris 1988

Picard, Roger: *Les Salons littéraires et la société française 1610–1789*. New York 1946

Pichler, Karoline: *Denkwürdigkeiten aus meinem Leben*. Wien 1844

Poisson, Georges: *Choderlos de Laclos ou l'obstination*. Paris 1985

ders.: *Monsieur de Saint-Simon*. Paris 1987

Pomerau, René: *L'Europe des Lumières*. Paris 1991

Pomian, Krzysztof: *Europa und seine Nationen*. Berlin 1990

Proust, Marcel: *Chroniques*. Paris 1927

Reumont, Alfred von: *Die Gräfin von Albany*. 2 Bände, Paris 1860

Reventlow, Franziska: *Tagebücher*. München/Wien 1971

Richelieu, Maréchal de: *Mémoires authentiques du M. de Richelieu (1725–1757)*. Paris 1918

Roche, Daniel: *Les Républicains des Lettres. Gens de culture et Lumières au XVIIIè siècle*. Paris 1988

Rodocanachi, E.: *Renée de France, Duchesse de Ferrare*. Paris 1896

Rousseau, Jean-Jacques: *Bekenntnisse*. Hg. v. J. Starobinski. München 1978

Sainte-Beuve, Charles-Augustin: *Portraits de femmes*. Paris 1844

ders.: *Causeries du Lundi*. 15 Bände. Paris 1857–1862

ders.: *Lettres à la Princesse*. Paris 1875

ders.: *Chroniques Parisiennes*. Paris 1876

Saint-Simon, Duc de: *Mémoires*. 41 Bände. Paris 1879–1930

Sankt Petersburg um 1800. Ein goldenes Zeitalter des russischen Zarenreiches. Ausstellung der Kulturstiftung Ruhr-Essen. Recklinghausen 1990

Schmölders, Claudia (Hg.): *Die Kunst des Gespräches*. München ²1986

Schopenhauer, Adele: *Tagebuch einer Einsamen*. München 1985

Schweizer, Thomas (Hg.): *Netzwerkanalyse*. Berlin 1988

Scurla, Herbert: *Rahel Varnhagen. Die große Frauengestalt der deutschen Romantik*. Düsseldorf 1978

Semerau, Alfred: *Die Condottieri*. Jena 1909

Simmel, Georg: *Philosophische Kultur. Gesammelte Essays*. Potsdam 1923

Sombart, Nicolaus: *Jugend in Berlin*. München 1984

Spater, George/Parsons, Ian: *Porträt einer ungewöhnlichen Ehe. Virginia und Leonard Woolf*. Frankfurt a. M. 1980

Spiel, Hilde: »Virginia Woolf. Bildnis einer genialen Frau«, in: *Virginia Woolf. Augenblicke. Skizzierte Erinnerungen*. Stuttgart 1981

Spiel, Hilde: *Fanny von Arnstein oder die Emanzipation. Ein Frauenleben an der Zeitenwende 1758–1819*. Frankfurt a. M. 1962

Staal-Delaunay, Madame de: *Mémoires.* Paris 1821

Starobinski, Jean: *L'invention de la liberté (1700–1789).* Genf 1965

ders.: *Le remède dans le mal.* Paris 1989

Stern, Carola: *»Ich möchte mir Flügel wünschen.« Das Leben der Dorothea Schlegel.* Reinbek 1990

Stifter, Adalbert: *»Wien und die Wiener in Bildern aus dem Leben«,* in: *Die Mappe meines Urgroßvaters/Schilderungen/Briefe.* Hg. v. F. Krökel/K. Pörnbacher. München 1986

Strachey, Lytton: *Literary Essays.* London 1948

Strube, Rudolf (Hg.): *Sie saßen und tranken am Teetisch.* München 1991

Susman, Margret: *Frauen der Romantik.* Stuttgart 1960

Sutherland, Christine: *The Princess of Siberia.* New York 1984

Tgahrt, Reinhard (Hg.): *Dichter lesen.* Marbach 1989

Thiébault, Dieudonné: *Friedrich der Große und sein Hof.* 2 Bände. Stuttgart 1901

Tornius, Valerian: *Salons. Bilder gesellschaftlicher Kultur aus 5 Jahrhunderten.* Leipzig 1917

Valéry, Paul: *Variété 1 et 2.* Paris 1924, 1930

Varnhagen von Ense, K. A.: *Rahel. Ein Buch des Andenkens für ihre Freunde.* Berlin 1834

ders.: *Denkwürdigkeiten des eigenen Lebens.* Leipzig 1871

Veigl, Hans (Hg.): *Lokale Legenden. Wiener Kaffeehausliteratur.* München 1991

Voltaire: *Mémoires.* Genf 1784

Wald Lasowski, Patrick: *L'ardeur et la galanterie.* Paris 1986

Waldmann, Werner: *Virginia Woolf.* Hamburg 1983

Wanieck, Gustav: *Gottsched und die deutsche Literatur seiner Zeit.* Leipzig 1897

Wilhelmy, Petra: *Der Berliner Salon im 19. Jahrhundert (1780–1914).* Berlin/New York 1989 (zugleich: Diss. Münster 1987)

Woolf, Leonard: *Mein Leben mit Virginia. Erinnerungen.* Frankfurt a. M. 1988

Wysocki, Gisela von: *Weiblichkeit und Modernität. Über Virginia Woolf.* Frankfurt 1986

Namenregister

Adam, Juliette 190, 194–197
Adamow, Arthur 224
Agoult, Blandine d' 178, 191
Agoult, Cosima d' *siehe* Wagner, Cosima
Agoult, Marie de Flavigny, Gräfin d' 18, 190–195, 219
Albany, Luise Gräfin von 92, 104, 109–111
Alembert, Jean-Baptiste d' 69, 79, 81, 85, 87, 90
Alexander I., Zar 166
Alfieri, Vittorio 109f.
Alfons XIII., König von Spanien 222
Aliénor von Aquitanien 23
Alkibiades 21
Altenberg, Peter 113
Ampère, Jean-Jacques 131
Andersen, Hans Christian 209
Andreas-Salomé, Lou 181
Angoulême, Marguerite de *siehe* Margarete von Navarra
Anna von Österreich 46
Anna Amalia, Herzogin von Sachsen-Weimar 92, 96–100, 122
Annunzio, Gabriele d' 190, 201
Anouilh, Jean 206
Apollinaire, Guillaume 201
Aragona, Tulia d' 27
Arendt, Hannah 133, 142
Aretino, Pietro 27f., 30
Argens, Jean Baptiste d' 94
Arnim, Achim von 146f., 149
Arnim, Bettina von 149
Arnstein, Adam Isaak Baron von 161, 163
Arnstein, Fanny (Franziska) Baronin von, geb. Itzig 158, 160–167
Arnstein, Henriette Baronin von 162, 166
Ariosto, Ludovico 28, 37
Aron, Raymond 224
August, Prinz von Preußen 123f., 128
Aury, Dominique 223
Azzolini, Dezio 56

Badinter, Elisabeth 58
Bagration, Katharina Fürstin 166
Bahr, Hermann 204

Baïf, Jean-Antoine 35
Balzac, Honoré de 131, 198
Bandello, Matteo 31, 34
Barney, Natalie C. 222
Barrès, Maurice 189, 200
Baudelaire, Charles 210
Bauer, Caroline 141, 152
Beaumarchais, Pierre Augustin Caron de 110
Beauvoir, Simone de 112
Becquerell, Henri 185
Beer, Amalie 135
Beethoven, Ludwig van 149
Bell, Clive 213
Bell, Vanessa 212ff.
Belli, Giuseppe 175
Bellonci, Goffredo 216
Bellonci, Maria 216
Bembo, Pietro 27, 31
Benjamin, Walter 200
Bernard de Ventadour 23
Bernadotte, Jean Baptiste 127f.
Bernstorf, Graf von 165
Berry, Mary 108
Bismarck, Otto Fürst von 176, 180, 197
Boccaccio, Giovanni 31, 34
Börne, Ludwig 141f.
Boileau-Despréaux, Nicolas 43
Bolingbroke, Henry Viscount of 63
Bonaparte, Lucien 128
Bonaparte, Napoleon s. Napoleon
Bonnefoy 224
Bonstetten, Karl Viktor von 124
Borgia, Lucrezia 27f., 55
Boscán, Juan 24
Boucher, François 74
Boulez, Pierre 224f.
Bousquet, Marie-Louise 220f.
Brachvogel, Carry von 211
Brentano, Clemens 147
Brinckmann, K. G. von 147, 152
Brod, Max 113
Broncovan, Anna de 189
Brook, Peter 220
Brummel, Beau 112

Budé, Guillaume 32
Buckingham, Georges Villiers, Herzog von
    39 ff., 112
Bülow, Hans von 178
Buñuel, Luis 219
Burckhardt, Carl Jacob 27
Byron, George Lord 113, 124, 126, 174

Cage, John 225
Canova, Antonio 110
Caroline von Hessen-Darmstadt 96
Castellane, Marquis de 176
Castiglione, Baldassare 24, 27, 31 f., 42,
    104
Castlemair, Lady 50
Cellini, Benvenuto 33
Cervantes Saavedra, Miguel de 37, 67
Chamfort, Nicolas Sébastien de 63
Char, René 224
Chartres, Herzog von 116
Chateaubriand, François de 126 f., 129, 131,
    174, 192
Châtelet, Emilie du 72, 80, 94 f.
Chénier, André 174
Chesterfield, Lady 50
Chesterfield, Philip Dormer Earl of 63, 68
Chigi, Agostino 27
Chirico, Giorgio de 219
Choiseul, Duchesse de 79
Christina, Königin von Schweden 47, 53 ff.
Cicero, Marcus Tullius 30
Cioran, Emile M. 10, 63, 76, 83, 153 f.,
    224 ff.
Claudel, Paul 218
Clemenceau, Georges 203 ff.
Cocteau, Jean 219
Colette, Sidonie-Gabrielle 201
Collona, Connetable, Prinz 48
Colonna, Vittoria 28
Conarski, Adam 34
Condé, Louis II. Prinz von 44, 62
Condillac, Etienne Bonnot de 85
Condorcet, Antoine de 85
Conrady, Karl Otto 97
Constant, Benjamin 119, 121, 124 f., 128 f.
Corbin, Henri 224
Corneille, Pierre 39, 62
Crevel, René 219

Däubler, Theodor 205
Dali, Salvador 219
Dante Alighieri 31, 210'
David, Jacques Louis 110, 128
Daschkow, Katharina Prinzessin 170 f.

Deffand, Marie Marquise du 15, 17, 62 f., 64,
    76–85, 88, 108, 120
Demidow, Anatol 184
Descartes, René 53
Diderot, Denis 14, 60 f., 76, 89 f., 120, 170
Dieulafoy, Jane 197 f.
Disraeli, Benjamin 203
Doré, Gustave 185
Dostojewskij, Fjodor M. 214
Dreyfus, Alfred 205
Dubois, Guillaume 69
Dumas, Alexandre 185, 188
Duras, Herzogin von 131

Eichendorff, Joseph Freiherr von 210
Eleonore von Aquitanien siehe Aliénor von
    Aquitanien
Eliot, George 212
Eliot, Thomas Stearns 215
Elisabeth, Kaiserin von Österreich 188
Elisabeth I., Königin von England 104
Elisabeth Charlotte, Herzogin von Orléans
    39, 57
Epinay, Louise Florence Pétronille d' 63,
    88 f.
Erasmus von Rotterdam 13, 34
Ernst, Max 219
Este, Alfonso d' 28
Este, Isabella d', Markgräfin von Mantua
    29 ff.
Eugen, Prinz von Savoyen 47 f., 93
Eugenie, frz. Kaiserin 184, 188
Eymery, Marguerite siehe Rachilde

Fabre, François Xavier 110
Fantin-Latour, Henri 222
Fargue, Léon Paul 189, 201
Fels, Edmée de siehe La Rochefoucauld, Ed-
    mée de
Fels, Marthe de 218
Fénélon (François de Selignac de la Mothe)
    67, 116
Ferriol, Madame de 68 f.
Fichte, Johann Gottlieb 99, 123, 136, 146
Ficino, Marsilio 25 f.
Finkenstein, Karl Graf von 146
Fischer, Joschka 228
Fitzgerald, Lady 165
Flachsland, Caroline 96 f.
Flaubert, Gustave 185 f., 192, 197
Fontane, Theodor 209
Fontenelle (d.i. Le Bovier, Bernhard) 62, 66,
    73
Forster, Edward Morris 215 f.

Forster, Georg 157
France, Anatole 189 f.
Franco, Veronica 27
Franklin, Benjamin 63
Franz I., König von Frankreich 27, 32 f.
Freud, Sigmund 113
Friedell, Egon 205
Friedländer, Rebecca 135
Friedrich II. d. Gr., König von Preußen 60,
    83, 85 ff., 90, 92–96, 97, 128, 132, 134,
    136, 161, 170
Friedrich Wilhelm I., König von Preußen
    93, 154
Friedrich Wilhelm IV., König von Preußen
    141
Fry, Roger 213, 215
Fuchs, Laura 166

Gainsborough, Thomas 222
Galiani Abbé Fernando 61, 63, 91
Galitzin, Fürstin 206
Gambetta, Léon 196 f.
Ganghofer, Ludwig 210
Gans, Eduard 149
Gatti, Angelo 224
Gauguin, Paul 215
Gaulle, Charles de 218
Gautier, Théophile 184 f.
Gavarni, Paul (Sulpice Chevalier) 185
Gay, Delphine siehe Girardin, Delphine de
Genlis, Félicité Gräfin de 115–119, 132, 137,
    165
Gentz, Friedrich 140
Geoffrin, François 73, 225
Geoffrin, Marie-Thérèse 17, 19, 63 f., 72–76,
    85, 108, 120
Georg, König von England 90
George, Stefan 180 ff., 210
Gérard, François 128 f., 131 f.
Gibbon, Edward 104, 169
Gide, André 189, 201
Giono, Jean 208
Girardin, Delphine de 131, 198 f.
Girardin, Emile de 193, 199
Giraudoux, Marc 221
Glinka, Michail 173
Goethe, Johann Wolfgang von 90, 97 ff.,
    122, 133 f., 145 f., 169, 176, 198, 210, 218
Goethe, Ottilie von 102, 166
Gogol, Nikolaj 113
Goncourt, Edmond und Jules de 64, 185 f.
Gonzaga, Elisabetta 29, 31 ff.
Gonzaga, Francesco 29
Gottsched, Johann Christoph 89

Gould, F. J. 220
Gould, Florence 220–223
Gourmont, Remy de 201
Gournay, Mademoiselle de 35
Goya y Lucientes, Francisco de 210
Gracián, Baltasar 24
Gramont, Antoine III. Herzog von 50
Grande Mademoiselle 46, 55
Grant, Duncan 213
Greene, Graham 224
Greffuhle, Gräfin 183 f.
Grillparzer, Franz 149 f., 168
Grimm, Melchior 61, 63 f., 66 f., 74, 88 ff.,
    96, 106, 118, 120
Guibert, Graf von 87
Guichard, Marie-Thérèse 198
Gustav III., König von Schweden 121

Habermas, Jürgen 228
Hamilton, Graf Anthony 50, 105
Hamilton, Lady 170
Hamilton, William 98
Hardenberg, Caroline von 124
Hardenberg, Friedrich von siehe Novalis
Hardenberg, Karl August von 165
Hardy, Thomas 212
Hartlaub, Genoveva 228
Hauptmann, Gerhart 180
Hegel, Georg Wilhelm Friedrich 99, 149 f.
Heine, Heinrich 15, 150 f., 209
Heinrich II., König von England 23
Heinrich III., König von Frankreich 35
Heinrich IV., König von Frankreich 39, 46
Heinrich VII., König von England 104
Heinrich der Löwe 23
Helvetius, Claude Adrien 96, 120
Helvetius, Madame 63
Hénault, Président 78
Henckel von Donnersmarck, Gräfin von 197
Herder, Johann Gottfried 96 ff.
Herz, Henriette 117 f., 122, 123 f., 134–142,
    154 f., 158 f., 161 f.
Herz, Markus 136, 140, 144, 156
Herzen, Alexander 103, 175
Hoffmann, E. T. A. 45, 176
Hofmannsthal, Hugo von 169
Holbach, Paul Heinrich Dietrich Baron von
    60 f., 89, 116, 120
Holbach, Madame de 61
Home, Douglas 188
Homer 67
Hugo, Victor 198
Humboldt, Alexander von 141, 179
Humboldt, Karoline von 140, 216

Humboldt, Wilhelm von 92, 117, 138 f., 144, 148, 152, 165, 169, 178 f., 216
Hume, David 82, 85
Huysmans, Camille 201

Ibsen, Henrik, 209
Ionesco, Eugène 224
Ingres, Jean-Auguste-Dominique 185
Innozenz XI. 56
Itzig, Daniel 160, 163
Itzig, Fanny siehe Arnstein, Fanny von
Itzig, Rebecca 165
Iwan VI., Zar 76

Jacob, Max 219, 223
Jakob III., König von England 109
James, Henry 212
Jarry, Alfred 201
Jawlensky, Alexej 209
Johanna von Orléans 46
Joseph II., Kaiser
Jouhandeau, Marcel 220
Jouve, Jean Pierre 224
Jünger, Ernst 221 f.
Julius II. 26

Kalckreuth, Leopold von 210
Kalckreuth, Wolf von 210
Kandinsky, Wassilij 209
Kant, Immanuel 136, 178
Karamsin, Nikolaus 172 f.
Karamsina, Jekaterina 172 ff.
Karl I., König von England 105
Karl II., König von England 49, 105
Karl V., Kaiser 27
Karl IX., König von Frankreich 35
Karl August, Herzog von Sachsen-Weimar 97
Karl Eduard, engl.-schott. Thronanwärter 109
Karl Friedrich, Erbprinz von Sachsen-Weimar 100
Karl Gustav, König von Schweden 53
Karl Gustav von Pfalz-Zweibrücken 53
Katharina I., Zarin 166
Katharina II. d. Gr., Zarin 76, 85, 90, 170, 174, 222
Katte, Hans Hermann von 93
Kauffmann, Angelika 98, 124, 216
Kaulbach, Wilhelm von 210
Keroual, Louise de 49
Kesten, Hermann 104
Keynes, John Maynard 213, 215
Kipphoff, Petra 213

Klages, Ludwig 210
Kleist, Heinrich von 146 f.
Klimt, Gustav 204
Klopstock, Friedrich Gottlieb 100
Kobell, Wilhelm von 209
Kolb, Annette 206
Kotzebue, August von 99
Krafft-Ebing, Richard Freiherr von 204
Krassin, Leonid 205
Kraus, Karl 113, 204
Kristeva, Julia 229
Krockow, Christian von 92
Kubin, Alfred 209
Kurland, Dorothea Herzogin von 135

La Fontaine, Jean de 43
La Fresnay 73
La Harpe, Frédéric César de 110
La Mettrie, Julien Offray de 94
La Rochefoucauld, Edmée de 218 f.
La Rochefoucauld, François de 42 f., 67
La Rochelle, Drieu 223
La Tour, Maurice Quentin 74
Labé, Louise 35 f.
Lacan, Jacques 220
Lafarge, Marie 199
Lafayette, Marie Madeleine de 45
Lamartine, Alphonse de 110 f., 129 f., 191, 194, 198
Lambert, Marquis de 66
Lambert, Thérèse de Courcelle, Marquise de 64–68, 70, 119
Landini, Donna 56
Law, John 70 f.
Le Bovier, Bernhard siehe Fontenelle
Le Rond siehe d' Alembert
Léautaud, Paul 200, 221
Leicester, Robert Dudley, Earl of 104
Lemos, Benjamin de 136
Lenbach, Franz von 210
Lenclos, Ninon de 50 f., 55
Leo X. 26 f.
Lepsius, Reinhold 181 f.
Lepsius, Sabine 180–183
Lesage, Alain René 65
Lespinasse, Julie de 17, 64, 76, 80–88
Lesseps, Ferdinand de 185
Lessing, Gotthold Ephraim 134
Levin-Varnhagen, Rahel 17, 103, 117, 122, 135, 142–154, 158, 161, 177 ff.
Lewald, Fanny (Franziska) 177–180
Liechtenstein, Carl Fürst von 163
Ligne, Charles Joseph Fürst von 122, 144, 148

Liszt, Franz 173, 178, 191ff.
Locke, John 82
Longueville, Herzogin von 44
Loti, Pierre 197f.
Louis-Ferdinand, Prinz von Preußen 136, 140, 144, 149
Louis Philippe, König von Frankreich 115
Louys, Pierre 201
Ludwig I., König von Bayern 209
Ludwig II., König von Bayern 209
Ludwig VII., König von Frankreich 23
Ludwig XIV., König von Frankreich 37, 43, 45ff., 55, 57, 67f., 70, 78
Ludwig XV., König von Frankreich 57, 72, 115
Ludwig XVI., König von Frankreich 121
Lüpertz, Beatrix (Trixi) 228
Lüpertz, Markus 228
Luise, Königin von Preußen 122
Lully, Jean-Baptiste 90

Macaulay, Thomas Babington 107
MacCarthy, Desmond 213
MacDonald, Ramsay 206
Machiavelli, Niccolò 110
Maeterlinck, Maurice 201
Mahler, Gustav 204f.
Mahler-Werfel, Alma 169, 205f.
Maine, Herzogin du 61f., 78, 105, 220
Maintenon, Françoise d' Aubigné, Marquise de 43, 51
Maistre, Joseph de 124
Malatesta, Isotta 25
Malatesta, Sigismondo 25
Malherbe, François de 39f.
Mancini, Hortense, 47, 49ff.
Mancini, Laure 46
Mancini, Maria 47ff.
Mancini, Olympia 47f.
Mann, Thomas 210
Mansfield, Katherine 215
Marcel, Gabriel 208
Margarete von Navarra 33f., 37
Maria Paulowna, Zarentochter 100
Maria Theresia, Kaiserin 75, 162
Marie Antoinette 121
Marivaux, Pierre Charlet de 67, 70, 72f.
Markewitch, Igor 219
Marmontel, Jean-François 61, 74, 110
Marot, Clément 28
Massena, André 128
Masson, André 224
Mathilde, Gemahlin Heinrichs des Löwen 23

Mathilde, Prinzessin 184–187
Maupassant, Guy de 187, 194, 197
Maupertuis, Pierre Louis Moreau de 94, 117
Maximilian I., Kaiser 31
Maximilian II. Joseph, König von Bayern 209
Mazarin, Duc de 52
Mazarini, Giulio (Mazarin) 46ff.
Medici, Caterina de' 34
Medici, Cosimo de' 25f.
Medici, Giuliano de' 31
Medici, Graf von 165
Medici, Lorenzo I. de' (il Magnifico) 26
Medici, Maria de' 41
Meilleraye, Charles de la Porte de la 49
Mendelssohn, Brendel siehe Schlegel, Dorothea
Mendelssohn, Henriette 124, 191
Mendelssohn, Moses 124, 134ff., 144, 154f., 161, 163
Mendelssohn-Bartholdy, Felix 151, 160
Mendelssohn-Hensel, Fanny 151
Merck, Johann Heinrich 96
Mercoeur, Herzog von 46
Mérimée, Prosper 188
Messiaen, Olivier 225
Metternich, Klemens Fürst von 128, 166
Metternich, Pauline von 187–190
Meyerbeer, Giacomo 135, 196, 198
Meysenburg, Malwida von 102f.
Michaelis, Johann David 156
Michaux, Henri 222, 224
Michelangelo 26f.
Michelet, Jules 191
Mickiewicz, Adam 174f.
Mirabeau, Gabriel Graf von 136
Mirandola, Pico della 26
Molière (Poquelin, Jean Baptiste) 44f., 51, 58, 113
Monaldeschi, Marquis de 55
Monet, Claude 222
Montagu, George 108
Montagu, Mary W. 104–109
Montaigne, Michel de 27, 35, 77
Montalembert, Graf 175
Montefeltre, Federico da III. 24
Montefeltre, Guidobaldo da 31
Montespan, Françoise Athenais Marquise de 78
Montesquieu, Charles de 67, 72f., 77f., 90
Montesquiou, Robert de 186, 189
Montez, Lola 209
Montijo, Eugenia de siehe Eugenie, frz. Kaiserin

Montolieu, Madame de, geb. de Saussure
104
Mora, Marquis de 86ff.
Morand, Paul 221
Moravia, Alberto 224
Moreau, Jean Victor 128
Morell, Ottoline 214f.
Morell, Philip 215
Mozart, Wolfgang Amadeus 90, 167
Muschg, Adolf 137
Musset, Alfred de 174, 192

Napoleon Bonaparte 57, 87, 100f., 111,
    118f., 121, 124, 126f., 141, 146, 158f., 164
Napoleon III., Kaiser 184ff.
Nattier, Jean-Marc d.J. 65
Necker, Jacques 120, 127
Necker, Susanne 64, 119f.
Newton, Sir Isaac 82, 109
Nicolai, Christoph Friedrich 133, 135, 140f.
Nietzsche, Friedrich 63, 103, 204
Nieuwerkerpe, Graf 186
Nijinski, Waclaw 189
Nikolaus I., Zar 175
Nikolaus II., Zar 184
Noailles, Anna de 189f., 204
Noailles, Marie-Laure de 219f.
Nostitz-Wallwitz, Alfred von 208
Nostitz-Wallwitz, Helene von 204, 206–208
Novalis 156f.
Numa Pompilius 196

Ocampo, Vitoria 224
Offenbach, Jacques 188, 203
Olenin, Alexej 171f.
Orléans, Louis Philippe Herzog von 115
Orléans, Marie Louise de 48f.
Orléans, Philippe Egalité, Herzog von 165
Orléans, Philippe II. Herzog von 57, 69, 78
Orlow, Graf 222
Ortega y Gasset, José 217
Overbeck, Johann Friedrich 159
Ovid 67

Paganini, Niccolò 152
Pange, Comtesse de 228
Pasteur, Louis 185
Paul, Jean (J.P. Richter) 99, 140, 144, 156
Paulhan, Jean 208, 221ff.
Pellison 44
Pepys, Samuel 111f.
Pérez Galdós, Benito 217
Perikles 21
Peter I. d. Gr. 170

Petrarca, Francesco 31
Petrowna, Jelisaweta 170
Pichler, Karoline 165, 167–169
Pivot, Bernard 228
Pocci, Franz Graf von 209
Polgar, Alfred 113
Poliziano, Angelo 30
Pompadour, Jeanne-Antoinette, Marquise de
    71, 115
Poniatowski, Stanislaus August (König von
    Polen) 63, 75, 90
Pope, Alexander 72, 105ff.
Popelin, Claudius 186
Potemkin, Grigorij Alexandrowitsch, Fürst
    243, 274
Potocka, Gräfin 159
Poulenc, Francis 219f.
Pourtalès, Mélanie de 188f.
Pozzo di Borgo, Graf von 165
Pougy, Liliane de 201
Proudhon, Pierre Joseph 194f.
Proust, Marcel 183, 189
Pückler-Muskau, Hermann Fürst von 101
Puschkin, Alexander Sergejewitsch 173f.

Rabutin, Bussy 39
Rachilde (Marguerite Eymery) 200–202
Racine, Jean 48
Radziwill, Fürstin Marie 176
Radziwill, Prinz 166
Raffael (Raffaelo Santi) 26
Rambouillet, Cathérine Marquise de 14,
    38ff., 43f., 168
Rambouillet, Marquis von 38f.
Rameau, Jean-Philippe 90
Ranke, Leopold von 149
Rath, Anna von 180
Ravel, Maurice 204f.
Raynal 61
Reimarus 100
Récamier, Jacques 127
Récamier, Juliette 124, 126–131, 192
Recke, Elisa von der 133f.
Rée, Paul 103
Regnier, Henri de 201
Reich-Ranicki, Marcel 229
Renan, Ernest 191
Renard, Jules 201
Renée de France, Herzogin von Ferrara 28
Retz, Jean-François Paul Kardinal de 67
Reventlow, Franziska Gräfin zu 210
Reynolds, Joshua 98
Richard Löwenherz 23
Richardson, Samuel 137

Richelieu, Jean Armand Herzog von 35, 37, 39, 44, 68, 71
Richter, Heinz Werner 210
Rilke, Rainer Maria 181, 190, 207, 211
Rivarol, Antoine de 117
Robbe-Grillet, Alain 222
Robert, Hubert 74
Robinson, Henry Crabb 126
Rocca, John 125 f.
Roche, Sophie de la 96
Rodin, Auguste 204, 206 f.
Rolland, Romain 103
Ronsard, Pierre de 35
Rosenbaum, Wladimir 217
Rossini, Gioacchino 152, 198
Rostopochina, Jewgenja 172 f.
Rousseau, Jean-Jacques 57, 60, 83 f., 85, 89, 96, 109, 114, 116, 120, 174
Roussillon, Henriette von 96
Rubens, Peter Paul 161, 210
Rudolf, Erbprinz von Österreich 203
Ruederer, Josef 211
Russell, Bertrand 215

Sablé, Madame de 42 f.
Sackville-West, Vita 215, 222
Sade, Marquis de 72, 219 f.
Sagan, Françoise 222
Sagan, Herzogin von 166
Sagan, Prinzessin von 221
Sainte-Beuve, Charles-Augustin 82, 128, 184
Saint-Evremond, Charles 50, 52
Saint-John Perse 218, 224
Saint-Pierre, Jacques Henri Bernardin de 174
Saint-Simon, Louis Herzog von 47, 50 ff., 68 ff., 72, 150
Sand, George 119, 192, 195 f.
Scarron, Paul 51
Schadow, Gottfried 140
Scheffer, Ary 186
Scheler, Max 217
Schelling, F. W. J. von 99, 136, 156 f.
Schiller, Friedrich von 99, 123 f.
Schlegel, August Wilhelm 63, 101, 117, 122, 157, 165
Schlegel, Caroline 156
Schlegel, Dorothea 135, 140, 148, 154–161, 164, 168, 178
Schlegel, Friedrich 101, 117, 140, 143, 155 ff., 178
Schleiermacher, Friedrich 140, 149, 155, 179
Schnitzler, Arthur 188
Schoeller, Heidi 228

Schönberg, A. H. von 89
Scholem, Gershon 155
Schopenhauer, Adele 102
Schopenhauer, Arthur 164
Schopenhauer, Johanna 92, 100–104, 132
Schubert, Franz 168 f.
Schumann, Robert 149
Schwarzenberg, Fürstin von 169
Scudéry, Georges de 44
Scudéry, Madeleine de 38, 43 ff.
Sénancour, Etienne Pivert de 192
Seurat, George 214
Sévigné, Marie Marquise de 39, 45, 83, 152
Sforza, Caterina 28
Shaftesbury, Anthony Earl of 24
Shelley, Percy Bysshe 113
Shrewsbury, Gräfin von 50
Silva, Vierira da 224
Simmel, Georg 12, 181, 217
Sismondi, Jean Charles de 124
Soissons, Graf von 47
Sokrates 21
Sombart, Nicolaus 18, 228
Sonnenfels, Joseph von 163
Sophie Dorothee, Königin von Preußen 93
Sparre, Ebba 53
Spiel, Hilde 161, 166, 213, 215
Staal-Delaunay, Madame de 62
Staël, Nicolas de 224
Staël-Holstein, Anne Louise Germaine de 15, 64, 100, 111, 117, 119–129, 132, 144, 157, 165, 168, 174, 216
Staël-Holstein, August de 129
Staël-Holstein, Baron de 121
Stein, Charlotte von 122
Stender 172
Stendhal 113, 131
Stephen, Adrian 212 f.
Stephen, Sir Leslie 212
Stephen, Toby 212 f.
Stifter, Adalbert 162, 166 ff.
Storm, Theodor 176
Strachey, Lytton 82, 108, 213 ff.
Strawinsky, Igor 214, 225
Strindberg, August 209
Stuck, Franz von 210
Supervielle, Jules 224
Swift, Jonathan 112
Szeps, Moriz 203

Taine, Hyppolit 185
Talleyrand, Charles Maurice de 121
Tasso, Torquato 37
Tencin, Abbé 69 ff.

243

Tencin, Claudine-Alexandrine de 17, 63 f., 68–73
Tezenas, Suzanne 223–225
Thackeray, William Makepiece 108, 212
Thiers, Adolphe 196
Thomas, Henri 221
Thurn und Taxis, Prinzessin Marie von 189
Tieck, Ludwig 101 f., 124, 146, 156
Tolstoj, Alexej Konstantinowitsch Graf 173, 214
Toulouse-Lautrec, Henri de 222
Trefusis, Violet 222
Trenck, Friedrich von der 162 f.
Trotzky, Leo 113
Turgenjew, Iwan Sergejewitsch 173
Turgot, Anne Robert de 90
Tzara, Tristan 113

Urfé, Honoré de 37
Urquijo, Rafael de 146

Valangin, Alice 216
Valéry, Paul 196, 218 f.
Valette, Alfred 200
Valois, Henri de 35
van Dyck, Anthonis 219
van Gogh, Vincent 222
van Loo, Charles André 74, 85
van der Kempf, Gerald 223
Varnhagen von Ense, Karl August 147 ff., 163, 166, 179
Varnhagen von Ense, Rahel siehe Levin-Varnhagen, Rahel
Veit, Dorothea s. Schlegel, Dorothea
Veit, Johann 154, 159
Veit, Philipp 154, 157, 159
Veit, Simon 154, 159
Venosa, Gesualdo di 56
Verhaeren, Emile 201

Verlaine, Paul 210
Viardot, Pauline 173
Vichy, Gaspard de 80
Vigée-Lebrun, Elisabeth-Louise 124, 186
Vilar, Jean-Louis-Côme 224
Vinci, Leonardo da 28, 33
Vigny, Alfred Comte de 174, 191, 198
Vivien, Renée 201
Voltaire 57, 59 f., 62, 72, 77, 79, 82, 88, 90, 94 ff., 109, 124, 169 f., 174
Vulpius, Christiane 101

Wabna, Gräfin von 168
Wagner, Cosima 178, 180, 191
Wagner, Richard 103, 113, 188, 191, 209
Walpole, Horace 63, 74 f., 77, 79 ff., 104–109
Watteau, Jean-Antoine 65, 161
Weber, Carl Maria von 152
Wellington, Arthur Herzog von 126, 165
Werfel, Franz 113, 206
Wertheimstein, Josephine von 169
Wieland, Christoph Martin 96 f., 101
Wiesel, Pauline 144
Wiesenthal, Grete 169
Wilde, Oscar 201
Wilhelm II., Kaiser 184
Wilhelmy, Petra 11
Wolkonskaja, Sinaida 172, 174 f.
Wolzogen, Ernst von 210
Woolf, Virginia 212–216

Yourcenar, Marguerite 222

Zamoiska, Fürsten von 168
Ziegler, Luise von (»Lila«) 96
Zola, Emile 186 f.
Zucchi, Antonio 98
Zuckerkandl, Berta 203–206
Zuckerkandl, Emil 203

Bildnachweis

Kulturgeschichte lebt...

von der Lust des Kennenlernens

**Paul Faure
Magie der Düfte**
Eine Kulturgeschichte
der Wohlgerüche. Von
den Pharaonen zu den
Römern.
Aus dem Französischen
von Barbara Brumm.
351 Seiten mit 19 Abbildungen und 1 Karte.
Leinen

**C.W. Ceram
Der erste
Amerikaner**
Die Entdeckung der
indianischen Kulturen in
Nordamerika.
Überarbeitete und erweiterte Neuausgabe
von H. Marek.
392 Seiten mit 17
Farbtafeln, 17 s/w-
Abbildungen, 80 Zeichnungen und 10 Karten.
Gebunden

**Norbert Ohler
Sterben und Tod im
Mittelalter**
320 Seiten mit 20
Abbildungen. Leinen

**Peter Dinzelbacher
Heilige oder Hexen?**
Schicksale auffälliger
Frauen in Mittelalter
und Frühneuzeit.
Ca. 320 Seiten mit
ca. 16 Abbildungen.
Leinen

**Ludwig Schmugge
Kirche, Kinder,
Karrieren**
Päpstliche Dispense von
der unehelichen Geburt
im Spätmittelalter.
Ca. 320 Seiten mit
ca. 16 Abbildungen.
Leinen

**Shulamith Shahar
Kindheit im
Mittelalter**
Deutsch von Barbara
Brumm. 392 Seiten mit
15 Abbildungen.
Gebunden

**Karl-Wilhelm
Weeber
Smog über Attika**
Umweltverhalten im
Altertum.
224 Seiten. Leinen

**– Die unheiligen
Spiele**
Das antike Olympia
zwischen Legende und
Wirklichkeit.
220 Seiten mit 18
Abbildungen. Leinen

**–Alltag im Alten
Rom**
Ein Lexikon.
Ca. 320 Seiten mit ca.
250 s/w-Abbildungen
und 16 Farbtafeln.
Leinen

Artemis & Winkler Verlag, Zürich

Artemis & Winkler

Erziehung und Gesellschaft

Raymond Boudon
Ideologie *Geschichte und Kritik eines Begriffs* (469)

Iring Fetscher / Herfried Münkler (Hg.)
Politikwissenschaft *Begriffe - Analysen - Theorien. Ein Grundkurs* (418)

A. Görlitz / R. Prätorius (Hg.)
Handbuch Politikwissenschaft *Grundlagen -Forschungs- stand - Perspektiven* (432)

Siegfried Grubitzsch/Günter Rexilius (Hg.)
Psychologische Grundbegriffe *Ein Handbuch* (438)

Gerhard Hauck
Geschichte der soziologischen Theorie *Eine ideologie- kritische Einführung* (401)

G. Hörmann/W. Körner (Hg.)
Klinische Psychologie *Ein kritisches Handbuch* (518)

Peter R. Hofstätter
Gruppendynamik *Kritik der Massenspychologie* (430)

H. Kerber/A. Schmieder (Hg.)
Soziologie *Arbeitsfelder, Theorien, Ausbildung. Ein Grundkurs* (445)
Handbuch Soziologie *Zur Theorie und Praxis sozialer Beziehungen* (407)

Helmut König
Zivilisation und Leidenschaften *Die Masse im bürgerlichen Zeitalter* (513)

Dieter Lenzen
Mythologie der Kindheit *Die Verewigung des Kindlichen in der Erwachsenenkultur. Versteckte Bilder und'ver- gessene Geschichten* (421)

3470/1

rowohlts enzyklopädie

Helmut König

ZIVILISATION UND LEIDENSCHAFT
Die Masse im bürgerlichen Zeitalter

rowohlts enzyklopädie

rororo

Vaterschaft *Vom Patriarchat zur Alimentation* (511)
Pädagogische Grundbegriffe *Band 1: Aggression - Inter- disziplinarität* (487) *Band 2: Jugend - Zeugnis* (488)

Eugene J. Meehan
Praxis des wissenschaftlichen Denkens *Ein Arbeitsbuch für Studierende* (519)

Günter Rexilius/Siegfried Grubitzsch (Hg.)
Psychologie *Theorien - Methoden - Arbeitsfelder. Ein Grundkurs* (419)

Werner Sombart
Der Bourgeois *Zur Geistes- geschichte des modernen Wirtschaftsmenschen* (437)

Klaus-Jürgen Tillmann
Sozialisationstheorien *Eine Einführung in den Zusam- menhang von Gesellschaft, Institution und Subjekt- werdung* (476)

Hans Zygowski
Psychotherapie und Gesellschaft *Therapeutische Schulen in der Kritik* (440)

Geschichte und Mythos

Daniel Arasse
Die Guillotine *Die Macht der Maschine und das Schauspiel der Gerechtigkeit* (496)

Gene Brucker
Florenz in der Renaissance *Stadt, Gesellschaft und Kultur* (480)
Giovanni und Lusanna *Die Geschichte einer Liebe im Florenz der Renaissance* (466)

Norman Cohn
Das neue irdische Paradies *Revolutionärer Millenarismus und mystischer Anarchismus im mittelalterlichen Europa* (472)

Jean Delumeau
Angst im Abendland *Die Geschichte kollektiver Ängste im Europa des 14. bis 18. Jahrhunderts* (503)

James George Frazer
Der goldene Zweig *Das Geheimnis von Glauben und Sitten der Völker* (483)

Peter Garnsey / Richard Saller
Das römische Kaiserreich *Wirtschaft, Gesellschaft, Kultur* (501)

Marcel Gauchet
Die Erklärung der Menschenrechte *Die Debatte um die bürgerlichen Freiheiten* (512)

Maurice Keen
Das Rittertum (515)

Stephen Geoffrey Kirk
Griechische Mythen *Ihre Bedeutung und Funktion* (444)

Robert Muchembled
DIE ERFINDUNG DES MODERNEN MENSCHEN
Gefühlsdifferenzierung und kollektive Verhaltensweisen im Zeitalter des Absolutismus

kulturen & ideen
rowohlts enzyklopädie

rororo

H. H. Lamb
Klima und Kulturgeschichte *Der Einfluß des Wetters auf den Gang der Geschichte* (478)

Robert Muchembled
Die Erfindung des modernen Menschen *Gefühlsdifferenzierung und kollektive Verhaltensweisen im Zeitalter des Absolutismus* (510)

Lutz Niethammer
Posthistorie *Ist die Geschichte zu Ende?* (504)

Robert von Ranke-Graves
Griechische Mythologie *Quellen und Deutung* (404)
Die Weiße Göttin Sprache des Mythos (416)

R. v. Ranke-Graves / R. Patal
Hebräische Mythologie *Über die Schöpfungsgeschichte und andere Mythen aus dem Alten Testament* (411)

S. Rohrbacher/M. Schmidt
Judenbilder *Kulturgeschichte antijüdischer Mythen und antisemitischer Vorurteile* (498)

rowohlts enzyklopädie

Philosophie

Kurt Bayertz
GenEthik *Probleme der Technisierung menschlicher Fortpflanzung* (450)
Praktische Philosophie *Grundorientierungen angewandter Ethik* (522)

E. Braun / F. Heine / U. Opolka
Politische Philosophie *Ein Lesebuch. Texte, Analysen, Kommentare* (406)

Hans Ebeling
Martin Heidegger *Philosophie und Ideologie* (520)

Ferdinand Fellmann
Symbolischer Pragmatismus *Hermeneutik nach Dilthey* (508)

Manfred Geier
Das Sprachspiel der Philosophen *Von Parmenides bis Wittgenstein* (500)

Toshihiko Izutsu
Philosophie des Zen-Buddhismus (428)

Traugott König (Hg.)
Sartre *Ein Kongreß* (475)

Rudolf zur Lippe
Sinnenbewußtsein *Grundlegung einer anthropologischen Ästhetik* (423)

A. Litschev / D. Kegler (Hg.)
Abschied vom Marxismus *Sowjetische Philosophie im Umbruch* (529)

E. Martens / H. Schnädelbach (Hg.)
Philosophie *Ein Grundkurs. Band 2* (457)

A. Litschev
D. Kegler
(Hg.)

ABSCHIED VOM MARXISMUS
Sowjetische
Philosophie
im Umbruch

rowohlts
enzyklopädie

Ulrich Steinvorth
Klassische und moderne Ethik *Grundlinien einer materialen Moraltheorie* (505)

Bernhard Raureck
Französische Philosophie im 20. Jahrhundert *Analysen, Texte, Kommentare* (481)
Ethikkrise - Krisenethik *Analysen, Texte, Modelle* (525)

Karl Vorländer
Geschichte der Philosophie *mit Quellentexten Band 1: Altertum* (492) *Band 2: Mittelalter und Renaissance* (493) *Band 3: Neuzeit bis Kant* (494) *Band 1 - 3 komplett* (495)

Benjamin Lee Whorf
Sprache - Denken - Wirklichkeit *Beiträge zur Metalinguistik und Sprachphilosophie* (403)

rowohlts enzyklopädie

rowohlts enzyklopädie wird herausgegeben von Burghard König. Ein Gesamtverzeichnis der Reihe finden Sie in der *Rowohlt Revue*. Jedes Vierteljahr neu. Kostenlos in Ihrer Buchhandlung.

Kunst und Theater

John Berger
Glanz und Elend des Malers Pablo Picasso (459)

Manfred Brauneck
Theater im 20. Jahrhundert
Programmschriften, Stilperioden, Reformmodelle (433)
Klassiker der Schauspielregie
Positionen und Kommentare zum Theater im 20. Jahrhundert (477)

Manfred Brauneck / Gérard Schneilin (Hg.)
Theaterlexikon *Begriffe und Epochen, Bühnen und Ensembles* (417)

Martin Damus
Malerei der DDR *Funktionen der bildenden Kunst im Realen Sozialismus* (524)

Martin Esslin
Das Theater des Absurden *Von Beckett bis Pinter* (414)
Die Zeichen des Dramas *Theater, Film, Fernsehen* (502)

Peter Gorsen
Sexualästhetik *Grenzformen der Sinnlichkeit im 20. Jahrhundert* (447)

Walter Hess
Dokumente zum Verständnis der modernen Malerei (410)

Volker Klotz
Bürgerliches Lachtheater *Komödie-Posse-Schwank-Operette* (451)

Peter Moritz Pickhaus
Kunstzerstörer *Fallstudien: Tatmotive und Psychogramme* (463)

Zeittheater *"Das Politische Theater" und weitere Schriften von 1915 bis 1966* (429)

Richard Schechner
Theater-Anthropologie *Spiel und Ritual im Kulturvergleich* (439)

Gert Selle (Hg.)
Gebrauch der Sinne *Eine kunstpädagogische Praxis* (467)
Experiment Ästhetische Bildung *Aktuelle Beispiele für Handeln und Verstehen* (506)

Monika Wagner (Hg.)
Moderne Kunst *Das Funkkolleg zum Verständnis der Gegenwartskunst* (516)

rowohlts enzyklopädie

rowohlts enzyklopädie wird herausgeben von Burghard König. Ein Gesamtverzeichnis finden Sie in der *Rowohlt Revue*. Jedes Vierteljahr neu. Kostenlos in Ihrer Buchhandlung.

Literatur und Kultur

André Breton
Die Manifeste des Surrealismus
(434)

Jonathan Culler
Dekonstruktion *Derrida und die poststrukturalistische Literaturtheorie* (474)

Hans Eggers
Deutsche Sprachgeschichte
Band 1: -Das Althochdeutsche und das Mittelhochdeutsche (425) *Band 2: Das Frühneuhochdeutsche und das Neuhochdeutsche* (426)

Hugo Friedrich
Die Struktur der modernen Lyrik
Von der Mitte des neunzehnten bis zur Mitte des zwanzigsten Jahrhunderts (420)

G. Gebauer / D. Kamper / D. Lenzen u. a.
Historische Anthropologie *Zum Problem der Humanwissenschaften heute oder Versuche einer Neubegründung* (486)

G. Gebauer / C. Wulf
Mimesis *Kultur - Kunst - Gesellschaft* (497)

Arnold Gehlen
Anthropologische und sozialpsychologische Untersuchungen
(424)

Sander L. Gilman
Rasse, Sexualität und Seuche
Stereotype aus der Innenwelt der westlichen Kultur (527)

Richard Huelsenbeck (Hg.)
Dada *Eine literarische Dokumentation* (402)

A. Huyssen /K. R. Scherpe (Hg.)
Postmoderne *Zeichen eines kulturellen Wandels* (427)

Gebauer/Kamper
Lenzen/
Mattenklott/
Wulf/Wünsche
**Historische
Anthropologie**
Zum Problem der Humanwissenschaften
heute oder Versuche einer
Neubegründung

rowohlts enzyklopädie

Fredric Jameson
Das politische Unbewußte
Literatur als Symbol sozialen Handelns (461)

Dietmar Kamper
Zur Geschichte der Einbildungskraft (509)

Thomas Kleinspehn
Der flüchtige Blick *Sehen und Identität in der Kultur der Neuzeit* (485)

Rudolf zur Lippe
Vom Leib zum Körper *Naturbeherrschung am Menschen in der Renaissance* (446)

Maurice Nadeau
Geschichte des Surrealismus
(437)

Hartmut Scheible
Wahrheit und Subjekt *Ästhetik im bürgerlichen Zeitalter* (468)

Klaus R. Scherpe (Hg.)
Die Unwirklichkeit der Städte
Großstadtdarstellungen zwischen Moderne und Postmoderne (471)

rowohlts enzyklopädie

Louis Armstrong
dargestellt von Ilse Storb
(rororo bildmonographien
443)

Joachim-Ernst Berendt (Hg.)
Die Story des Jazz *Vom New
Orleans zum Rock Jazz*
(rororo sachbuch 7121)

Robin Denselow
The Beat goes On *Popmusik
und Politik. Geschichte
einer Hoffnung*
(rororo sachbuch 8849)

Albert Goldman
John Lennon *Ein Leben*
(rororo 13158 und als
gebundene Ausgabe im
Wunderlich Verlag)
Als John Lennon erschosssen
wurde, endete eine Epoche.
Die Musik der Beatles stand
für das Lebensgefühl einer
ganzen Generation. Albert
Goldman aber deckt nun in
seiner schockierenden
Biographie die verborgenen
Seiten eines Musikgenies auf.
Eine Biographie, die man
«wie einen spannenden Krimi
verschingt». *FAZ*

Charlotte Greig
Will You Still Love Me Tomorrow?
*Mädchenbands von den 50er
Jahren bis heute*
(rororo sachbuch 8854)

Bernward Halbscheffel /
Tibor Kneif
Sachlexikon Rockmusik
*Instrumente, Stile, Techniken,
Industrie und Geschichte*
(rororo sachbuch 6334)
Ob Amplifier oder Achtel-
note, Heavy Metal oder
House, Kadenz oder Klirr-
faktor, Riff oder Reggae,
Synthesizer oder Scratching -
dieses Lexikon klärt auf.

Martin Kunzler
Jazz-Lexikon
Band 1: AABA-Form bis Kyle
(rororo sachbuch 6316)
**Band 2: La Barbera bis
Zwingenberger**
(rororo sachbuch 6317)

Carsten Laqua
Wie Micky unter die Nazis fiel
Walt Disney und Deutschland
(rororo sachbuch 9104)

Michael Naura
Jazz-Toccata *Ansichten und
Attacken*
(rororo sachbuch 9162)

Sämtliche Bücher und
Taschenbücher zum Thema
finden Sie in der *Rowohlt
Revue*. Jedes Vierteljahr neu.
Kostenlos in Ihrer Buchhand-
lung.

Menschen, die die Welt bewegten

Wer waren die wichtigsten Persönlichkeiten, die das 20. Jahrhundert bestimmt haben? Eine neue Reihe bei «rororo handbuch» stellt die «100 des Jahrhunderts» mit Bild und biographischen Porträts in kompakter, präziser Form vor. Die Bücher bieten mehr Information als gewöhnliche Lexikon-Artikel und sind hilfreich für alle, die privat oder beruflich schnelle Informationen benötigen.

Die 100 des Jahrhunderts: Politiker

(rororo handbuch 6450)
Sie haben den Lauf der Welt bestimmt, ihre Namen sind mit Krieg und Frieden, mit politischen Systemen und sozialen Konflikten, mit internationalen Bündnissen und wirtschaftlichem Aufstieg verknüpft: Konrad Adenauer, Benazir Bhutto, Willy Brandt, Winston Churchill, Friedrich Ebert, Mahatma Gandhi, Michail Gorbatschow, Adolf Hitler, Benito Mussolini, Franklin D. Rossevelt und 90 weitere Politiker.

Die 100 des Jahrhunderts: Naturwissenschaftler

(rororo handbuch 6451)
Physiker, Chemiker, Biologen und Mediziner haben in unserem Jahrhundert ein neues Bild der Welt geschaffen und unsere Lebensbedingungen verändert: Adolf Friedrich Butenandt, Marie Curie, Albert Einstein, Enrico Fermi, Werner Forßmann, Otto Hahn, Werner Heisenberg, Max von Laue, Konrad Lorenz, Robert J. Oppenheimer und 90 weitere prominente Wissenschaftler.

Die 100 des Jahrhunderts: Filmregisseure

(rororo handbuch 6452)
Sie haben aus einer Jahrmarktsattraktion ein Medium der Kunst und Unterhaltung gemacht. Ihre Filme entführen in Bildwelten, deren Faszination sich niemand entziehen kann: Luis Bunuel, Sergej Eisenstein, R.W. Fassbinder, Federico Fellini, Peter Greenaway, Alfred Hitchcock, Fritz Lang, Steven Spielberg, Margarethe von Trotta, François Truffaut und 90 weitere Regisseure.

Themen weiterer Bände:

Die 100 des Jahrhunderts: Sportler

(rororo handbuch 6453)

Die 100 des Jahrhunderts: Unternehmer und Ökonomen

(rororo handbuch 6454/ März 95)